法学论丛

安徽师范大学
国家级一流本科专业（法学）
建设点系列成果

案例法学研究

周振杰◎主编

2024年春季卷（总第4辑）

中国法制出版社
CHINA LEGAL PUBLISHING HOUSE

目 录 CONTENTS

典型案例评析

域外司法文书

青年法学园地

法学名家讲坛

后法典时代之法治诠释

史际春*

引 言

《中华人民共和国民法典》颁布前后，全国上下尤其是法学界、法律界掀起了一股法典热。

后法典时代的法治常态是规制，最新的一个事例就是中央政治局常委会研究部署进一步优化防控工作的二十条措施。大家都知道了“二十条”的内容，缩短隔离时间、不再判定“次密接”、风险区划定由高中低改成高低两种等，这不是法律，但却是非常具体、权威的规范，有国家强制力保障，完全符合法的定义。它是党和政府相机抉择、自由裁量出来的，不是立法者制定的，性质上属于规制，并不符合法典和法典的精神，那么规制与法典、法律是一种什么关系，规制又如何能够是法治的呢？

一、法典和法典时代

要了解后法典时代，先要知道什么是法典和法典时代。法典，就是把一

* 史际春，中国人民大学法学院教授、博士生导师，《法学家》主编兼社长。本文系2022年11月24日安徽师范大学法学院“法学学科创设九十五周年暨法学院建院十周年系列讲座”第六讲，由王宇松副教授主持。

个法律部门的全部规范按照一定的逻辑和体系编纂起来，形成一个体系性、体系化的法律。世界上确实有过法典时代，一国的法律体系由法典构成，这就是拿破仑时代。

拿破仑说，你们不要记得我打了多少胜仗，记得我主持立的民法典就好了。他执政时，法国制定了民法典、商法典、民事诉讼法典、刑法典、刑事诉讼法典等著名的“五法典”，另外法国民法典也称拿破仑法典，加上当时的法兰西帝国宪法，一个现代资本主义民族国家的各种法律就形成了一个法典化的体系。相应的法典思维、法典精神，就是凡事都要有法律规定，法律要体系化，民众、政府、法官、律师等予以恪守就行了。这样的“法治”思维，也就是亚里士多德说的良法并被普遍地遵守，即“良法善治”；按照中国人的表达就是有法可依、有法必依、执法必严、违法必究，或者说科学立法、严格执法、公正司法、全民守法。

可是，之后不久，法典化就“破防”了，法典无法再涵盖整个法律体系。首先是出现了以控权为目的和特征的行政法，因为政府的权力越来越大，要用行政法来控制它。行政法是没有办法编纂法典的，这是法学界和行政法学界的共识，为什么？因为行政法的分则涵盖社会生活的方方面面，如果编纂等于把涉及行政的所有法律规范都集中到一起，也不管经济社会本身的部门，将政经文卫体、工农商学兵等纳入一个法典，实际上有违法典和法律体系的初衷。还有就是以经济社会规制为核心的劳动法、经济法等发展起来，法典被冲得七零八落，最典型的就是法国商法典，商的领域出现各种规制，即银行规制、保险规制、证券规制、交通运输规制等，还有竞争规制，把商法典弄得面目全非，其法典的性质不再，为了法典的颜面就搞成法规汇编，成了一个假的法典。其原因是，社会关系越来越错综复杂，呈现出动态立体状，而且瞬息万变，法典和法典思维都行不通了。比如抗击新冠疫情，要根据病毒和疫情的情况随时调整规则，能不能按照事先立的一个法律，严格照着办？不行的！只能由宪法法律概括授权，主要是授权政府，根据经济社会的实际状况，随时以行政立法、通过行政执法来对某个领域或者某种事物进行调控监管。这就是规制。

二、后法典之规制时代：社会化导致公共管理对社会空前广泛、深入的渗透

后法典时代就是规制时代。社会化导致公共管理对社会空前广泛、深入的渗透，公共管理的主体主要是政府，所以行政不仅仅是治安。在拿破仑的时候以及之前的早期资本主义阶段，政府的行政主要是治安管理。刚才说了，此后行政就逐渐扩张，扩张再扩张，行政权扩大覆盖至今日之整个经济社会。

其原因很简单，就是高度的社会化。我把它概括成16个字，两句话。第一句话，高度分工、高度合作，是8个字。时间回到30年前，人们没听说过什么供应链、产业链，现在是耳熟能详。连一个小小的打火机，都有供应链、产业链，不是一个企业、一个人就能把它做出来的。有一个统计数据，30年前，国际贸易中的产品70%是制成品，比方说拖拉机、汽车，现在70%是中间品，比方说轮胎、发动机、变速箱、车玻璃等，新能源汽车还有电池，等等。就苹果手机来讲，美国人的品牌、设计，然后全世界哪儿质优价廉就在哪采购中间品或委托制造，CPU、调制解调器、摄像头、屏幕等，然后交给富士康在郑州装配成手机，再由苹果公司安排在全世界销售。在这个过程中，许许多多国家和地区的自然资源、劳动力、资本、企业、老板或者资本家、海关、质检、税务、运输、商贸等共同完成产品的生产、流通、消费。

第二句话，高度分化、高度整合，也是8个字。什么意思？高度分化，现在专业、学科越分越细，法学就有二三十个专业，工科就分得更细了，这是好事情，越细可以吃得越透，研究得越深。但是到了实践当中，单靠一个专业什么事情都干不成。你在法学院里学了某一个专业，民法或刑法，不行的，到了社会上没有饭吃的，只懂民法不懂一点民诉法，只懂刑法不懂一点刑诉法，反过来你学了诉讼法却对实体法一知半解，都是不行的，你这个人就没有用。在实践中，要把相关专业整合起来。高度整合的范例之一是市政，比如芜湖，它需要规划、建筑、道路、交通、环卫、自来水、电、气、废水废物处理、治安等专业协同，每个小项里面又有无数更小的专业，整合到一起形成有效的市政，这个城市才能健康正常地运转。

在这个过程中，人与人之间的关系变得高度依赖，牵一发而动全身。在人与人，经济、社会、政治、文化，国家与国家高度依存的条件下，政府不得已承担起了经济社会CEO的职能。CEO就是公司的首席执行官，借用这个概念，是说必须让政府根据经济社会、国内国际复杂多变、瞬息万变的形势，随时随地采取措施来维护经济社会秩序和国家的安全，否则这个民族国家无以在国家、民族之林中立足和发展。

另外还有一点非常关键，就是社会化导致一个国家及其政府成了“不管政府”。你们可能听说过，有些国家设有“不管部”或“不管部长”，法律上未给其规定具体职责，但是其他任何部委管不了、管不好的事都要由它来管，所以他们又是什么都管的。从某种意义上来说，我们中国的政府是“广义政府”“无限责任”。什么叫广义政府？也就是说，党委、政府、检察、监察、法院、政协等党政机构，共青团、妇联等人民团体，在老百姓眼中都是政府，有事该你管的时候，你不能以法律没有规定而推托，不得依法不作为。所谓无限责任，就是政府应当积极有为、敢于担当，解决民众提出的任何问题和诉求，而不是西方国家那样的“有限政府”“小政府”。

这在中国有两个典型的情形。一是驻村第一书记。宪法明确规定村民自治，也就是说，农村要由作为集体成员的村民自我管理，让他们自己选村委会，选村民委员会主任，为了加强基层治理力量，中央实行了驻村第一书记政策，给每个村派一位公务员去做村第一书记，法律无此规定，但为什么可以这样做？因为它出于公心，符合人民的利益，效果也不错，实践是检验真理的唯一标准，当然就可以这么干。二是佛山市委党校培训民营企业家的子女，苏州市让民营企业家的子女到政府挂职。很多民营企业的老板很着急，他们打拼一辈子把企业、事业做大做强，如今年龄大了，儿女、孙子女却不愿意接班，好端端的一个企业很可能因为没人接班就垮掉了。党校为他们培训，政府让他们挂职锻炼，开阔他们的眼界，培养、提升他们的情怀，提高他们的水平，以便接父辈祖辈的班，这样做好不好？该不该？非常好，完全应该。虽然法律没有规定。

其实西方国家也是一样的。比方说美国搞了非常复杂的农业法，把农民保护得很好；铁路客运萧条了，私人经营难以为继，就把它国有化，美国的联邦铁路客运就是这样被国有化的。在新冠疫情期间，特朗普和拜登更是动用“国防生产法”的概括授权，指令相关企业生产特定产品，并由政府进行分配。这比计划经济还计划经济，类似于战时城防司令干的事。特朗普责令几个大公司生产口罩、呼吸机、防疫物资，还委任了一个海军上将负责分配；拜登强制几个企业生产疫苗。

美国学者桑斯坦写了一本书叫《权利革命之后：重塑规制国》。什么意思？就是现代社会进入了规制国家的时代，规制成了国家、政府管理的主要方式。他这本书的中文版是2008年出版的。也就是说，自20世纪末21世纪初以来，从全世界范围看，就进入后法典的规制国家时代了。

三、从“私人自治+司法主导”到政府尊重市场和社会基础上的事前、事中、事后全方位监管

整体来说，变迁就是由“私人自治+司法主导”到政府唱主角。本来是立法机关立出法来，大家照着做，如果做不到、有纠纷，就诉到法院通过司法解决。现在这样不行了：一方面，各种行为可做不可做，法律规定不过来；另一方面，哪怕规定得过来，司法也缓不济急，而且法院忙不过来。而要由政府唱主角，在宪法法律概括授权、人民托付之下，让政府在尊重市场和社会的基础上进行事前、事中、事后的全方位监管。若政府不尊重市场和社会怎么办？滥用权力怎么办？这放到后面第五个大问题再讲。

法谚道，法无禁止即可为，这是对私人讲的；对政府来说是后半句，即法无明文不可为。这个老生常谈对不对？曾经是对的，而在规制时代，它就不全对了。

先说法无禁止即可为，负面清单是它的重要表现形式之一。现在最新的“市场准入负面清单”是2022年版，国家发改委和商务部发布的。凡是负面清单没有禁止和限制的行为，任何人都可以自由地去做。但是，某人自由地去做需要准入的行为却不批，或者自由地去做负面清单之外的事但行为明显不妥，怎么办？

法无明文不可为或者说法无具体授权政府就不可为，也不对了，依据诚实信用、公序良俗、公平正义等原则的事前监管也是必不可少的。事中更要管，以市场准入为例，自由进入市场的、经准入进了市场的，都是合法进入的，但被准入者可能干不法的事，事前合法不等于事中也合法，各种坑蒙拐骗、欺诈、操纵、限制竞争等，要求政府随时随地掌握经济社会各方面的状况，出现问题能够第一时间去解决。

事后也需要规制，比如老板跑路的问题至今未解决。比如，有一个人特别爱吃某个店的日式料理，就在店里充值了30万元，结果疫情一来，该店关门，老板跑路了，她急得到处去找人。老板跑路侵害私人利益，也损害社会公共利益，这是事后监管不到位的表现。

总的来说，全方位监管非常之难，但又必须这样做，再难也要上。这就要求政府多走进社会了解、掌握实际情况，并运用科技手段赋能。深圳市市场监督管理局就向社会承诺，本市执法要采取情报采集+大数据分析研判+精准执法的新模式，无事不扰企业，实现社会共治共享，优化营商环境、消费环境、创新发展环境。这非常好，但是大家也都能看到、感受到，实际上差距还不小。这说明，十八届三中全会提出的要推进国家治理体系和治理能力现代化，仍是一项紧迫而又任重道远的任务。

四、后法典时代之法治模式表达

那么，在后法典的规制时代，法治应该是什么样的？我给它来三个表达。

表达之一，社会和市场充分自治加政府指导监管，加司法审查。事无巨细的立法、执法、司法是不可行、做不到的，所以首先要让社会和市场充分自治。最典型的就是平台自治，平台出现以后，对于法治的促进非常大，“6·18”“双十一”“双十二”“年货节”等各种各样的促销活动，海量的交易，天文数字的交易金额，却很少听到、看到有纠纷诉诸法院或者仲裁的，什么原因？就是平台自治把绝大多数的矛盾和纠纷给摆平了。可以设想，如果没有平台自治，这么大规模和数量的交易，产生相应的矛盾和纠纷，行政、司法肯定是承受不了的。包括学校的自治，安徽师范大学的章程和各种规章制度，把学校内部的各种事务、矛盾纠纷基本上都给搞定了，如果学校里的各种事务都要直接依照法律来做，纠纷都要诉诸司法，那是不可能、行不通的。

但是，自治虽然是法治的基础，但它本身并不是法，也不是法治，所以要加上政府的指导监管，比如省教育厅要对安徽师范大学进行指导监管，国家和地方的市场监管部门要对网购平台进行指导监管。在自治和政府指导监管之下还有溢出的矛盾纠纷，这就要司法审查了。所谓司法最终解决，就是民事诉讼、行政诉讼、刑事诉讼，等等。

表达之二，法律概括赋权加公私主体自由裁量、行为，加问责制。法律不可能把政府和老百姓能做什么、不能做什么及其后果一一具体规定，怎么办？只能概括赋权。

刚才讲了，这对政府来说就是规制，宪法法律对国务院和县级以上人民政府概括赋权，证券法对证监会概括赋权，银行法、保险法还有银保监法对银保监会概括赋权，民法典、公司法等对个人和企业等概括赋予权利，等等。

在概括赋权之下，政府和私人都可以在自己的权力和权利范围内自由地行为，做自己认为该做的事。私人主体权利的边界就是不侵犯他人的合法权益，不损害公共利益、公共秩序和社会善良风俗。政府在它被概括授权的范围内，它觉得是为了人民好，有利于实现公共利益、提升社会福祉，也尽可以自由地去干，比方说我刚才举例的驻村第一书记、培养民营企业家子女，等等。那么用什么办法来约束他（它）们呢？答案是问责制。问责制不是简单地出了问题以后追究责任，它对于公私主体来说都是适用的。

问责制，accountability，它是一个三段式。第一段是概括赋权，就是角色及其权力、权利义务的设置。包括领导职责职权，比如对省委书记、省长赋权，英文也是accountability；还有responsibility，是范围较小、较为具体的职责、职权、权利、义务，比如处长、科长，以及私人的权益。如果赋权不明，尤其是党政机关的职责不清，那么法治就堪忧了。为什么？因为这样出了事就追究不到任何人的责任，你要对某个机关、某个个人追责，可是其职权职责、权利义务不明的话，又怎么追得到它（他、她）的责？

第二段，answerability，动态或过程的问责，顾名思义，每个行为人都要对任何人的质疑给予回应、解释，特别是政府，要对自己的行为接受来自方方面面、体制内外、上下左右的质疑，体制内包括同级、上级、检察、纪检监察等监督，体制外包括媒体和民众自发舆论的作用等。对于各种质疑，行为人不能充耳不闻、拒不回应。对于政府来说还不能搞暗箱操作，法律上也要求行政行为原则上应当公开，以接受人民的监督。

第三段，如果角色扮演或担当越位、错位、不到位、不作为，滥权，利益冲突，贪污腐败，或者经不起问责，就要承担法律上的不利后果，liability，也就是我们在学校里学的、教科书上说的法律责任。刚才讲了，政府不尊重市场和社会怎么办？就是依法承担不利后果。现在常常可以看到哪个官员被查处，被判刑了等，就是问责制和liability在发挥作用的表现。

表达之三，法的政策化，政策法治化。法怎么政策化？就全国人大及其常委会立的法而言，它的变动性、灵活性、概括性和原则性也越来越强。法律往往不能直接适用，需要以规制，即行政立法、行政司法也就是政策的方式加以实现。

另外，规制的主要形式是行政立法，就是规章和规范性文件，也包括国务院的行政法规，那么，按照《立法法》的规定，法包括宪法、法律、行政法规、地方性法规和自治条例、规章，加上其他规范性文件，这样，法的范围就扩大了，不再仅仅是全国人大及其常委会立的法了。同时，政策越来越具体，成为老百姓和政府行为的日常依据更切合实际，更有效，强制力更大，保障性更强。

在这种情况下，政策和法的渊源也趋同了。

法的渊源，就是法的形式。刚才讲了，《立法法》规定了五种法的渊源，它们也是政策的渊源，政策和法的渊源已经无法区分了。宪法、法律里也有许多政策性的规范，比如“实行社会主义市场经济”“合理利用土地，切实保护耕地”“发展体育事业，开展群众性的体育活动”，等等。所以西方国家现在有一个“law and policy”的说法，就是两者密不可分，law包括policy，policy也包括law，欧盟的法和政策就是一个典型，欧盟法包括欧盟层面的条例、指令、决定、建议、意见等，也包括各成员国的政策法规，欧盟政策的渊源也是这些。以反垄断法为例，如果没有那些指南、规章、国务院行政法规，《反垄断法》怎么实施？换言之，有关反垄断法的那些行政法规、指南、规章和其他规范性文件，即政策，也是反垄断法的组成部分。

五、结语

社会变迁了，从法典时代到规制时代，人与人之间的关系从简单的线性联系到复杂的网状连接，牵一发而动全身，相互高度依赖，催生出规制国家，其原因就是高度的社会化导致公共管理渗透到了社会生活的方方面面。

在这种条件下，国家、政府必须是“不管政府”，其核心是规制，即政府按照宪法和法律的概括授权，自由裁量、相机抉择进行调控监管，主要手段和方法是行政立法、行政执法，也就是政策。当然，需要时政府也可直接参与经济社会活动。由此，社会发生了从“严格执法”到动态法治的变迁。

中国未决羁押制度的现代化

孙长永*

引　言

中央提出来中国式现代化的问题，而且有明确的时间表、路线图，法律界现在都在研究怎么用法治现代化来推动中国式现代化。如果站在现代化的角度来评价我们中国的刑事司法制度，那么就会发现，未决羁押制度是与现代化距离最远的一个制度。尽管这几年我国的羁押制度也取得了很大进步，但仍然存在很多问题，在我国这样一个强调社会稳定、公共利益、个人利益服从国家利益的社会，未决羁押制度要想向现代化方向迈进非常艰难。因为从传统的观念来看，这个制度就是为了打击犯罪，没有这个制度，诉讼不能顺利进行，社会秩序不能稳定，犯罪分子不能被绳之以法；但是从法治的角度来看，如果犯罪嫌疑人还未被法院最终定罪之前就被羁押在看守所，而且时间还比较长，那么这可能是违反程序法治原则的。所以，未决羁押制度很典型地反映了公权力跟公民的人身自由权之间的冲突。

中国近代未决羁押制度产生于清末。清末时期日本学者冈田朝太郎给清末的官员们专门讲授日本的司法制度和刑事诉讼法，当时冈田朝太郎基于日

---

* 孙长永，上海交通大学凯原法学院讲席教授、博士生导师，中国刑事诉讼法学研究会副会长。本文系2023年6月17日安徽师范大学法学院“法学学科创设九十五周年暨法学院建院十周年系列讲座”第十讲，由周振杰教授主持。

本的体制主张未决羁押、搜查、扣押等侦查措施应该由负责侦查程序的官员来决定，而不是由法官来决定。清末政府接受其意见在《大清刑事诉讼律（草案）》中采用了侦查主体（检察官）执掌强制处分权的体制，后来沿袭到民国《刑事诉讼法》。

中华人民共和国成立之后全面学习苏联，法律方面学习苏联的斯大林宪法，于1954年制定了宪法和《逮捕拘留条例》，五四宪法规定由检察院和法院批准、决定逮捕，同时法律上严格限制拘留、逮捕期限，但实际上却没法做到。

1979年《刑事诉讼法》和修订后的《逮捕拘留条例》（已失效），建立了近代未决羁押制度的框架。后来经过三次修订刑诉法，出台1990年《看守所条例》、2018年《监察法》、2021年《监察法实施条例》、大量的司法解释性文件和行政规章以及1994年出台并多次修改的《国家赔偿法》，这些法律法规结合在一起，形成了包含刑事拘留、逮捕、监察留置、羁押必要性审查、错误羁押赔偿、看守所管理等在内的系统的未决羁押制度体系。

虽然未决羁押制度进步很大，但法学界经过多年的研究，认为其仍存在三个突出问题：羁押率过高；羁押期限过长；错误受到侵害的被羁押人难以获得适当的法律救济。

一、未决羁押制度存在的主要问题

现行羁押制度存在的问题，笔者概括了七个方面。

（一）强制到案机制

刑诉法规定的到案措施主要包括书面传唤、拘传，现场发现犯罪嫌疑人经出示工作证件可以口头传唤，但实践当中抓捕、留置盘问、口头传唤盛行。

（二）逮捕权力配置

宪法明确规定："任何公民，非经人民检察院批准或者决定或者人民法院决定，并由公安机关执行，不受逮捕。”该规定意味着批准、决定逮捕的权力在检察院和法院，公安机关只有执行的权力。在司法实践中，被逮捕的人由公安机关提请检察机关批准逮捕。检察机关作为公诉机关直接行使对相对方当事人——被追诉人的逮捕权。

（三）逮捕决定

目前，逮捕决定可以说是“最不讲理”的司法决定。法院判处被告人1个月、2个月的拘役都需要详细说明事实根据和法律依据，而检察机关批准附带2个月羁押期限的逮捕，却只向当事人告知涉嫌罪名，而不向当事人说理，其批准逮捕决定书和逮捕通知书等公开文书均无关于逮捕理由的具体说明，延长羁押期限甚至不通知被羁押人及其辩护人。相反，检察机关要求，犯罪嫌疑人、被告人及其法定代理人、近亲属、辩护人申请羁押必要性审查的，应当说明不需要继续羁押的理由。有相关证明材料的，应当一并提供。（《人民检察院办理羁押必要性审查案件规定（试行）》第7条）两者对照可见，完全颠倒了自由与羁押的关系。

（四）逮捕决定效力

《看守所条例》第15条规定：“公安机关或者国家安全机关侦查终结、人民检察院决定受理的人犯，人民检察院审查或者侦查终结、人民法院决定受理的人犯，递次移送交接，均应办理换押手续，书面通知看守所。”根据这一制度，检察机关批准、决定逮捕的犯罪嫌疑人，到了审判阶段，法院不需要重新审查决定是否逮捕，而是通过“换押”实现对被告人的继续羁押，羁押期限连续计算。换言之，一个本应中立的司法机关直接认可了公诉机关“原告抓被告”行为的法律效力。然而，根据公、检、法三机关的法律解释，对取保候审、监视居住的适用，侦查、起诉阶段的相关决定在起诉和审判阶段并无当然的效力，相关期限在各阶段也单独计算。为什么逮捕羁押特别是在审判阶段的逮捕羁押却不需要重新审查决定，而是自动延续其效力？

（五）羁押期限

刑诉法关于刑事拘留后提请逮捕的期限、捕后侦查羁押期限有明确规定，审查起诉阶段、审判阶段有办案期限规定，监察留置期限则规定在《监察法》中。但这些期限的规定及其实际适用都存在突出的违反比例原则问题。

一是基于侦查（调查）讯问和查证需要设定过长的法定羁押期限，而通过羁押必要性审查变更逮捕措施的比例太低，因而实际上在绝大多数案件中存在"一押到底"的问题，大量的羁押缺乏正当根据和延续的必要性。例如，刑事拘留后提请逮捕的期限可以达到30日，对职务犯罪嫌疑人的监察留置可以达到3—6个月，都是出于侦查（调查）讯问和查证需要。

二是刑事拘留后的羁押期限过长，以"三类案件"为由延长提请逮捕期限的比例过高，并存在违法超期羁押的情况。2012年《刑事诉讼法》实施后对刑事拘留期限的实证调查发现，各地公安机关普遍延续了1996年《刑事诉讼法》实施期间的做法，即将法律关于"三类案件"可以将刑事拘留后提请批准逮捕的期限延长至30日的规定扩大适用于绝大多数刑事案件，以至于绝大多数案件刑事拘留后的羁押期限在15日至37日，对犯罪嫌疑人的平均拘留期限在东、中、西部三个调研地区分别达到 25. 15 日、15. 38 日和 22. 34 日，均超过法定的常规期限。[①]这意味着公安机关自1996年《刑事诉讼法》以来利用刑事拘留长时间羁押大多数犯罪嫌疑人的局面，并没有因为法律制度的修改完善而发生实质性变化。

三是监察留置期限很长，而且存在违法超期的问题。据中国裁判文书网公布的2019—2021年间5448份（被告人5546人）受贿案件判决书提供的有效信息，共有4012名被调查人被采取过监察留置措施，三年平均留置率达71.95%，人均留置期限约89.35天，最长留置期限为456天，超过法定最长羁押期限（6个月）的大约占2.32%。

---

① 参见孙长永、武小琳：《新〈刑事诉讼法〉实施前后刑事拘留适用的基本情况、变化及完善——基于东、中、西部三个基层法院判决样本的实证研究》，载《甘肃社会科学》2015年第1期。

（六）羁押管理机制

未决羁押的管理体制反映了司法体制的特点以及未决羁押的功能定位。在以法院为中心的司法体制下，未决羁押的场所原则上是司法行政部门管理的监狱，不受侦查机关的控制和影响。例如法国、德国都是如此；英国、美国、法国起诉前的羁押虽在警察局管理的看守所，但看守官相对独立，而且羁押期限很短；日本的未决羁押场所原则上应当是“拘置监”，但警察“留置场”长期被作为“代用监狱”使用受到学界强烈批判。这个问题虽然在2009年新的法律实施后有所改善，但没有根本解决。

在我国刑事诉讼中，犯罪嫌疑人、被告人始终被羁押在侦查机关控制的看守所中，负责侦查的部门和负责羁押的部门共同设置于侦查机关内部，并接受相同负责人的领导。

侦查机关管理看守所，在诉讼全过程中控制看守所，会造成很多问题：一是容易导致羁押管理权被侦查权绑架，发生刑讯逼供等违法现象；二是被追诉人在判决生效以前始终受到侦查机关控制，不敢翻供，容易导致错误的判决；三是看守所被用来作为“狱侦”场所，可能侵犯人权。

（七）羁押救济

我国《刑事诉讼法》经过多次修改，对防范公安司法机关滥用强制措施权力、非法侵犯人身自由的行为保持了高度的警惕，并为此设置了多个条款，为被不当采取强制措施的犯罪嫌疑人、被告人提供救济。

例如，根据《刑事诉讼法》第117条的规定，被追诉人或辩护人对于司法机关及其工作人员“（一）采取强制措施法定期限届满，不予以释放、解除或者变更的”或者“（二）应当退还取保候审保证金不退还的”行为，有权向“该机关申诉或者控告”。“受理申诉或者控告的机关应当及时处理。对处理不服的，可以向同级人民检察院申诉；人民检察院直接受理的案件，可以向上一级人民检察院申诉。人民检察院对申诉应当及时进行审查，情况属实的，通知有关机关予以纠正。”这一规定，实际上赋予了被违法采取强制措施的当事人及其辩护人“声明不服”的权利，有利于通过当事人的努力，监督公安司法机关减少违法使用强制措施的现象。

为了破解“一押到底”的难题，2012年修改《刑事诉讼法》时专门新增了逮捕后的羁押必要性审查制度。《刑事诉讼法》第95条规定：“犯罪嫌疑人、被告人被逮捕后，人民检察院仍应当对羁押的必要性进行审查。对不需要继续羁押的，应当建议予以释放或者变更强制措施……”

但是，根据最高人民法院的司法解释，“公安、国家安全等机关依照刑事诉讼法的明确授权实施的行为”不属于人民法院行政诉讼的受案范围。因此，公安机关适用刑事拘留、取保候审、监视居住和执行逮捕，以及检察机关批准或决定逮捕、批准延长羁押期限，如果违反了法律规定，权利受到侵害的犯罪嫌疑人、被告人无权通过行政诉讼申请法院进行司法审查。现有的救济措施都有一个共同的特点：无论是继续羁押、释放还是变更，最终都取决于公安司法机关，被追诉人及其辩护人也只能向公安司法机关提出申诉、控告，或是申请变更强制措施，申请羁押必要性审查则要向批准或决定逮捕的检察院提出。因而，其效果相当有限。

救济机制还有一个问题：错押赔偿仅限于羁押后撤销案件、法定不起诉和宣告无罪三种情况，相对不起诉和判决免予刑事处分案件的羁押、“超期羁押”等不属于赔偿范围；监察留置案件，即使不追究刑事责任，只要没有“全案撤销”，也不赔偿。

二、未决羁押制度现代化的总体思路

我国未决羁押制度的问题都是长期存在的老问题，其原因错综复杂，既有制度设计考虑不周的因素，也有实施机制不够健全的因素。全面解决这些问题将是一个复杂、艰巨而漫长的过程，制度的现代化也需要经历一个过程，总体上应当明确以下思路。

(一)尊重诉讼规律，恪守刑事司法基本原则

近代以来，对人身自由和安全的法律保障主要目的在于防止恣意或者非法地剥夺或限制人身自由。《世界人权宣言》第3条和第9条、《公民权利和政治权利国际公约》第9条、《欧洲人权公约》第5条、《美洲人权公约》第7条、《非洲人权和民族权宪章》第6条关于人身自由与安全的规定，以及各主权国家宪法和法律关于保障人身自由的规定，均体现了这样的宗旨。为贯彻落实这一宗旨，各国国内法以及国际人权法对于经长期实践检验而形成的一些刑事司法基本原则达成了共识，这些原则凝聚了人类法治文明的发展成果，体现了刑事诉讼的一般规律。

1.坚持“未经法院依法审判不得确定有罪”原则

这是无罪推定原则在我国刑事司法中的体现，也是适用所有强制措施的基础性原则。这一原则决定了对任何被追诉人采取强制措施都必须有充分的正当依据，严格遵守法定程序，而且其期限应当尽可能地短暂。立法要求逮捕必须以“有证据证明有犯罪事实”为前提，并不意味着凡是批准逮捕的被追诉人最终必定是有罪的；同样，立法要求逮捕应当以“被追诉人可能判处徒刑以上刑罚”为条件，并不意味着凡是可能判处实刑的被追诉人都应当予以逮捕。公安司法人员只有深刻领会“未经法院依法审判不得确定有罪”原则的精神实质，严格区分“犯罪嫌疑”与“犯罪”的界限，切实转变有罪推定、重打击轻保护等传统司法观念，才能避免把强制措施作为惩罚性手段使用，恢复未决羁押等强制措施的诉讼保障定位。

2.坚持法定原则，包括罪刑法定和程序法定

罪刑法定原则对适用未决羁押措施的要求是，凡是刑法规范没有明令禁止的行为，公安司法机关不得以行为人涉嫌犯罪为由启动刑事程序，更不得采取羁押措施，特别是不能把正常的民间借贷、合法的融资等经济行为以及正当防卫作为犯罪行为处理。程序法定原则对适用未决羁押的要求包含两个方面：一是未决羁押措施的种类和适用的条件、对象、程序、期限以及违法适用的后果等，必须以国家正式制定的“法律”为依据。二是公安司法人员适用未决羁押措施必须严格遵守法律的规定，不得违反法律的明示规定和内

在精神，否则应当承担违法羁押的相应法律后果。

3.坚持比例原则

这是公法领域通行的原则，就适用未决羁押而言，这一原则要求有三：其一，只能出于诉讼保障的正当目的适用未决羁押措施，不能为了促成调解、和解或者迫使被追诉人认罪认罚而适用未决羁押措施（适当性）；其二，只有在不采取非羁押性强制措施就不能防止被追诉人实施妨碍或逃避刑事诉讼的行为或者在诉讼存续期间继续实施犯罪的行为时才能适用羁押类强制措施（必要性）；其三，对未决羁押措施种类、期限、方式等的适用，必须充分考虑具体被追诉人妨碍或者逃避诉讼风险大小，在保障诉讼顺利进行所必要的最小限度内适用，优先适用非羁押性强制措施，并将其期限控制到最短（相称性）。

4.坚持正当程序原则

限制人身自由应当遵守正当程序，这是一条国际公认的刑事司法准则。《公民权利和政治权利国际公约》第9条、《儿童权利公约》第37条和第40条、《保护所有遭受任何形式羁押或者监禁的人的原则》第11条至第18条对刑事诉讼中剥夺人身自由提出了以下六项要求：（1）任何人被拘捕时，应被告知拘捕的理由，并被迅速告知对他提出的任何指控；（2）任何人被拘捕、羁押或指控时，都有权为自己进行辩护，必要时依法由律师协助；（3）任何人被拘捕后应被迅速带见审判官或者其他经法律授权行使司法权力的官员；（4）未得到司法机关或者其他当局审问的有效机会，任何人不受羁押；（5）对于任何羁押命令及其理由，被羁押人及其律师有权获得及时完整的通知；（6）任何因拘捕或羁押被剥夺自由的人，有资格向法庭提起诉讼，以便法庭能不拖延地决定拘禁他是否合法以及如果不合法时命令予以释放。

这些要求普遍得到相关缔约国的遵守，对于遏制恣意的或者无根据的拘捕、羁押起到了积极作用。我国需要在制度允许范围内尽可能在实施机制或操作程序方面向正当程序靠拢，不断增强我国未决羁押制度的公正性。

（二）立足中国国情，从技术到制度稳步推进

实践证明，渐进式的改革开放，不仅具有现实可行性，而且成本最小、

风险最低，避免了大刀阔斧的“休克式疗法”抑或是革命式推倒重来的高成本和高风险。与此相适应，为保障经济社会持续健康发展，妥善处理改革、发展与稳定的关系，我国改革开放以来的法治建设也经历了从“有法可依”到“全面依法治国”的渐进式发展过程，并且同样取得了举世瞩目的巨大成就。具体到诉讼制度发展和司法改革方面，法学界根据我国的国情提出了一种充分体现实践理性的总体策略“相对合理主义”，认为我国的法治建设和司法改革既要承认和接受具有公理性、普适性的基本法治原则，又要充分认识到各种现实条件的约束；基于初级阶段的国情，可行、有效的司法改革与司法操作应当采取渐进、改良和逐步推进的方法，从技术性改良走向制度性变革。这可以说是我国改革开放的总体进路在法治建设领域的具体体现，也是我国1996年《刑事诉讼法》实施以来诉讼制度发展和司法改革的基本经验。

就未决羁押措施而言，2012年修改后的《刑事诉讼法》在制度设计方面已经有明显的改进，2018年修改的《刑事诉讼法》确立的认罪认罚从宽制度以及现代科技手段在强制措施审查决定和执行程序中的应用进一步为降低未决羁押率、缩短羁押期限创造了便利条件。在现行制度下，未决羁押制度现代化的推进还有很大的弹性空间。例如，在新冠疫情防控最为吃紧的2020年，杭州市政法机关开发应用“非羁码”系统对适用非羁押性强制措施的犯罪嫌疑人、被告人进行监管，收到积极成效。只要各地公安司法机关认真总结法治相对发达地区创造的先进经验，对羁押必要性审查、延长羁押期限的审批等环节进行严格把关，在适用程序上尽可能贯彻正当程序要求，并且运用现代科技手段积极推进非羁押性强制措施的适用，就一定能够在保障刑事诉讼顺利进行的前提下把未决羁押率和羁押期限降下来。

（三）坚持系统思维、目标导向，统筹协调各方关系

推进未决羁押制度现代化，是新时代公安司法机关推进国家治理体系和治理能力现代化的重要举措，也是“以人民为中心”的发展思想在刑事司法领域的进一步落实，其核心目标在于，在保障刑事诉讼顺利进行的前提下，减少羁押措施的适用，构建“以非羁押为原则，以羁押为例外”的刑事诉讼

新格局，切实加强刑事司法中的人权保障。

未决羁押制度现代化必须在中国式现代化的总体布局中予以谋划。就当前而言，必须从这一大局着眼，坚持系统思维和目标导向，统筹协调各方面的关系，尤其要处理好以下“四重”关系：（1）保障人权与保障诉讼顺利进行和保护社会之间的关系；（2）少捕、慎押与认罪认罚从宽之间的关系；（3）检察机关主导与相关单位协作配合之间的关系；（4）人身强制措施的适用与起诉和审判之间的关系。

三、未决羁押制度现代化的基本标准

俞可平教授认为，衡量一个国家治理体系是否现代化有五个标准：公共权力运行的制度化和规范化；民主化；法治；效率；协调。

（1）公共权力运行的制度化和规范化，它要求政府治理、市场治理和社会治理有完善的制度安排和规范的公共秩序。

（2）民主化，即公共治理和制度安排都必须保障主权在人民或人民当家作主，所有公共政策要从根本上体现人民的意志和人民的主体地位。

（3）法治，即宪法和法律成为公共治理的最高权威，在法律面前人人平等，不允许任何组织和个人有超越法律的权力。

（4）效率，即国家治理体系应当有效维护社会稳定和社会秩序，有利于提高行政效率和经济效益。

（5）协调，现代国家治理体系是一个有机的制度系统，从中央到地方各个层级，从政府治理到社会治理，各种制度安排作为一个统一的整体相互协调，密不可分。

中国式法治现代化必须服务于国家治理体系和治理能力现代化，有利于经济、社会、政治、文化、生态等领域的持续、协调、高质量发展，有利于保障人的尊严和自由、平等、追求幸福等基本权利，最终使国家的经济、社会、政治、文化、生态等领域的发展达到世界先进水平。

中国式现代化“基于本国国情的中国特色”，在司法方面最重要的就是坚持中国特色社会主义法治发展道路，其核心标准应当是，建立足以体现党的领导与人民当家作主相统一和人类法律文明的共同价值、与公正司法目标相匹配的司法体制、司法程序和司法人员管理制度。在刑事司法领域的基本标准就是国际刑事司法准则。

国际刑事司法准则，体现在联合国及其下属机构通过的一系列规范性文件中，例如联合国宪章、世界人权宣言、国际公约以及其他有关文件。其中与未决羁押制度密切相关的规定主要包括:《世界人权宣言》第3条、第5条、第8条和第9条;《公民权利和政治权利国际公约》第9条以及联合国人权事务委员会相关评论;《儿童权利公约》第37条；联合国《囚犯待遇最低限度标准规则》(1985年5月25日)；联合国《保护所有遭受任何形式拘留或监禁的人的原则》(1988年12月9日)；联合国《非拘禁措施最低限度标准规则》(东京规则，1990年9月7日)；联合国《关于在刑事司法系统中获得法律援助机会的原则和准则》(2012年12月20日);《欧洲人权公约》第5条;《美洲人权公约》第7条;《非洲人权和民族权宪章》第6条。

这些准则是人类法治文明的载体，体现了建设人类命运共同体的价值共识。

四、未决羁押制度现代化的解释论

思路决定出路。未决羁押制度现代化的基本路径：从解释论到立法论，逐步推进。

解释论路径是指在现有制度下，通过合理的解释和政策引导，逐步转变刑事司法观念、回归羁押性强制措施的诉讼保障功能定位，在此基础上，尽力减少羁押性强制措施的适用，适当扩大非羁押性强制措施的适用，并完善相关考核机制和非法羁押的责任追究机制等。基于此，2021年4月，中央全面依法治国委员会把“坚持少捕慎诉慎押刑事政策，依法推进非羁押强制措施适用”列入2021年工作要点，作为当年需要研究推进的重大改革举措。

少捕慎诉慎押刑事司法政策虽然存在内在的局限性，但仍然有一定的积极意义：一是有利于减少逮捕羁押人数，压缩未决羁押期限，从而在一定程度上弥补“捕诉一体”办案机制下检察官对逮捕必要性条件审查的不足。二是有利于促进非羁押性强制措施的适用完善，如2022年9月5日《关于取保候审若干问题的规定》，推动建立以非羁押为原则的诉讼新格局。三是有利于与认罪认罚从宽制度形成合力，减少公诉人数和判处监禁刑的人数，以更低的刑事司法成本实现社会治理，并减少逮捕绑架起诉和审判的现象。具体应从以下方面着手。

（一）减少羁押性强制措施的适用

少捕慎押，需要在从拘留到案到逮捕羁押，再到判决生效的整个未决羁押过程中寻求解决方案，重点在适用条件、适用程序、适用后的变更或撤销等环节，积极探索减少羁押人数、压缩羁押期限、实现羁押程序正当化的有效路径。

1.依法规范刑事拘留的适用，严格控制提请逮捕的数量和质量

（1）侦查机关适用刑事拘留必须坚持法定条件和程序，不得超越法律规定随意拘留任何人或延长拘留期限。对不是现行犯的犯罪嫌疑人，严禁侦查机关“先抓人、后办手续”。（2）刑事拘留的决定和执行情况应当接受检察机关的法律监督。重点监督拘留后延长至30日才提请审查逮捕的情况是否合法，如果发现违法情形，应当坚决予以纠正。（3）“刑拘直诉”的做法缺乏法律依据，不宜延续。拘留后如果认为不需要逮捕，公安机关应立即释放或者变更为非羁押性强制措施。（4）严格控制拘留后提请审查逮捕案件的数量和质量。公安机关应当在提请审查逮捕时提供证明犯罪嫌疑人符合逮捕条件的证据材料，对不符合逮捕条件者不得提请逮捕，更不能仅仅为了节约办案时间、完成考核指标任务而提请逮捕。对于公安机关拘留后拟提请逮捕的案件，同级检察院应当尽可能提前介入，在收集证明犯罪事实和逮捕社会危险性条件的证据方面加强指导和引导；对不符合逮捕条件又需要继续侦查的案件，公安机关应当及时变更强制措施。公安检察机关应当充分发挥“侦查监督与协作配合办公室”的协调作用。

2.以社会危险性条件为核心，严格控制逮捕羁押措施的适用

（1）准确把握一般逮捕的社会危险性条件。应完善“逮捕社会危险性量

化评估系统”，扩大“社会危险性量化评估”试点范围，杜绝“构罪即捕”，有效降低批捕率；同时，应当试点逮捕决定说理，通过说理机制保障少捕慎押政策稳定持续落实下去。

（2）严格控制“径行逮捕”的适用。径行逮捕设置了社会危险性推定，而且不容反驳，剥夺了检察官根据个案情况对社会危险性条件进行合理判断的裁量权，违反了无罪推定和比例原则的精神。在现行法下，检察机关应当坚持对所有审查逮捕案件一律进行社会危险性审查，并且按照少捕慎诉慎押司法政策的要求从严控制径行逮捕的适用。

为此，建议：①对径行逮捕的“曾经故意犯罪”条件做出限制性解释，只有当犯罪嫌疑人在刑罚执行完毕或者赦免后5年内再次涉嫌故意犯罪的，才能考虑径行逮捕。未成年时期的故意犯罪以及未成年人再次涉嫌犯罪的，不得以“曾经故意犯罪”为由径行逮捕，以体现对未成年人的特殊保护。②即使犯罪嫌疑人完全符合径行逮捕的条件，但经审查认为其没有羁押必要的，仍然不宜予以逮捕。根据《刑事诉讼法》第74条关于监视居住原则上必须“符合逮捕条件”的规定，可以决定予以监视居住。③应将决定径行逮捕的犯罪嫌疑人作为羁押必要性审查的重点对象，及时审查后，依法变更为对其采取非羁押性强制措施。

（3）法院在受理公诉案件后应当及时对被告人是否逮捕单独作出决定，不能自动延续检察机关逮捕决定的效力。

（4）捕后羁押必要性审查应当对所有在押案件实行“全覆盖”，而且检察机关和法院都应当在各自的办案环节依职权定期进行羁押必要性审查，有关规范性文件应当对依职权羁押必要性审查的频次做出明确规定。

（5）检察机关在批准延长侦查羁押期限以及上级法院在批准延长审判期限时，均应对羁押必要性进行实质审查。（《最高检规则》第312条）

（6）侦查期间因为发现“另有重要罪行”而重新计算侦查羁押期限时，应当经过检察机关批准，不宜由公安机关自行决定。

3.在审查逮捕、羁押必要性审查、延长羁押期限过程中贯彻正当程序原则

现行审查逮捕、羁押必要性审查和延长羁押期限的程序在“告知”和

“听审”的基本要素方面还存在明显欠缺，不符合正当程序的要求。这是我国未决羁押率过高、羁押期限过长的重要原因之一。公安司法机关有必要根据中央关于“努力让人民群众在每一项法律制度、每一个执法决定、每一宗司法案件中都感受到公平正义”的要求，积极转变司法观念、探索创新举措，切实保障公民人身自由不受非法侵犯。

在现行制度下，可以考虑采取以下四项措施：

（1）把检察官、法官当面亲自听取被追诉人及其律师的意见作为批准或决定逮捕、延长侦查羁押期限和进行羁押必要性审查的必经程序，必要时举行听证。

（2）辩护律师在审查逮捕和侦查阶段应当有权查阅公安机关提请逮捕书、提请延长侦查羁押期限意见书及其所依据的鉴定意见等证据材料以及重新计算侦查羁押期限备案审查材料。对于没有辩护人的犯罪嫌疑人，检察机关应当通知值班律师提供法律帮助。

（3）检察机关批准、决定逮捕犯罪嫌疑人以及法院决定逮捕被告人，检察机关或法院决定继续羁押或者延长羁押期限，均应在逮捕决定书、继续羁押决定书、批准延长羁押期限决定书中说明批准或者决定逮捕、继续羁押或者延长羁押期限的具体理由和法律依据，并书面告知被逮捕人及其法定代理人或者近亲属和辩护律师。被逮捕人及其近亲属和辩护律师有权要求检察机关和法院告知上述决定的具体理由。

（4）切实保障被逮捕人及其律师对无根据的或者非法羁押在诉讼内的救济权。凡是不能在法定期限内办结的案件，公安司法机关对在押犯罪嫌疑人、被告人都应当及时变更或者撤销强制措施。在审查起诉阶段，案件经两次补充侦查仍然不符合起诉条件者，检察机关应依法决定不起诉，犯罪嫌疑人在押的，应当及时撤销或者变更强制措施。对于重大复杂的刑事案件，在审判阶段逮捕羁押超过一定期限（例如两年）仍然未能做出终审判决的被告人，法院应当依法变更强制措施。在押人员因疾病等原因短期内有生命危险不适宜继续羁押的，看守所应及时报告并建议变更强制措施，由办案机关核查后依法做出变更决定。

(二)适度扩大非羁押性强制措施的适用

1.扩大取保候审的适用范围

(1)对确有必要采取强制措施的被追诉人，优先适用取保候审。不得因户籍地、职业等因素而限制适用取保候审。对罪行较轻且认罪认罚的被追诉人以及未成年、老年的被追诉人，可以探索具结释放。

(2)对于保证金保证的案件，应将保证金解释为“可以发挥担保作用并可随时没收和变现的财产”，改变保证金只能“以人民币交纳”的操作规则，允许被取保候审人以实际价值相当于甚至超过保证金额度的有价证券、车辆、常住房屋以外的房屋等财产形式进行担保，并可探索由专业公司代为交纳保证金的担保方式。

2.依法规范、慎重适用监视居住

2012年修改《刑事诉讼法》时，立法者明确将监视居住改造为“逮捕的替代措施”，同时增设了侦查阶段针对“三类案件”的指定居所监视居住。2018年修改《刑事诉讼法》时删除了关于检察机关对“特别重大贿赂犯罪”案件的嫌疑人可以在侦查阶段指定居所监视居住的规定。鉴于监视居住在司法实践中适用不规范、容易异化为变相羁押，在贯彻少捕慎诉慎押刑事政策过程中，对监视居住既要规范适用，又要慎重适用。

规范适用，是指监视居住的适用应当严格遵守法定条件。根据《刑事诉讼法》第74条第1款的规定，监视居住原则上只适用于“符合逮捕条件”并且具备下列情形之一的犯罪嫌疑人、被告人:(1)患有严重疾病、生活不能自理的;(2)怀孕或者正在哺乳自己婴儿的妇女;(3)系生活不能自理的人的唯一扶养人;(4)因为案件的特殊情况或者办理案件的需要，采取监视居住措施更为适宜的;(5)羁押期限届满，案件尚未办结，需要采取监视居住措施的。

“对符合取保候审条件，但犯罪嫌疑人、被告人不能提出保证人，也不交纳保证金的”，应当严格解释。凡是符合取保候审条件的，原则上不得监视居住。

3.强化取保候审、监视居住的诉讼保障功能

非羁押性强制措施之所以适用得较少，重要原因之一是在实际执行过程中

对被追诉人的约束力有限，难以保障诉讼顺利进行。贯彻少捕慎诉慎押刑事司法政策，应把强化非羁押性强制措施的诉讼保障功能作为重点，建议如下：

（1）全面充分地履行告知义务。包括被取保候审、监视居住人应当遵守的规定和应当履行的义务以及违反规定的法律后果等，避免“不知情违规”现象的出现。

（2）健全管控措施，创新执行监督方式。取保候审决定机关应根据案件情况依法采取责令不得进行饮酒、驾车等特定活动，不得进入学校、网吧等特定场所，不得与同案犯、被害人等特定人员接触，上缴护照等出入证件，探索定期报到、社区监督等多种管控措施，增强监管实效。充分运用电子手环、非羁码等信息化核查方式，降低监管成本，强化执行力度。依托大数据平台和智能管理系统，实现对非羁押性强制措施的全流程管理。

（3）落实异地执行责任。非羁押性强制措施决定机关所在地与被追诉人居住地（含能够保证在诉讼期间连续居住的暂住地）不一致时，可以将非羁押性强制措施交由居住地公安机关执行，但执行机关应当切实履行监管责任，对异地办案协作要求予以配合。

（4）加大脱保惩戒力度。如没收全部或者部分保证金、提高重新取保的保证金金额、依法予以逮捕、最终定罪量刑时酌情从重处罚等。

五、未决羁押制度现代化的立法论

（一）解释论的局限性

解释论作为一种路径，有天然的局限性：因为我国未决羁押制度存在的问题，不仅在于司法观念、工作机制、考核机制、追责机制等方面的“不适应”，还有立法规定本身的“不合理”。因此，解释论路径可以在短时间内取得一定积极成效，但不足以解决制度本身存在的问题。

从社会进化论的角度来看，“从技术到制度”作为一种改革策略，往往是一种无奈的选择。“从技术性改良到制度性变革”，技术性改良是“打前站”

的，通过技术改良积累经验（包括教训）、凝聚共识，最终实现制度性变革，才是改革成功的真正标志。从历史上看，司法现代化的最终标准主要体现在制度上建立起符合人权保障要求的中立、公正的司法体制，通过民主立法、权力制衡特别是司法审查，保障公民的人身自由不受公权力侵害。法治国家和地区未决羁押制度的现代化，最终也都是通过修改立法得以实现的。

少捕慎诉慎押刑事政策的贯彻虽然在控制诉前羁押率方面取得了显著成绩，但其关键在于“少”和“慎”，旨在“呼吁”公安司法机关自身慎重行使逮捕羁押权力，并不要求改变现有制度安排。即使完全站在解释论立场上，这一政策的贯彻落实也可能会受到部门利益的抵触，实践中很容易走样变形。

未决羁押制度的现代化与以审判为中心的诉讼制度改革密切相关，需要在以侦查（调查）为中心的管制型司法体制向以法院为中心的纠纷解决型司法体制转型过程中实现。如果不能严格贯彻控审分离、审判中立、羁押法定、司法审查、无罪推定、正当程序等原则，未决羁押制度就不可能现代化。

（二）需要重点解决的问题

（1）拘捕羁押权力的司法化（权力配置符合审判中心主义要求以及强制到案与羁押候审的功能区分）。

（2）拘捕羁押理由的个别化、公开化（法定理由符合无罪推定和比例原则，个案适用建立公开说理机制）。

（3）拘捕羁押程序的正当化（知情、参与、结果及其理由告知、律师全程参与、允许司法审查）。

（4）拘捕期限的合理化（期限设置符合比例原则、有羁押理由支持、诉权制约与司法控制、羁押必要性审查全程化）。

（5）羁押管理中立化、人道化（看守所中立、人道待遇符合无罪推定）。

（6）在押人权利保障实效化（不被强迫自证己罪、法律援助扩展到所有在押案件、全程知情参与、及时申请司法审查、违法及错误羁押的赔偿等）。

此外，对于监察留置，应参照刑事拘留予以改造，通过权力制衡、外部监督和诉权制约，防止权力滥用。

未决羁押制度的现代化是中国式现代化的重要组成部分，它涉及基本人权的司法保障和司法体制的改革，必然受到多种因素的制约，还可能会受到既得利益者的抵制。由于国内外各种不确定因素的叠加，这个过程注定充满了各种风险，考验着中国政治家和法律人的智慧。

（本文由胡滨鸿同学根据讲座录音整理完成，并经孙长永教授本人审改）

传统司法案例

论传统司法案例制度的传承与发展

周振杰*

摘　要：传统司法案例制度从秦汉时期逐步形成，自唐宋以后逐步发展成熟。2011年设立的案例指导制度既有传承传统司法案例制度的一面，例如以权威核心作为发布主体、强调事实情节类比、附属于制定法；亦有发展的一面，例如法官适用案例有相对确定的指引。对于案例指导制度而言，传统司法案例制度在如下四个方面具有积极意义：第一，以例破例，即以后例推翻不合时宜的前例；第二，纳例入文，即将成熟的案例纳入相关解释性文件甚至法律之中；第三，分类适用，即区分不同类型案例的效力；第四，情理法平衡，即强调案件处理的情、法两尽，以在稳定的制定法与多变的民情之间实现有机协调与相互支持。

关键词：中华法系；案例制度；以例破例；纳例入文；情法两尽

党的十八大以来，随着中国特色社会主义法律体系逐步形成，法律实施成了当前法治建设的主要矛盾。“在社会主体的法治意识不是很高的情况下，法治建设的目标要以生成合乎法治的案例为归宿。”[①]随着案例指导制度于2011年确立，中国的案例研究进入了如火如荼的新阶段。中华法系固然以成文法为主体，但蕴含于其中的传统法律文化直接体现于以案例为载体的司法实践

---

* 周振杰，北京师范大学刑事法律研究院教授、博士生导师，研究方向为刑事法学。本文为中华司法研究会2021年年度课题《司法案例制度的传承和发展研究》(2021ZHSF005)研究成果。

① 胡云腾：《从规范法治到案例法治——论法治建设的路径选择》，载《法治现代化研究》2020年第5期。

之中，研究传统司法案例与司法案例制度，[①]分析其对当前案例指导制度的参考价值，对于推动法治建设而言具有重要意义。

一、传统司法案例制度的形成与特征

从春秋时期发轫，自唐宋以后逐步发展成熟，传统司法案例制度经历了漫长的发展过程，并随着成文法的制定情况与经验哲学的发达程度体现出不同的特征。

(一)形成过程

就传统司法案例制度的形成过程，有的观点将之分为四个阶段：夏至秦的萌生阶段、汉至唐的发展嬗变阶段、宋元的成熟阶段与明清的完善阶段。[②]鉴于司法案例制度是有关司法案例的效力、产生过程以及适用程序规定的总和，而其效力的核心，是司法案例成文法的关系，因此研究传统司法案例制度的发展历程，首先要理解古代司法案例在古代中国的产生与发展以及其与成文法之间的关系。就此，学界目前存在不同甚至相对的观点。例如，有的观点将之分为如下三个阶段：(1)西周、春秋时期的判例法阶段，或者“家本位·判例法”阶段。在这一阶段，实行“议事以制，不为刑辟”的原则，也即，在审判之际选择适当的司法案例作为指导原则，而不制定法典，明示构成违法犯罪的行为以及应承担的责任。同时，以“以刑统例”为原则编纂法律文献，在刑罚后面罗列相应的司法案例。(2)战国时期、秦汉的成文法阶段。在这一阶段，统治者秉承“生法者君也，守法者臣也”的“两权分立”

① 中国古代的判例有多种不同称谓，例如秦朝的廷行事、汉代的决事比、唐代的例、宋与元的断例、明代的《大诰》。参见赵玉环:《我国古代判例制度及其特征》，载《政法论丛》2005年第5期。同时，虽然判例在各个朝代普遍存在，但是不能简单地将中国古代的廷行事、决事比等视同于判例。参见刘笃才:《中国古代判例考论》，载《中国社会科学》2007年第4期。因此，本文将廷行事等统一称为古代的司法案例。

② 杨思斌:《中国古代判例制度的演变与基本特征》，载《法学杂志》2008年第2期。

原则，以君主为首的国家机关根据一定的程序制定、公布法律。“到了秦代，社会生活的各个领域都已做到‘皆有法式’，‘事皆决于法’。”[①]法官不能发挥主观能动性，“议法”或者增减法条文字都属于重罪，当然也不能援引之前的司法案例审判。（3）自西汉至清末的“混合法”阶段，或者“国·家本位·混合法”阶段，也即“成文法”与判例制度相结合的阶段。[②]在这一阶段，虽然每一朝代都制定了具有一定代表性的法典，例如《唐律》《宋刑统》，但是如西汉开始并延续到唐代的“春秋决狱”所示，由于成文法典固有的内在缺陷，判例制度的作用始终存在。“成文法典与判例之间相互依存、相辅相成、循环往复的关系，便构成了‘混合法’的基本运作形态。这种法律样式对中国近现代社会的影响是十分巨大的。”[③]

有的观点提出了不同的理解，认为“判例在汉代之后虽然广泛存在，但是因此说这是一个‘混合法’时代，恐怕言过其实”[④]，并将成文法产生后的古代社会分为“放任”“拒斥”与“吸纳”三个阶段。“放任”阶段，是指战国到秦汉时期。在这一阶段，又因成文法仍处于发展过程中，律令虽然数量很多，但是不成体系，而且并不成熟，所以体现朴素公平正义观念的司法案例在国家生活中发挥着重要作用，就如《汉书·刑法志》所言：“律令凡三百五十九章，大辟四百九条，千八百八十二事，死罪决事比万三千四百七十二事。”“拒斥”阶段，是指魏晋至唐宋时期。在这一阶段，随着成文法制度的成熟，律成了完整的体系性的法典。因此，司法案例受到了严格的制度约束。一方面，判例必须具引律令，“诸断罪皆须具引律、令、格、式正文，违者笞三十”，[⑤]如此，从程序上控制了判例的产生与适用；另一方面，皇帝特旨断狱不得引为后比，

① 武树臣：《中国古代法律样式的理论诠释》，载《法理学、法史学》（中国人民大学复印报刊资料）1997年第4期。

② 武树臣：《中国法律传统》，北京大学出版社1994年版，第166页。

③ 武树臣：《中国古代法律样式的理论诠释》，载《法理学、法史学》（中国人民大学复印报刊资料）1997年第4期。

④ 刘笃才：《中国古代判例考论》，载《中国社会科学》2007年第4期。

⑤ 《唐律疏议》卷三十《断狱》，岳纯之点校，上海古籍出版社2013年版，第476页。

也即，即使是皇帝特旨审断的案件，如果没有经过特定程序成为具有一般性效力的“永格”，也不能作为司法案例用作之后断案的依据。“吸纳”阶段，是指南宋至清末时期。宋朝初期确立了奏案制度，允许对于情法轻重不一致的案件上奏请示，以满足实质正义的要求，造成了判例增加、成文法有关规定实际上失效的情况。因此，南宋时期反对以例破条的力量非常强大，提出了“要在与收可行之例归于通行之法，庶几公共而不胶”①的思想，即将法律体系之外的司法案例吸纳到法律体系之中，以解决例法冲突。自此直至明清，“判例被成文法吸纳而最后消亡”。②

现有的观点，一方面，存在相同之处，例如，都认为在成文法出现之前的西周与春秋时期，司法案例发挥着主要作用，就如有的观点所言：“春秋战国以前判例的存在状况，从青铜器铭文和出土简帛文书中，不难窥见一斑。”③再如，都认为在成文法出现之后的各个封建朝代，都存在司法案例。另一方面，也有不同之处，主要在于在明清时期，判例是否因被吸纳而趋于消亡。例如，上述第二种观点认为从南宋到清末，判例因为被吸纳而消亡，反对的观点则认为，“如果从实质上而不是从形式观察问题，认为中华法系是法典法或以法典法为主，从而否认判例法在不同历史时期也占有主导地位，显然是不符合中国法律史的实际情况的”④。

从史料编纂来看，在中国古代社会，自成文法乃至法典产生以后，虽然各个朝代的重视程度、适用限制有所不同，但司法案例一直发挥着重要作用是毋庸置疑的，即使在第二种观点所称的“吸纳”时期。例如，“1585年制定《大明律附例》，以律为正文，条例为附录，并赋予了判例优先于法典的效力。御制的判例集《明大诰》汇编了朱元璋对臣民法外用刑的典型案例，司法官吏断案必须参照援引‘大诰’中采编的判例为依据。清朝的统治者为了保证

---

① （清）徐松辑、（民国）缪荃孙重订：《宋会要辑稿·刑法一》，1936年国立北平图书馆影印本，第25089页。

② 刘笃才：《中国古代判例考论》，载《中国社会科学》2007年第4期。

③ 汪世荣：《中国古代的判例研究：一个学术史的考察》，载《中国法学》2006年第1期。

④ 沈国峰：《论判例法在我国古代法律渊源中的地位》，载《法学评论》1986年第6期。

判例的规范化使用，非常重视例的编纂，自乾隆元年，刑部奏准三年修改一次；至十一年开始，确立了五年一修的制度”[①]。有的观点甚至认为：“至于明清两代，《大诰》的地位高于《明律》自不待言律与例的关系，并而行之，有律重而例轻，也有律轻而例重，清朝则明文规定‘凡引律必全引其本文，例亦如之，有例则置其律，例有新者则置其故者’。这就在法律制度上确认了例的地位和效力高于律文的原则。”[②]因此，尽管自元朝开始就出现了“判例入律”的现象，明、清两代更是律例合编，但是这并不能说明司法案例就消亡了。例如，《大清律例》明确规定：“除正律、正例而外，凡属成案，未经通行、著为定例，一概严禁，毋得混行牵引，致罪有出入。”这一规定虽然强调了律的效力，但也表明了统治者对司法案例的重视，因为其并未禁止司法案例，而是要求“成案”经过严格程序上升为“定例”之后，才能成为判案的依据。同时，即使在明清时期，经过皇帝批准，还是可以“以例破律”甚至“以例代律”的。[③]例如，康熙二十五年，王以岁贡生授直隶东明知县。民有继妻素淫，欲并乱前妻女，不从，戕之死。谓母道绝，当故杀妻前夫子律论斩，报可。因著为例。[④]

综上所述，就成文法出现之后的传统司法案例制度的发展历程，上述第一种观点相对更为符合史料体现出来的事实。基于此，可以将古代司法案例制度分为以下四个阶段：

（1）战国以前的萌芽阶段。虽然就这一阶段司法案例的产生与适用并无详细文献可以参考，但从考古发现来看，这一阶段是存在司法案例的。例如，宝鸡出土的西周青铜器铭文《㑇匜》，其实就是㑇诉牧牛一案的判决书，[⑤]《奏谳书》中记载的案例，也表明当时的司法程序与法律推理达到了相当高的水

---

① 杨永红：《中国古代判例制度的发展历程》，http://www.legaldaily.com.cn/Culture/content/2021-04/01/content_8471326.htm，最后访问时间：2024年6月16日。

② 沈国峰：《论判例法在我国古代法律渊源中的地位》，载《法学评论》1986年第6期。

③ 赵玉环：《我国古代判例制度及其特征》，载《政法论丛》2005年第5期。

④ 转引自刘笃才：《中国古代判例考论》，载《中国社会科学》2007年第4期。

⑤ 汪世荣：《中国的判例文化传统》，载《法律适用》2017年第2期。

平。[①]有司法案例，当然就会涉及司法案例的形成与适用等问题。因此，虽然当时可能并无司法案例制度，但是司法案例的存在就说明司法案例制度开始萌芽。

(2)战国到秦汉时期的探索阶段。在这一阶段，鉴于司法案例发挥着重要的作用，案例编纂获得了重视。例如，《汉书·陈宠传》记载陈宠任辞曹时“为昱撰辞讼比七卷，决事科条，皆以事类相从”。《晋书·刑法志》也记载“汉时决事，集为《令甲》以下三百余篇，及司徒鲍公撰嫁娶辞讼决为《法比都目》，凡九百六卷”。虽然当时还存在“轻重乖异”的现象，“判例的形成没有特定的程序，判例的适用也缺乏范围的限制”[②]，但是已开始编纂司法案例，说明当时的司法者已经开始探索司法案例的适用问题。

(3)魏晋至唐宋的形成阶段。在这一阶段，虽然随着成文法的成熟司法案例开始受到严格约束。但“必须具引律令”“皇帝特旨断狱不得引为后比”其实都是关于司法案例适用、形成与效力的规定，这恰恰说明古代的司法案例制度开始逐渐形成。同时，在这一阶段案例汇编逐渐进入了专门阶段，而且出现了专门的案例研究的著作，“郑克的《折狱龟鉴》对相似判例的比对研究，首创中国传统法学研究关于事实性质的分析方法，将事实区分为关键事实和一般事实，属于判例的区别技术”[③]。

(4)宋以后至清末的成熟阶段。宋朝尤其是南宋以后，随着司法案例的大量增加，有关其适用、形成、效力、更迭等方面的规定逐步成熟。明清的纳例入律，在一定程度上，也可以说明当时的司法案例制度非常成熟，通过特定程序形成的司法案例，甚至达到了进入律法的程度。同时，这一阶段案例汇编也非常发达，例如宋朝的《疑狱集》《折狱龟鉴》《棠阴比事》《名公书判清明集》，明朝的《大诰》《问刑条例》，在使司法案例进一步规范化的同时，为成文法的发展奠定了实践基础。

---

① 汪世荣:《判例在中国传统法中的功能》，载《法学研究》2006年第1期。

② 汪世荣:《中国的判例文化传统》，载《法律适用》2017年第2期。

③ 汪世荣:《中国的判例文化传统》，载《法律适用》2017年第2期。

（二）主要特征

传统司法案例制度植根于中华传统文化，体现了中国传统的政治特点与民族特色。其主要特征可以从如下五个方面进行概括：

第一，司法案例的地位。在我国古代，司法判例地位经历了由“主”到“辅”再到“并行”的发展过程。具体而言，在西周以及春秋时期，由于成文法的缺位，判例法发挥着主导作用。战国时期之后，随着律法的逐步完善，尤其是在唐宋时期，判例逐渐附属于成文法，主要发挥着扩展法律调整领域、强化规则效力以及补充法典立法技术的作用。[①]到了明清时期，例与律并而行之，甚至在特定场合，地位还高于律，就如有的观点所言：“清朝则明文规定‘引律必全引其本文，例亦如之，有例则置其律，例有新者则置其故者’。这就在法律制度上确认了例的地位和效力高于律文的原则。”[②]简而言之，在中国古代，司法案例对成文法发挥着补充与渗透的作用。

第二，司法案例的产生。司法案例是成案，但并非所有的成案都是司法案例，只有经过特定程序，被权威机构成案可以被援引为裁判依据。所谓“特定程序”，大致可以分为两种情况：（1）具体案件的判决在被上奏至皇帝之际，被明确宣布为成例，也即“著为例”；（2）经过司法机关审判的案件，虽然没有被明确宣布为成例，但是在之后被其他案件引为裁判依据，并得到了皇帝的批准。即使是在政治体制并非特别集权的元朝，成例虽然无须经皇帝批准，但是须经中央批准，否则不具备司法案例的法律效力。[③]

第三，司法案例的适用。中国古代的司法逻辑思维深受“比”的推理思维与“类”的类型化思维的影响，因此司法案例适用的基本逻辑形式是“比类推理”，在成文法逐渐发达之后，针对不同的法律问题，在技术层面又分为“类推”与“比附”，前者针对的是罪名适用问题，以解决立法上的罪名有限

---

① 汪世荣：《判例在中国传统法中的作用》，载《法学研究》2006年第1期。

② 沈国峰：《论判例法在我国古代法律渊源中的地位》，载《法学评论》1986年第6期。

③ 刘笃才：《中国古代判例考论》，载《中国社会科学》2007年第4期。

性；后者针对的是量刑问题，以实现具体案例中情理法相一致的追求。例如，在道光二年“贾氏与人通奸、杀死知情之童养媳”案中，刑部援引四川省李陈氏的成案，对多项事实情节进行了充分类比，认为“以死者年岁论，则与现案同一十四也；以情节论，则与现案同一凶残也；以姑媳名分论，则与现案同一童养也”，[①]所以应当“画一办理”，避免同案不同判。

第四，司法案例的内核。中国古代的法律受到宗教的影响甚微，但是受到儒家文化的影响巨大。同时，在古代中国，无论是中央专职的司法官，还是在行政司法合一体制下兼任司法官的地方行政官，虽然饱读儒家经典，但对律法了解相对较少。因此，司法案例在帮助他们理解繁杂的法典精神的同时，又通过他们将儒家文化灌输至更多的司法案例。儒家文化强调“礼”，注重“道”，因此古代社会的司法实践非常强调情理法的平衡，这也构成了司法案例的内核，就如张晋藩教授所言：“天理体现为国法，从而赋予国法以不可抗拒的神秘性。执法以顺民情，又使国法增添了伦理色彩，使国法在政权的保证推行之外，还获得了神权、族权和社会舆论的支撑，因而更具有强制力，这正是天理、国法、人情三者统一的出发点和归宿。”[②]例如，在春秋战国时期的“石奢案”中：石奢者，楚昭王相也。坚直廉正，无所阿避。行县，道有杀人者，相追之，乃其父也。纵其父而还自系焉。使人言之王曰：“杀人者，臣之父也。夫以父立政，不孝也；废法纵罪，非忠也；臣罪当死。”王曰：“追而不及，不当伏罪，子其治事矣。”石奢曰：“不私其父，非孝子也；不奉主法，非忠臣也。王赦其罪，上惠也；伏诛而死，臣职也。”遂不受令，自刎而死。

第五，司法案例的编纂。随着司法案例的增多，自西汉以来，系统性地编纂案例越来越受到重视，例如东汉陈忠的《决事比》、陈宠的《辞讼比》、鲍昱的《法比都目》、应劭的《决事比例》，宋朝和凝、和山蒙父子的《疑狱集》、郑克的《折狱龟鉴》、桂万荣的《棠阴比事》及幔亭曾孙编的《名公书

---

① 转引自祝庆祺：《刑案汇览》，北京古籍出版社2000年版，第814页。

② 转引自吴春雷、杜文雅：《中国古代判例的情理适用探析》，载《天津法学》2011年第2期。

判清明集》。元朝中央政府的《通制条格》《元典章》《至正条格》等直接将编辑的案例作为司法依据，致使各级地方官吏纷纷收集和汇编判例，抄写流传，使“有例可援，无法可守”。明清时期更加注重编例。明朝在制定《大明律》时，另外颁布了三部作为特别法适用的《大诰》，其中许多条款就是具体的判例。清朝统治者则或三年，或五年有规律地对旧判例或删除，或修改或归并，并补充新例，统一向全国发布，称作“续编条例”。

二、案例指导制度对传统司法案例制度传承的体现

“1949年中华人民共和国成立后，由于将判例制度看成是资本主义属性的东西而予以批判，判例作为一项法律制度自然无从发展。但作为一种实践，经验性的案例指导却一直未曾中断，只不过由于理念和制度的局限而未能发展出一套系统的判例制度。”[①]直至党的十八大，随着社会主义法律体系初步形成，发扬优秀的历史传统，推进以习近平法治思想为指导的社会主义案例法治逐步成了中国法治建设的重点之一，就如有的观点所言，“在中国特色法律体系已经形成、法律实施成为主要矛盾、社会主体的法治意识不是很高的情况下，法治建设的目标要以生成合乎法治的案例为归宿”[②]。因此，具有中国特色的案例指导制度就应运而生。[③]这一制度在继承传统司法案例制度的同时，在某些方面又有所发展，集中体现在如下五个方面：

第一，案例发布的主体。与英美的判例制度相比，中国的传统司法案例

---

① 杨洪逵：《案例指导：从功利走向成熟——对在中国确立案例指导制度的几点看法》，载《法律适用》2004年第5期。

② 胡云腾：《从规范法治到案例法治——论法治建设的路径选择》，载《法治现代化研究》2020年第5期。

③ 随着最高人民检察院、公安部、最高人民法院先后于2010年7月29日、9月10日、11月26日发布《关于案例指导工作的规定》《关于建立案例指导制度有关问题的通知》《关于案例指导工作的规定》，尤其是《关于案例指导工作的规定》第7条明确规定：“最高人民法院发布的指导性案例，各级人民法院审判类似案例时应当参照”，标志着案例指导制度开始实施，也标志着中国的案例法治建设踏上了新的征途。

制度在形式方面最直观的不同，就是司法案例由权威核心批准或者认可，也即，由当时的最高统治者皇帝批准，“着为例”。根据《关于案例指导工作的规定》（法发〔2010〕51号），指导性案例由最高人民法院（最高法）统一发布。这体现了对传统案例制度的传承。发展之处在于，案例指导制度不但明确了指导性案例的发布机关，而且对于具体案例的遴选过程、标准以及发布形成等有明确的规定，这与中国古代司法案例产生的无序现象形成了鲜明对比。根据《关于案例指导工作的规定》的规定，最高人民法院案例指导工作办公室负责遴选、审查和报审，对于符合条件的案例，应报请院长或者主管副院长提交最高法审判委员会讨论决定，并统一在《最高人民法院公报》、最高人民法院网站、《人民法院报》上以公告的形式发布。

第二，案例的地位效力。在中国古代，总体而言，司法案例在唐宋以后处于附属成文法的地位。主要“解释了制定法的含义，使之有效地适用于具体案件；还确立了许多重大的封建法制原则，为制定法的适用创造了条件”。[①]在案例指导制度下，指导性案例“从其性质上看是解释法律的一种形式，更准确地说，是解释宪法性法律以外的国家法律的一种形式，如有关刑法、刑事诉讼法、物权法方面的指导性案例，实际上起到了解释、明确、细化相关法律的作用。在此需要明确的是，指导性案例所具有的明确、具体和弥补法律条文原则、模糊乃至疏漏方面的作用，不是造法而是释法的作用”[②]，这与传统司法案例制度相同。不同的是，中国古代还存在创制型案例，[③]在没有相关法律时通过判例创立新的规则。如果只是属于偶尔现象，不违反基本原则，创制型案例对于弥补成文法的不足、稳定社会秩序当然具有积极意义。但是如果类似案例过多，或者有悖于社会道义，反而会有损成文法的权威，甚至造成“有例可援，无法可依”的现象。在案例指导制度下，指导性案例被限

① 柳正权、黄雄义：《“形”与“实”的结合：论案例指导制度对传统判例文化的传袭》，载《湖北大学学报（哲学社会科学版）》2017年第6期。

② 高领：《“指导”意在规范——构建中国案例指导制度研讨会综述》，载《人民法院报》2011年1月7日，第5版。

③ 胡兴东：《判例法传统与中华法系》，载《法学杂志》2012年第5期。

制在“释法”的地位。当然，在这一点上，目前关于指导性案例效力的规定可能有所保守，就此下文还有论述。

第三，案例的指引对象。中国古代的法律文化有“重实体、轻程序”的传统，因此“缺乏孕育程序法的土壤”[①]。与之相应，传统的司法案例侧重对实体问题的规范与指引，例如，“清代《刑案汇览》所录的4000余件判例，其指引对象亦均为实体问题，内容涉及老小废疾收赎、存留养亲、累犯、共犯等，而《大清律例通考》中所载的定例亦侧重笃疾之人犯罪、犯罪自首的范围、强盗认定等实体内容”[②]。从最高人民法院2010年至2022年7月15日发布的32批185个指导性案例来看，虽然关于实体问题的案例仍然占据了多数，但是提供程序法指引的案例却不在少数。例如，在126个有关民事诉讼的指导性案例中，程序性事项的案例有20余个，涉及管辖、起诉条件、执行主体、执行依据、执行范围、执行和解等多方面的问题。[③]质言之，虽然目前仍然存在“重实体、轻程序”的痕迹，但是随着全面依法治国原则的贯彻实施，对于程序正义的追求受到了重视，并渗入司法实践中。

第四，适用主体与程序。在中国古代，因为司法与行政合一的政治体制，在地方层面，司法案例的适用主体是地方官员，而绝大多数在法制方面的造诣显然远远不及在诗书礼乐方面。因此，在司法案例的适用程序方面缺乏规范性，就如有的观点所言：“历朝历代均未对援引判例设置具体的程序，这也是传统判例最为人所诟病的一点。援引程序的缺失导致判例带有明显的不确定性，而在法官主导且监督失位的传统司法体制下，这种不

---

① 马璨：《我国程序法文化起源之比较研究》，载《人民论坛》2011年第26期。

② 柳正权、黄雄义：《“形”与“实”的结合：论案例指导制度对传统判例文化的传袭》，载《湖北大学学报（哲学社会科学版）》2017年第6期。

③ 例如，第148号案例“高某诉三亚天某国际酒店有限公司、海南博某房地产开发有限公司等第三人撤销之诉案”的裁判要旨指出：针对已生效的公司对外诉讼裁判文书，股东不具有提起第三人撤销之诉的主体资格；第154号案例“王某光诉中某建设集团有限公司、白某和丰某业有限公司案外人执行异议之诉案”的核心要旨指出：建设工程价款强制执行过程中，买受人对房屋提起案外人执行异议之诉但不否定原生效判决确认的债权人享有的建设工程价款优先受偿权的，应予受理。

确定性极易被无限扩大”，[①]甚至可能将判例变为实现封建专制的工具，导致“所欲活则傅生议，所欲陷则予死比，议者咸冤伤之”[②]等草菅人命的司法乱象。在这一方面，案例指导制度可以说实现了本质的发展与转变。一方面，指导性案例的适用主体是专业的司法人员；另一方面，关于指导性案例的适用程序，《〈最高人民法院关于案例指导工作的规定〉实施细则》(以下简称《细则》)、《最高人民法院统一法律适用工作实施办法》(以下简称《办法》)等文件也进行了原则性规定。例如，《办法》第6条、第7条、第8条以及第10条的规定，具有第6条规定的9类情形之一，[③]承办法官应当进行类案检索，并且在审理报告中对类案检索情况予以说明，或者制作专门的类案检索报告，一并提交。如果待决案件拟作出的裁判结果与指导性案例、最高法类案裁判法律适用标准不一致，或者拟作出的裁判结果将形成新的法律适用标准的，合议庭应当建议提交部门专业法官会议讨论；院庭长发现待决案件存在前述情形的，应当依照程序召集部门专业法官会议讨论。

第五，适用案例的方式。如上所述，在传统司法案例制度下，适用案例主要沿着“比类推理”的逻辑，采纳“类推”与“比附”的技术。《细则》第9条规定，“各级人民法院正在审理的案件，在基本案情和法律适用方面，与最高人民法院发布的指导性案例相类似的，应当参照相关指导性案例的裁判要点作出裁判”，虽然没有区分罪名选择与量刑情节问题，但在实质上也是“比类推理”逻辑。同时，因为类案以“案由”，即诉讼案件所涉及的法律关

---

① 柳正权、黄雄义:《“形”与“实”的结合：论案例指导制度对传统判例文化的传袭》，载《湖北大学学报(哲学社会科学版)》2017年第6期。

② 《汉书·刑法志》。

③ 即(一)拟提交审委会、专业法官会议讨论的；(二)缺乏明确裁判规则或者尚未形成统一裁判规则的；(三)重大、疑难、复杂、敏感的；(四)涉及群体性纠纷或者引发社会广泛关注，可能影响社会稳定的；(五)与最高人民法院的类案裁判可能发生冲突的；(六)有关单位或者个人反映法官有违法审判行为的；(七)最高人民检察院抗诉的；(八)审理过程中公诉机关、当事人及其辩护人、诉讼代理人提交指导性案例或者最高人民法院生效类案裁判支持其主张的；(九)院庭长根据审判监督管理权限要求进行类案检索的。

系为界定标准，以刑事案件为例，其案由则是指涉嫌的罪名。因此，在刑事案件中，类案类判首先是根据罪名确定是否可以参照相应的类案，然后再根据定罪量刑的裁判要点作出裁判。这与“类推”侧重定罪与“比附”侧重量刑具有相同之处。当然，成文法的发达与科技的进步，注定了我们在案由选择、情节类比等方面比古代社会更加全面、精准。

三、立足传统司法案例制度发展案例指导制度的思考

习近平总书记指出：“文化是一个国家、一个民族的灵魂，文化自信是更基础、更广泛、更深厚的自信，绵延几千年的中华文化是中国特色哲学社会科学成长发展的深厚基础。”[①] 传统司法案例制度也是中国文化的一部分，对于案例指导制度的进一步完善具有重要的意义，尤其表现在如下四个方面。

（一）以例破例

以例破例，即以新的司法案例取代旧的司法案例。中国古代非常注重案例编例，目的之一就是消除司法案例之中的矛盾，使对成文法的解释能够在适应社会发展的同时，保证案件在一定时期内的稳定与一致。宋朝在不同时期编修相关《断例》集，明朝《明实录》中记载刑部根据社会发展修订相应“事例”，通过废止旧事例达到对判例的更新。清朝在对先例的引用上具有一定时间限制，以保证相关案件在五至十年之间判决一致，[②] 甚至有“以例破律”“以例代律”的情况。

案例指导制度实施至今不过10余年，相互矛盾的指导性案例还没有发现，[③] 目前实施的类案检索制度也有助于预防指导性案例之间出现矛盾。但是

① 习近平：《坚定文化自信，建设社会主义文化强国》，载《求是》2019年第12期。

② 胡兴东：《判例法传统与中华法系》，载《法学杂志》2012年第5期。

③ 在《民法典》颁布实施之后，最高人民法院2020年12月主动对已经发布的指导案例进行清理，根据《民法典》的相关规定，决定不再参照适用第9号与第20号指导案例。

在指导性案例之外，还有公报案例、参考案例；[①]在最高人民法院发布的案例之外，还有最高人民检察院、公安部发布的案例。因此，虽然在现代先进科技的加持下，各类案例之间产生矛盾的可能性较小，但是这种可能性是存在的。而且，相对于社会生活的无限性，立法者能力是有限的，对于司法实践中新类型的纠纷，不同的法院对法律可能有不同的理解，出现不同的判决。同时，我国幅员辽阔，文化传统具有地域差异性，不同法院对同一问题也难免存在不同理解。例如，就转载已公开的裁判文书是否侵权的问题，苏州市中级人民法院2019年的判决与北京市第四中级人民法院2021年的判决就得出了截然相反的结论：前者认为转载已公开的裁判文书侵权，[②]后者则认为不侵权。[③]在不同结论的背后是截然不同的价值观：前者强调的是个人信息主体对信息传播控制的人格权益，后者则更倾向于司法文书公开制度所蕴含的公共和社会经济利益。

因此，建议建立“以例破例”的制度，同一机关发布的案例，由该机关自行通过新的案例取代旧的案例；不同机关发布的案例，由共同的上级机关发布新的案例取代旧的案例。例如，如果在最高法发布的指导性案例以及指导性案例与其他案例之间存在矛盾的，由最高人民法院根据《细则》第12条的规定，[④]发布新的案例解决矛盾；如果在最高人民法院发布的指导性案例与最高人民检察院发布的指导性案例之间存在矛盾，则由全国人大常委会发布案例解决矛盾。而且这已经有可以参考的类似先例。在《刑法》于1997年增设黑社会性质组织相关罪名之后，人民法院与人民检察院就“存在保护伞”是不是黑社会性质组织的必备特征存在争议。最终，全国人大常委会于2002

① 当然，《最高人民法院统一法律适用工作实施办法》第5条关于“研究室负责指导性案例的征集、审查、发布、编纂和评估等工作。其他部门发布的典型案例等不得与指导性案例的裁判观点、裁判标准相冲突，不得冠以指导性案例或指导案例等类似名称”的规定，有助于减少法院系统内部不同种类案例间的冲突与矛盾。

② 苏州市中级人民法院（2019）苏05民终4745号民事判决书。

③ 北京市第四中级人民法院（2021）京04民终71号民事判决书。

④ 该条规定指导性案例有下列情形之一的，不再具有指导作用：（一）与新的法律、行政法规或者司法解释相冲突的；（二）为新的指导性案例所取代的。

年4月28日通过《关于〈中华人民共和国刑法〉第二百九十四条第一款的解释》，将“实施违法犯罪活动，或者利用国家工作人员的包庇或者纵容”规定为黑社会性质组织的特征，平息了这一争议。

（二）纳例入文

封建社会末期，“判例入律”逐渐成了统治者的选择。元朝开始便将判例与条格、诏制等一并编入《大元通制》，明清两代更是律例合编。[①]质言之，判例为成文法的发展提供了丰富的实践土壤，使之更加丰满。

最高法发布的指导性案例、公报案例、参考案例针对实践中的难题，做出了合乎时宜的解释。但是，即使是对于效力最高的指导性案例，根据《关于案例指导工作的规定》第7条的规定，各级人民法院也只是“应当”参照。“应当”一词的约束力显然高于“可以”，这是可圈可点之处。但是其作用也只是止步于“参照”：人民法院的裁判文书虽然可以将之作为裁判理由引用，但不能将之直接引用为裁判根据。[②]为了让司法案例发挥更稳定、更广泛的作用，建议参考传统司法案例制度中的“判例入律”，纳例入文，即将各类案例中成熟的规则，纳入司法解释甚至是法律条文之中。

（三）分类适用

分类适用是中国古代司法案例制度的特征之一。也即，在适用司法案例之际，根据具体案例在社会事件中的典型性，将之分为不同等级，区分出不同效力，以让法律适用具有一种流动的可变与稳定。例如，乾隆三年刑部议复御史条奏时规定：“凡属成案未经通行着为定例者，毋得牵引。如办理案件果有与旧案相合，可援为例者，许于本内声明。”[③]

目前，人民法院系统案例的约束力大致可以分为三类：（1）指导性案例

---

① 赵玉环：《我国古代判例制度及其特征》，载《政法论丛》2005年第5期。

② 《最高人民法院统一法律适用工作实施办法》第9条第1款明确规定：待决案件在基本案情和法律适用方面与检索到的指导性案例相类似的，合议庭应当参照指导性案例的裁判要点作出裁判。

③ 转引自胡兴东：《判例法传统与中华法系》，载《法学杂志》2012年第5期。

的约束力,(2)公报案例、指导案例以及典型案例的约束力,(3)其他案例的约束力。其中,指导性案例的约束力当然最高,如上所述,是“应当”参照。在后两者中,虽然公报案例、指导案例以及典型案例的地位与约束力实际上可能高于其他案例,但是这几类案例本身并无约束力,只能通过“类案检索制度”发挥一定的作用。从充分发挥司法案例与案例编纂的作用出发,建议对上述三类案例的效力进行进一步分类与明确,一方面,赋予指导性案例司法解释的效力。指导性案例是“中国特色的释法工具”,[①]虽然根据《最高人民法院关于司法解释工作的规定》第5条与第6条,具有法律效力的司法解释只有“解释”“规定”“批复”“决定”四种,但是指导性案例蕴含的规则也是法律解释,同样体现了司法机关在特定问题上的立场。“为指导性案例的目的和本旨的全面落实,有必要将指导性案例的规范性转型为司法解释的一种形式”[②],并提高其法律地位,增强其约束力。另一方面,赋予公报案例、指导案例以及典型案例当前指导性案例所具有的“参照”的约束力,以提高社会公众对案例的认同感,汇聚社会公众对案例法治的信仰。

(四)情理法平衡

“情、理和法在古代司法官的心目中,都是民意的权威表达,情、理、法实同一体,而非对立。中国古代司法官在司法实践中注重执法原情、辨法析理、法情允协,他们善于将情、理与法律进行一体化衡平,进而一同艺术地融入司法裁判之中。”[③]情理在古代中国的司法实践中,不但能够在一定程度上发挥相对于法律的平衡作用、弥补法律的普遍性和规范性在调整社会关系时的漏洞,而且能够促进司法实践中的推理活动,实现实质正义。[④]

根据社会客观形势,在具体案例中运用现有规范,给出符合实质正义要求的裁判结果是法治精神之所在,在中国的案例法治建设中也有所体现。例

① 邬海林:《将指导性案例的规范性纳入司法解释的范畴》,载《民主与法制》2017年第48期。
② 陈兴良:《赵春华非法持有枪支案的教义学分析》,载《华东政法大学学报》2017年第6期。
③ 张本顺:《古代司法的“情、理、法”衡平艺术》,载《检察日报》2018年11月6日,第3版。
④ 吴春雷、杜文雅:《中国古代判例的情理适用探析》,载《天津法学》2011年第2期。

如，为解决夫妻一方在婚姻存续期间恶意借债用于个人目的，将个人债务转为夫妻共同债务的问题，2021年1月1日开始实施的《民法典》第1064条第2款明确规定："夫妻一方在婚姻关系存续期间以个人名义超出家庭日常生活需要所负的债务，不属于夫妻共同债务……"其实在此之前，人民法院已经通过指导案例表明了其立场："离婚案件中，主张于婚姻关系存续期间以个人名义所举债务为夫妻共同债务的一方当事人，除了要证明债务的真实存在并产生于婚姻关系存续期间外，还有责任举证证明所借款项用于夫妻共同生活。"[①]这一指导案例通过灵活运用证据规则得出了符合正义与常理要求的结果。但是，如"赵春华非法持有枪支案""许霆盗窃案"所示，如果我们第一审能够在规范适用中融入情理，也许就不会造成舆情。

需要指出的是，在司法案例中实现情理法的平衡，需要进行充分说理，因此中国古代的许多案例，在伦理说明方面非常用心。例如，在丈夫出海遇风溺死，妻子遵从婆婆改嫁案中，按相关法律应判弃市，但是在官方把此案转请董仲舒审理时，他引用《春秋之义》，认为"言夫人归于齐，言夫死无男，有更嫁之道也。妇人无专制擅恣之行，听从为顺，嫁之者，归也。甲又尊者所嫁，无淫行之心，非私为人妻也"，因此判决"明于决事，皆无罪名，不当坐"。[②]

目前，实务机关已经充分认识到了"释法说理是裁判文书的核心与难点，是裁判文书最重要的部分。只有释法准确无误，说理充分透彻，才能保证判决结果的准确，保证法律的正确实施"，[③]并发布正式文件，强调裁判文书说理的重要性并提出了改革要求。例如，《关于加强和规范裁判文书释法说理的指导意见》（法发〔2018〕10号）也要求进一步加强和规范人民法院裁判文书释法说理工作，提高释法说理水平和裁判文书质量，但是在实践中，仍然存在

① 韩玫：《夫妻共同债务还是个人债务》，载杜万华主编：《民事审判指导与参考》（第61辑），人民法院出版社2015年版。

② 转引自胡兴东：《判例法传统与中华法系》，载《法学杂志》2012年第5期。

③ 陶然：《裁判文书如何释法说理？》，载中国法院网，https://www.chinacourt.org/article/detail/2020/05/id/5228607.shtml，最后访问时间：2024年2月8日。

不愿说理、不敢说理，说理不充分，缺乏针对性以及说理不彻底，缺乏对证据的分析和认定以及对适用的法律不作解释等现象。[①]

四、结语

传统司法案例制度集中体现了中华民族的观物方式。“一个民族深入集体无意识的观物方式，是比一个民族、一种文化的核心的价值观念，更能体现民族性格的东西”，[②]而且无论社会与时代如何变迁，都会隐藏在集体的无意识之中。从树立《细则》第2条要求的“法律效果和社会效果良好”的指导性案例的要求出发，传统司法案例制度尽管存在案例说理泛伦理化等问题，在以例破例、分类适用、情理法平衡等方面，对于完善当前的案例指导制度仍然具有积极的参考价值。

① 李咏梅:《试论裁判文书的说理》，载中国法院网，https://www.chinacourt.org/article/detail/2015/07/id/1661906.shtml，最后访问时间：2024年2月8日。

② 王志强:《清代成案的效力和其运用中的论证方式——以〈刑案汇览〉为中心》，载《法学研究》2003年第3期。

唐诗中的法律思想、制度与案例探析

——《中国法律史》课程教学的新思路

李晓婧*

摘　要：《中国法律史》课程的教学范围不仅包括传统意义上的中国各个历史时期的法律制度，还包括各历史时期的司法状况，对法律制度产生过重要影响的哲学思想、政治法律思想和学说，以及社会各个阶层的价值观念、风俗习惯、家法族规、乡规民约、宗教等文化传统。唐诗作为中国古代别具特色的文学形式，其作品映射了时人的价值观念，其中不乏反映当时官方法律思想与制度、民间法律意识和司法实践的诗作。以唐诗作为教学素材，挖掘其中的法律思想、制度与案例资源，可以为当下《中国法律史》课程教学改革提供新思路和新方法。

关键词：唐诗；案例资源；中国法律史；课程教学改革

中国法律史作为历史学与法学的交叉学科，既是历史学的分支，又是法学学科中一门重要的基础课程，属于理论法学的范畴。1997年原国家教育委员会确定《中国法制史》为全国法学学科本科学生14门必修的核心课程之一。

---

* 李晓婧，安徽师范大学法学院副教授、法学博士、硕士生导师，研究方向为中国法律史。本文为安徽省2022年度高等学校省级质量工程重点教学研究项目《新法科背景下〈中国法律史〉课程教学模式的立体化转型》（2022jyxm562）和安徽省2022年度新时代育人质量工程（省级研究生教育教学改革研究一般项目）《“中国法律史”研究生课程教学模式的立体化转型》（2022jyjxggyj164）研究成果。

2018年教育部高等学校法学学科教学指导委员会在重新审核法学专业核心课程时，将《中国法制史》的专业课程名称改为《中国法律史》。这一变化，使得《中国法律史》的课程教学体系和内容发生了重大变化。换言之，以前的《中国法制史》教学主要是针对中国各个历史时期的法律制度进行分析和讲解；而《中国法律史》的教学范围则更加广泛，除了中国各个历史时期的立法活动及其立法成果，还应包括司法状况，对法律制度产生过重要影响的哲学思想、政治法律思想和学说，以及社会各个阶层的价值观念、风俗习惯、家法族规、乡规民约、宗教等文化传统。这些都是我们全面、深入研究和了解中国法律史的重要素材。因此，我们的课程教学就不能仅仅限于那些“静态”的法律文本的宣教，更应该把视野拓宽到“动态”的司法实践、法律意识及文化传统等领域。理想上，《中国法律史》的课程教学当然不必局限于所谓的“正规素材”，它只不过是法文化探讨现象的一部分而已，仅凭它，显然无法还原历史社会的实相。因此，我们可以将教学范围延伸到所谓的“非正式素材”，譬如说文学作品。实际上，普罗众生对司法的认知和态度取向，很少受到“正史式”的法律典籍和官方文件的影响，反而往往为文学作品、传统戏剧、宗教信仰以及约定俗成的习惯和价值观等所左右。[①]作为我国优秀文学遗产之一的唐诗，就是很好的案例教学资源。以诗证史、诗史互证的治学方法由来已久，南宋洪迈《容斋随笔》以史家眼光和方法研究唐诗，清代学者章学诚在《文史通义》中开篇即语六经皆史，而近人陈寅恪先生采用“诗史互证”手法研究元稹、白居易的诗歌，所撰写的《元白诗笺证稿》更是这一研究方法的代表之作。鉴于此，笔者试以唐诗作为教学素材，挖掘其中的制度与案例资源，以期为《中国法律史》的课程教学提供新思路和新方法。

一、“轻刑慎罪”法律思想：以虞世南《赋得慎罚》为例

“轻刑慎罪”是儒家的一贯主张。“罪疑惟轻，功疑惟重，与其杀不辜，

① 黄源盛:《中国法史导论》，广西师范大学出版社2014年版，第20页。

宁失不经。”[①]隋末由于法严刑滥、“生杀任情”，导致“百姓怨嗟，天下大溃”[②]，强大的隋王朝很快被波澜壮阔的农民起义浪潮吞没。有鉴于此，唐初统治集团非常重视继承正统法律思想中的“德治”传统，不仅在立法方面强调宽简，而且在司法方面注重轻刑慎罪，确立了许多体恤罪犯的法律规定。唐太祖在制定《武德律》时就贯彻了“务在宽简，取便于时”[③]的原则。唐太宗统治时期，“以宽仁治天下，而于刑法尤慎”[④]。他在称帝后就下达了“死者不可再生，用法务在宽简”的诏令。[⑤]他主持制定的《贞观律》与前代相比，删减的死刑条目将近一半，其他改重为轻的不可胜数，以致贞观四年（630）“断死刑，天下二十九人，几致刑措”[⑥]。

综观《唐律疏议》，它对各种犯罪行为所规定的刑罚幅度，总体来说，比以往确有减轻。如以“谋反”“谋大逆”为例，依照汉律，此类罪犯一律处死，其父母、兄弟无论是否成年皆弃市；而唐律则规定，“诸谋反及大逆者，皆斩；父子年十六以上，皆绞；十五以下及母女、妻妾（子妻妾亦同）、祖孙、兄弟、姊妹若部曲、资财、田宅，并没官；男夫年八十及笃疾、妇人年六十及废疾者，并免（余条妇人应缘坐者，准此）；伯叔父、兄弟之子，皆流三千里，不限籍之同异”[⑦]。唐律在规定刑罚适用原则时也体现了轻刑思想。如以“犯罪未发自首”条为例，“诸犯罪未发而自首者，原其罪”[⑧]。“犯罪未发”即他人未告发至官府或官府尚未发觉，亦可理解为尚未进入司法程序；“原其罪”即减轻或免除处罚。再如“犯时未老疾”条载：“诸犯罪时虽未老、疾，而事发时老、疾者，依老、疾论。若在徒年限内老、疾，亦如之。犯罪时幼

---

① 王世舜、王翠叶译注：《尚书》，中华书局2012年版，第359页。

② 邱汉平编著：《历代刑法志》，商务印书馆2017年版，第323页。

③ 邱汉平编著：《历代刑法志》，商务印书馆2017年版，第324页。

④ 邱汉平编著：《历代刑法志》，商务印书馆2017年版，第347页。

⑤ 苏士梅注说：《贞观政要》，河南大学出版社2016年版，第272页。

⑥ 苏士梅注说：《贞观政要》，河南大学出版社2016年版，第273页。

⑦ 《唐律疏议》卷十七《贼盗》，岳纯之点校，上海古籍出版社2013年版，第270页。

⑧ 《唐律疏议》卷五《名例》，岳纯之点校，上海古籍出版社2013年版，第79页。

小，事发时长大，依幼小论。”[1]即对老弱病残等人享有法定优遇时特殊情况的认定作了具体规定。同时，唐律在解释量刑的“加”“减”时，明确指出：“加者，数满乃坐，又不得加至于死”，即只要法律未明文规定可加重至死刑的，就不能判处死刑；而“惟二死、三流，各同为一减”，即斩刑减一等直接减为流刑，流三千里减一等直接减为徒三年。[2]

唐统治者对官吏舞文弄法、以重利牟利的现象有着相当清醒的认识。唐太宗曾多次责令司法官员务必慎刑慎杀、依法断罪，并创立了九卿议刑制度及死刑“三复奏”“五复奏”制度。如“断罪引律令格式”条载：“诸断罪皆须具引律、令、格、式正文，违者笞三十。”[3]“官司出入人罪”条规定：对于那些不依法断案、故出入人罪的司法官员，将严厉处罚。故入人罪，即采虚构事实、增减案情的办法，故意将无罪判为有罪，或将轻罪判入重罪的，“若入全罪，以全罪论；从轻入重，以所剩论”。“其出罪者，各如之”，即故意将有罪判为无罪或将重罪减为轻罪的，出其全罪者，以全罪科断；从重入轻者，以所减之罪科断。[4]同时，唐代特别注意吸取隋代刑讯逼供、滥施刑罚的教训，强调重视犯罪事实、审慎问案。唐律条文虽然允许刑讯逼供，但对此作出了严格的限制：“诸应讯囚者，必先以情，审察辞理，反复参验，犹未能决，事须讯问者，立案同判，然后拷讯。”所谓“立案同判”就是由承审官会同现任长官同判，然后拷讯。只有年十七以上、十五以下及废疾者和孕妇，才可免予刑讯。但“拷囚”不得过三次，每次相距二十日，总数不得过二百，如在此限内拷囚至死者，不论；超过此限而拷囚至死者，司法官治罪，最多至徒二年。[5]唐代法定的拷囚制度，对于司法官的无限制拷掠，是一种制度上的约束。

虞世南的这首《赋得慎罚》较为全面地反映了唐初“轻刑慎罪”的法律

---

① 《唐律疏议》卷四《名例》，岳纯之点校，上海古籍出版社2013年版，第66—67页。

② 《唐律疏议》卷六《名例》，岳纯之点校，上海古籍出版社2013年版，第116页。

③ 《唐律疏议》卷三十《断狱》，岳纯之点校，上海古籍出版社2013年版，第476页。

④ 《唐律疏议》卷三十《断狱》，岳纯之点校，上海古籍出版社2013年版，第477—478页。

⑤ 《唐律疏议》卷二十九《断狱》，岳纯之点校，上海古籍出版社2013年版，第469—470页。

思想：

帝图光往册，上德表鸿名。
道冠二仪始，风高三代英。
乐和知化洽，讼息表刑清。
罚轻犹在念，勿喜尚留情。
明慎全无枉，哀矜在好生。
五疵过亦察，二辟理弥精。
幪巾示廉耻，嘉石务详平。
每削繁苛性，常深恻隐诚。
政宽思济猛，疑罪必从轻。
于张惩不滥，陈郭宪无倾。
刑措谅斯在，欢然仰颂声。

虞世南是南北朝至隋唐时期政治家、书法家、文学家、诗人，陈朝太子中庶子虞荔之子、隋朝内史侍郎虞世基之弟，“凌烟阁二十四功臣”之一。虞世南生性沉静，执着好学。历仕陈、隋二代，官拜秘书郎、起居舍人。隋代灭亡后，依附于夏王窦建德，授黄门侍郎。秦王李世民灭窦建德后，引虞世南为秦王府参军、记室参军、弘文馆学士，与房玄龄等共掌文翰，成为“十八学士”之一。贞观年间，历任著作郎、秘书少监、秘书监等职，封永兴县公，故世称“虞永兴、虞秘监”。他虽容貌怯懦、弱不胜衣，但性情刚烈，直言敢谏，深得李世民敬重，时称“德行、忠直、博学、文词、书翰”五绝。贞观十二年（638），虞世南去世，享年81岁，获赠礼部尚书，谥号“文懿”，配葬昭陵。[①]此诗从文学艺术层面来看，并无特色，似有谄媚之嫌，但却较为全面地反映了唐太宗时期的“轻刑慎罪”思想。

---

① （宋）王溥撰：《唐会要》（中），中华书局2017年版，第801页。

二、科举取士制度的确立：以孟郊、孟浩然、朱庆馀诗作为例

科举制虽始创于隋代，但那时的科举作为制度还不是很完善，考试的时间和内容都不固定，考试的程序也不完备。然而，科举制作为优于汉代察举制和魏晋九品中正制的一种崭新的官员选拔制度，为国家更广泛地吸纳人才开辟了道路，也为出身寒门的下层士大夫提供了入仕参政的机会，从而深受中小地主和文化精英的拥护，代表了社会文化演进和人群关系变动的趋向。唐代建立以后，科举选官的进一步制度化、法律化，是和当时社会经济、政治文化的发展密不可分的。唐实行均田制以后，地主经济显著发展，中小地主数量激增，他们要求参加政权，以保护和加强自己的经济和政治地位。统治者也希望通过科举制度广泛选拔人才，充实国家机构，加强中央集权的力量。科举制的实行，的确开辟了中小地主参与政权的途径，网罗了一些寒门出身的士大夫，如太宗时期的马周、孙伏伽、张玄素等人，都在朝廷中担任要职。“家代无名”的李义府，竟通过科举官至宰相。可以说，科举取士是隋唐统治者在政治制度上的一大创新。

（一）科举制在唐代的兴盛——以孟郊《登科后》为例

孟郊早年贫病穷寒，潦倒失意。他曾周游湖北、湖南、广西等地，希望能一展抱负，却始终无所遇合，又屡试不第。直到46岁那年，孟郊终于进士登科，他满怀欣喜，提笔一挥而就，写下了这首别具一格的小诗，题名《登科后》。诗文如下：

昔日龌龊不足夸，今朝放荡思无涯。
春风得意马蹄疾，一日看尽长安花。

诗人两次落第，一直怀才不遇，如今却一举高中，说是平步青云毫不为过，故而诗一开头就毫不掩饰地直接倾泻出自己内心的狂喜，认为昔日的困顿

不值得一提了，今朝扬眉吐气，毫无挂碍，胸臆间自然是说不出的喜悦畅快。

科举制始建于隋代。鉴于九品中正制的流弊，开皇十八年（598）七月，隋文帝诏“京官五品以上，总管、刺史，以志行修谨、清平干济二科举人”[①]，这是隋代设科选举之始。文帝建“秀才科”，另诸州每年选送三人参加考试，得高第者称“秀才”，终文帝之世，天下举秀才者不过十人。隋炀帝继位后，继续推行分科选举的办法，明确设立孝悌有闻、德行敦厚等“十科”或学业该通、才艺优洽等“四科”特科（或称制科）；“置明经、进士二科”，后演变为常科。隋代分科选举制度建立后，效果较好，史称“隋氏罢中正，举选不本乡曲，故里闾无豪族，井邑无衣冠，人不土著，萃处京畿”[②]。唐代因袭隋制，将科举明确分为常科和制科，并在此基础上继续完善。常科在唐代是每年举行一次，考生有两个来源：一是来自中央学校国子监、弘文馆、崇文馆和地方州县学校的学生，称为“生徒”，经学校考试，合格者直接送尚书省参加省试；二是不在学校学习，或读于私塾，或自学成才者，在州县“投牒自举”（书面申请），经考试合格后，亦由州县送尚书省应试，此类考生，称为“乡贡”。[③]唐科举制度规定，应试者通过考试，取得进士及第或明经及第的出身，仅是得到了做官的资格，尚不能正式入仕。据《通典·选举三》载：“择人有四事，一曰身，取其体貌丰伟；二曰言，取其言词辩正；三曰书，取其楷书遒美；四曰判，取其文理优长。四事皆可取，则先德行，德均以才，才均以劳。”[④]即只有再通过吏部的“释褐试”（又称“关试”），合格者才能得官。在众多的科目中，“进士尤为贵，其得人亦最为盛焉”。[⑤]除常科外，唐代还不定期地举办制举考试，为制科。制举是由皇帝特旨召试，考试科目根据需要而定，名目繁多。而

---

① （唐）魏徵等撰：《隋书》卷二《帝纪》第二《高祖下》，中华书局1973年版，第43页。

② （清）董诰辑：《全唐文》卷三百七十二《选举论》，清嘉庆十九年武英殿刻本。第16486页。

③ （宋）欧阳修、（宋）宋祁撰：《新唐书》卷四十四《志》三十四《选举志上》，中华书局1975年版，第1161页。

④ （唐）杜佑撰：《通典》卷十五《选举三》，清乾隆十二年武英殿刻本，第510页。

⑤ （宋）欧阳修、（宋）宋祁撰：《新唐书》卷四十四《志》三十四《选举志上》，中华书局1975年版，第1166页。

以直言极谏、贤良方正、博学宏词、才堪经邦、武足安边等科较为常见。[①]制科不像常科那样需要参加事前的考试，应试者范围广，包括常科及第者、低级官吏，乃至平民百姓。常科应试及第者须通过吏部的“释褐试”方能做官，而制科应试及第者“中者即授官”。据南宋学者王应麟的比较，“唐制举之名，多至八十有六，凡七十六科，至宰相者七十二人。本朝制科四十人，至宰相者，富弼一人而已。中兴复制科，止得李垕一人”[②]。可以看出，唐代制科所得之人，较宋代为优。

按唐制，进士考试在秋季举行，发榜则在下一年春天。这时候的长安，正是春风轻拂，春花盛开。城东南的曲江、杏园一带春意更浓，新进士在这里宴集同年，“公卿家倾城纵观与此”[③]。新进士们“满怀春色向人动，遮路乱花迎马红”[④]，其中的风光与荣耀真是羡煞旁人。“春风得意马蹄疾，一日看尽长安花”是广为传诵的名句，人们还从中化出了“春风得意”和“走马观花”两个成语。诗人此际心情畅快，感觉春风似乎也变得善解人意，轻柔地吹拂着，使人满心舒畅，而骏马好像也通晓骑手踌躇满志的心情，四蹄生风，纵情驰骋。偌大的长安城中开满了春花，城内行人众多、车马拥挤，是不可能策马疾驰的，但诗人却认为，当日的马蹄格外轻疾，尽可将满城鲜花一日看尽。因为诗歌写出了真情实感，遂将无理变有理。诗人意到笔成，酣畅淋漓地表现了自己高中后心情舒畅的情态，明朗畅达而又别有情韵。

（二）科举“行卷”制度——以孟浩然、朱庆馀诗作为例

唐代科举取士，采用的是考试与推荐相结合的录取制度。考卷的优劣只是考评的一个方面，主考官还要看名人达士的推荐。换言之，唐代科举留有察举痕迹。如士子在应试前，可把自己的作品呈送给社会名流、向主考官推

---

① （宋）欧阳修、（宋）宋祁撰：《新唐书》卷四十四《志》三十四《选举志上》，中华书局1975年版，第1169页。

② 王应麟：《困学纪闻》（下册），翁元圻等注，栾保群等点校，上海古籍出版社2008年版，第1612页。

③ （五代）王定保撰：《唐摭言》，阳羡生校点，上海古籍出版社2012年版，第21页。

④ 赵嘏：《今年新先辈以遏密之际每有宴集必资清谈书此奉贺》（《全唐诗·卷五百四十九》）。

荐，曰“行卷”。试卷多数时候没有糊名，考官评卷时，考生的名声是重要考虑因素。因此，应试举人为了增加及第的机会，便将自己平时所写的最得意的诗文加以编辑，写成卷轴，在考前托关系呈送给社会上有地位的人，以求他们向知贡举官推荐自己。投卷可以弥补考试选拔的不足，唐代有许多著名的人物都是通过投卷、荐举等方式参与科举，进入仕途的。科举“行卷”制度的设计原意是希望能兼顾考生平时表现。但因利之所趋，实际上难免舞弊。到唐末吏治败坏时，弊病尤甚。[①]

唐玄宗开元二十一年（733），孟浩然西游长安，向当时在位的贤相张九龄投献了一首“干谒”诗《望洞庭湖赠张丞相》，以求引荐录用。诗文如下：

八月湖水平，涵虚混太清。
气蒸云梦泽，波撼岳阳城。
欲济无舟楫，端居耻圣明。
坐观垂钓者，徒有羡鱼情。

诗的前半部分写八月的洞庭湖汪洋浩阔的景象，其中“气蒸云梦泽，波撼岳阳城”10个字写活了洞庭湖雄浑的气势，可谓壮观非常。本来望洞庭湖的胜景似乎与“上张丞相”的干谒无关，但作者以欲渡这宽广雄阔的洞庭湖还须仗依舟楫，托出希望丞相引荐的意思，章法衔接十分巧妙。最后以“羡鱼情”表明自己处在圣明时代不甘心闲居无为，想要出仕的愿望。全诗以洞庭风物起，以水边垂钓结，中间以“欲渡”承接，运用比兴的手法写出自己希望张九龄援引的心情，显得雄阔高浑，得体有节。

张籍，唐代中后期诗人。长庆元年（821），受韩愈荐为国子监博士，迁水部员外郎，又迁主客郎中。张籍任水部郎中时，以擅长文学又乐于提拔后进而与韩愈齐名。朱庆馀曾得到张籍的赏识，但他还是担心自己的作品未必符合主考官的要求，于是临近进士考试时向张籍投献了一首“干谒”诗《近

① 王亚南：《中国官僚政治研究》，商务印书馆2010年版，第104—105页。

试上张水部》，以望举荐汲引。诗文如下：

洞房昨夜停红烛，待晓堂前拜舅姑。

妆罢低声问夫婿，画眉深浅入时无？

古代风俗，结婚后第二天清晨，新妇才去拜见公婆。这首诗就是描写新妇拜见公婆之前的心理状态。首句写大婚，次句写拜见。新妇无不希望能在第一次拜见中给公婆留下一个好印象，获得他们的认可，所以非常郑重，早早地起了床，在通夜不灭的红烛光照中精心妆扮，只等天一亮，就去堂前行礼。但新妇心里也没底：自己这身装束到底合不合宜，能不能讨得公婆的喜欢？接下来自然而然地过渡到她基于这种心情而产生的言行：询问身边丈夫的意见。由于她还是新娘子，自然比较羞涩，而且这个问题比较私密，不好大声说出来，“低声问”可谓合情合理，刻画入微。全诗以“入时无”三字为诗眼，意在问自己的文章是否符合当时考试规定的式样，反映了应考士子对前途命运把握不定的不安心情。诗人巧妙细致地描写了新婚后的闺房情趣，新娘准备拜公婆，着意妆扮，期望能得到欢心，故先问夫婿，打扮得入不入时。如此精心设问而寓意自明，即近试之际，自己精心着意做了文章，希望能得到主考官的赏识，比喻十分精妙而恰切。

三、赋税制度的变革：以元结、白居易诗作为例

唐前期的赋役制度主要有租庸调、户税和地税。租庸调是“国税”，国税计丁征收，是地租的一个特殊部分；户税和地税属于财产税，其主要部分是土地税。唐后期田制毁坏，赋役则改行两税法。两税法是中国赋税史上的一项重大变革，其税产原则为以后各代所奉行。宋代的“两税”、明代的“一条鞭法”和清代的“摊丁入亩”，都是唐代两税法的继续和发展。由于地主私有经济的发展趋势不可逆转，两税法有利于在新形势下加强和提高中央集权，从而成为中国古代社会后半期的赋税定制。

（一）唐前期的租庸调制——以元结《贼退示官吏并序》为例

唐前期的赋役制度是租庸调制。唐代早在武德二年（619）就颁布了《租调令》，当时还没有田令。武德七年（624），在颁布《田令》（均田令）的同时颁布了《赋役令》，正式确立了租庸调制。该制度规定：每丁每年纳租粟2石；调则根据乡土所产，每年交纳绫或绢、絁2丈，绵3两，不产丝绵的地方，则纳布2丈5尺，麻3斤；每丁每年服役20天，若不服役，可纳绢代役（每天折绢3尺），这就是庸。如果政府额外加役，加15天可免去调，加30天则租调全免，正役和加役的总数不能超过50天。同时还规定，如果遇到水旱虫霜等自然灾害，农民收成十分损四以上免收租，十分损六以上免收调，十分损七以上课役全免。唐高祖武德六年（623），下令把天下民户按照财产和户内丁口的多少分为上、中、下三等。唐太宗贞观九年（635），又下令把三等中的每等再细分为上、中、下三等，共为九等，征发力役和兵役原则上都按照户等来进行。唐代差发课役的原则是：先富强，后贫弱；先多丁，后少丁，严禁官吏在征发时的违法和不公平的行为。唐代赋役令又规定，五品以上高级官吏及王公的亲属都可以按品级在规定的范围内免除赋役，六品以下至九品的中下级官吏只能免除本人的课役。就租庸调制而言，尽管对于那些仅占有少量土地的中、下户农民来说确实是一种比较沉重的负担，但和唐以前历代王朝的赋役相比，唐初所规定的赋税额还是比较轻的。灾荒之年赋税减免的规定，更充分体现了租庸调制中所包含的轻徭薄赋的民本精神。同时，交庸代役，使劳动者基本上可以免除力役租这种最原始形态的剥削，有更多的可能把劳动投入生产，使当时的社会经济能够逐步上升。所以，太宗在位时，就出现了“贞观之治”那样一个社会比较和谐升平的时代。[①]

元结是天宝十二年的进士及第，擢右金吾卫兵曹参军，迁监察御史、水部员外郎，佐荆南节度使吕諲、山南东道节度使史翙，抗击安史叛军。唐代

① 王小甫、张春海、张彩琴编著：《创新与再造：隋唐至明中叶的政治文明》，北京大学出版社2009年版，第71—74页。

宗时，任道州刺史，迁容州都督，政绩颇丰。他在政治上是一位具有仁政爱民理想的清正官吏；在文学上反对“拘限声病，喜尚形似”[①]的浮艳诗风，主张发挥文学“救时劝俗”的社会作用。元结诗作《贼退示官吏并序》的第一段即反映了唐前期租庸调制的历史作用：

昔岁逢太平，山林二十年。
泉源在庭户，洞壑当门前。
井税有常期，日晏犹得眠。

由“昔岁”句至“日晏”句，先写“昔”。头两句是对“昔”的总的概括，交代他在做官以前长期的隐居生活，正逢“太平”盛世。三、四句写山林的隐逸之乐，为后文写官场的黑暗和准备归老林下作铺垫。这一段的核心是“井税有常期”句，所谓“井税”，原意是按照古代井田制收取的赋税，这里借指唐代按户口征取定额赋税的租庸调法；“有常期”，是说有一定的限度。显然作者把人民没有额外负担看作年岁太平的主要标志，是“日晏犹得眠”即人民能安居乐业的重要原因，对此进行了热情歌颂，这便为后面揭露“今”时统治者肆意勒索人民埋下了伏笔。

（二）唐中后期的两税法——以白居易《秦中吟十首·重赋》为例

租庸调制是基于自耕小农经济而设计的一种赋役制度。然而，随着社会演进、经济发展以及生产规模化的要求，作为生产资料的土地迅速向经营者集中。特别是由于唐代对土地买卖的限制有所放松，进一步促进了土地关系的市场化。在这种情况下，均田制逐渐破坏并趋于废弛。在武则天时期，农民受田已经严重不足。到了唐玄宗时期，土地授受更是难以为继。农民失去土地，按丁征收的租庸调便成了他们的一项沉重负担，从而导致他们破产、逃亡。安史之乱以后，由于人口在战争期间大规模迁徙，使国家的编户大幅

① （唐）元结编:《箧中集·序》。

度减少，浮寄客户大量增加。随着土地所有权的急剧转换，以及大量的浮寄客户改行从事工商业活动，原有的以身丁为本的租庸调制已经与社会的现实不相适应，赋役制度的改革势在必行。

早在天宝年间，原来作为辅助税的户税和地税在国家每年的财政收入中所占的份额就已经越来越大。到安史之乱以后的唐代宗大历年间，政府的赋税收入已经逐渐演变成以户税和地税为主的局面。大历十四年（779）五月，唐德宗继位，任用杨炎为宰相，杨炎建议实行两税法。建中元年（780）正月两税法正式颁布实施，即每年分两次纳税，夏税限六月纳毕，秋税限十一月纳毕。两税按钱计算，也可折收实物。两税法将各种赋税统一征收，趋于简化。同时改变了传统的“计丁而税”，实行普遍的“计资而税”，这符合按“负担能力”征课的租税原则，多少改变了课役不均的状况，也及时解决了国家的财政危机。[①]但是两税法引致的以钱折物的折纳与法外加税，又成为不可克服的弊端。白居易诗作《秦中吟十首·重赋》即体现了这一点：

厚地植桑麻，所要济生民。
生民理布帛，所求活一身。
身外充征赋，上以奉君亲。
国家定两税，本意在忧人。
厥初防其淫，明敕内外臣。
税外加一物，皆以枉法论。
奈何岁月久，贪吏得因循。
浚我以求宠，敛索无冬春。
织绢未成匹，缲丝未盈斤。
里胥迫我纳，不许暂逡巡。
岁暮天地闭，阴风生破村。

① 王小甫、张春海、张彩琴编著：《创新与再造：隋唐至明中叶的政治文明》，北京大学出版社2009年版，第74—77页。

夜深烟火尽，霰雪白纷纷。
幼者形不蔽，老者体无温。
悲喘与寒气，并入鼻中辛。
昨日输残税，因窥官库门。
缯帛如山积，丝絮似云屯。
号为羡余物，随月献至尊。
夺我身上暖，买尔眼前恩。
进入琼林库，岁久化为尘！

两税法以家庭资产、土地数量来征税，改变了过去按人口征税的方式。在白居易看来，两税法在一定程度上可以减轻农民负担，且单一的税种可以减少枉法的可能。经历短暂的赞许后，白居易开始反思两税法给农民带来的实际负担。该诗反映了当时皇帝除了国库外，还另设私库储藏群臣进贡的财物，以供自己享乐之用的现实。地方官员借机巧立名目，大肆搜刮聚敛，以赋税之盈余的名义向皇帝进贡，从而得到加官晋爵的机会。广大劳动人民则在重税压迫下困苦不堪。白居易对此现象大为不满，但限于当时的认识水平而没有或不敢把矛头指向皇帝，只得对贪官污吏作出强烈批评。但诗的后半部分对重赋产生的后果的大力渲染，无形中强化了对“本意在忧人”而实“夺我身上暖”的最高统治者的仇恨。

四、兵役制度的转型：以王梵志、杜甫诗作为例

府兵制由西魏权臣宇文泰创建于大统（535—551）年间，其特点是仿鲜卑部落兵制，由贵族开府统领职业兵，兵家悉入军籍，实行兵农分离。到北周武帝时，对府兵制进行了改革，改军士为侍官（意即侍卫天子），使他们直隶于君主；同时也招募汉人百姓充当府兵，使之平民化。这样府兵制逐渐向华夏兵制、君主直辖制和平民兵制演化。但是周武帝并没有最终完成由兵农分离到兵农合一的变革。这种军民异籍的制度直到隋代才得以改变。开皇十年（590），隋文帝下令对府兵制进行改革，命令把军人和他们的家属都列

入固定的州县户籍，平时从事农业生产，每年有一定的时间轮番上京城宿卫，实行在家为民、番上为兵，兵民结合，寓兵于农的政策。此次改革在中国兵制史上有着重要的地位。府兵制实行兵农合一，使府兵的生活条件有所改善，减轻了国家的财政负担，同时还扩大了兵源。唐代初期至天宝年间承袭隋制，实行的基本兵制为府兵制，且又有所发展和完善。府兵制在贞观时期达到了全盛的状态，此后随着社会的演进渐趋弛败。在高宗、武后时，府兵已有不能按期上番的情况，逃亡的人也较多。最终，在玄宗朝，职业募兵制取代了府兵制，兵农分离代替了兵农合一。[①]

（一）唐前期的府兵制——以王梵志诗作为视角

唐代前期的兵制主要是府兵制。唐高祖于武德初年下令仿照隋制设置十二卫，下设军府，或称骠骑府，或称统军府。贞观十年（636），唐太宗整顿府兵制，改统军府为折冲府，并沿袭隋制，把军政权力集中在中央，实行以卫统府的制度。当时在全国设置了633个军府，统归中央左、右十二卫管领，每卫分领40—60个军府。十二卫既是军府的统率机构，也是掌管京城宿卫的机构，其军政事务则归南衙（唐代中央政府机关在皇城南部办公，因而称为南衙）统管，由宰相负责。诸卫长官为大将军，通判官为将军，判官为翊府中郎将。折冲府设在州、县地方，按照人数多寡分为上、中、下三等。上府1200人，中府1000人，下府800人。府下设团，每团200人，长官是校尉；团辖2旅，旅100人，设旅帅；旅辖2队，队50人，设正、副队正；队下设火，每火10人，有火长。军府长官为折冲都尉，副长官为果毅都尉，都是武职事官；以下校尉、旅帅、队正、队副都是卫官，因其领兵，统称主帅。[②]唐代规定成丁（21—60岁）男子都有服兵役的义务，从这个意义上说府兵制是一种义务兵役制。这些府兵的任务主要有三项：第一，平时在家从事农业生产，

---

① 王小甫、张春海、张彩琴编著：《创新与再造：隋唐至明中叶的政治文明》，北京大学出版社2009年版，第91页。

② 《唐律疏议》卷十六《擅兴》，岳纯之点校，上海古籍出版社2013年版，第251—269页。

农闲时参加由折冲府组织的军事训练，即所谓的“三时耕稼，冬季讲武”。第二，番上宿卫，即轮流到京师宿卫。第三，征行镇防，即出征打仗或轮番到边防、冲要去镇戍防守。卫士在执行这些任务时，必须自备衣粮和部分武器。但是作为卫士，可以享受不服徭役、不纳租调的优待。[①]卫士若应上番不到及因假而违，按《唐律疏议·卫禁》“宿卫上番不到”条：“一日笞四十,三日加一等；过杖一百,五日加一等，罪止徒二年。”[②]

生活于隋末唐初的白话诗僧王梵志曾有两首专门描写府兵的诗作：

天下恶官职，不过是府兵。
四面有贼动，当日须即行。
有缘重相见，业薄即隔生。
逢贼被打煞，五品无人诤。

你道生胜死，我道死胜生。
生即苦战死，死即无人征。
十六作夫役，二十充府兵。
碛里向前走，衣钾困须擎。
白日趁食地，每夜悉知更。
铁钵淹干饭，同火共分诤。
长头饥欲死，肚死破穷坑。
遣儿我受苦，慈母不须生。

其中“四面有贼动”句，乃府兵之征行任务与集结方式；“五品无人诤”，乃作战立功后依例酬勋赐阶；“二十充府兵”，是府兵之适龄入役，“同火共分诤”，是府兵的编制方式。

---

① 陈顾远：《中国法制史概要》，商务印书馆2011年版，第109页、第113页。

② 《唐律疏议》卷七《卫禁》，岳纯之点校，上海古籍出版社2013年版，第133页。

（二）唐中后期的募兵制——以杜甫《兵车行》为视角

天宝以后，唐统治者连年对西北、西南少数民族发动战争，给人民造成了巨大的灾难。杜甫学习汉乐府民歌“感于哀乐，缘事而发”的现实主义精神，自创新题以讽刺时世，写下了这首《兵车行》。诗文如下：

车辚辚，马萧萧，行人弓箭各在腰。
耶娘妻子走相送，尘埃不见咸阳桥。
牵衣顿足拦道哭，哭声直上干云霄。
道旁过者问行人，行人但云点行频。
或从十五北防河，便至四十西营田。
去时里正与裹头，归来头白还戍边。
边庭流血成海水，武皇开边意未已。
君不闻，汉家山东二百州，千村万落生荆杞。
纵有健妇把锄犁，禾生陇亩无东西。
况复秦兵耐苦战，被驱不异犬与鸡。
长者虽有问，役夫敢申恨？
且如今年冬，未休关西卒。
县官急索租，租税从何出？
信知生男恶，反是生女好。
生女犹得嫁比邻，生男埋没随百草。
君不见，青海头，古来白骨无人收。
新鬼烦冤旧鬼哭，天阴雨湿声啾啾。

杜甫在诗中写出他在咸阳桥畔亲眼所见、亲耳所闻的情形，并假托与征夫的问答，深刻地反映了唐玄宗穷兵黩武发动开边战争给人民带来的苦难。篇首写行色匆匆地出征送别，兵车隆隆，战马嘶鸣，尘烟滚滚，千万人号啕大哭之声汇聚成震天的巨响在云际回荡。这段蓦然而起的描写展现了一幅亲人被抓兵出征、眷属们奔走相送的震撼人心的图画，其中“牵衣顿足拦道哭”一句抓住细节刻画，连续用四个动作，把送行者那种眷恋、悲怆、愤恨、绝望的动作神态，表现得细致入微。

诗中“点行频”中的“点”字，是征、抽之意；“行”，是古代军制，25人为一行，所以把军队出身的叫“出身行伍”。“点行”就是征兵抽丁，“点行频”就是频繁地征兵抽兵抽丁。之所以会出现这种情况，是因为与唐代的兵役制度有关。本来，唐初因袭隋朝，实行府兵制。每三年或六年从军府州20岁到60岁的成年壮丁中征发，一旦确定军名，即成为府兵，隶属折冲府，定期上番服役，冬季农闲参加军事训练。因为府兵服役还要自备衣粮，轮番服役更替也多不按时，家里又不免征徭，士兵很多逃亡，军队的战斗力越来越弱。到唐玄宗开元年间，府兵员额严重不足，已经不能保证正常的番上宿卫职能了，府兵制名存实亡，兵制的改革已势在必行。开元十一年（723），玄宗采纳兵部尚书张说的建议，下令废除府兵番上宿卫的制度，在两京及其周围的府兵及白丁（唐代选拔府兵及职役人员时，未被选上的成丁叫白丁）中招募强壮者充当专门的宿卫之士。这种招募来的职业兵被称为“长从宿卫”，开元十三年（725）改称“彍骑”，分隶于十二卫，分六番长年宿卫。这些雇佣兵都免除赋役，衣粮器械均由政府供给。开元二十五年（737），玄宗又改革征防兵，下令各军镇所需兵额，一律在各种征行人及客户中招募，允许携带家口，到军镇后，官府给予田地房屋。这些招募来镇守戍边的战士被称为“长征健儿”。长征健儿终身免除课役，装备、给养全由政府供应，因而又被称为“官健”。随着长从宿卫、长征健儿的招募，玄宗于天宝八年（749）宣布停止折冲府上下鱼书，至此，唐初确立的府兵制最终宣告废除。①长从宿卫（彍骑）替代番上府兵宿卫京师，长征健儿（官健）替代轮番府兵镇防边地，这是中国古代兵制的一大变革。但由于统治者好大喜功，年年用兵，人民厌战，募而不应，甚至以“折臂”来逃避兵役，官府就强行拉捕。“安史之乱”爆发后，唐王朝四处抽丁捕勇，补充兵力。“点行频”也正是“战争频”的时代产物。

---

① 陈顾远:《中国法制史概要》，商务印书馆2011年版，第109页、第113页。

“点行频”可以说是全篇的“诗眼”。朝廷频繁地征兵开边，边庭流血成海，妇女在家代耕，田园荒废，荆棘横生，而县官催租急迫，点出统治者开边之非。末以惨语结，悲惨哀怨的鬼泣和开头那种惊天动地的人哭，形成强烈的对照。诗人心情沉重，笔调哀痛，寓情于叙事之中，随着句型、韵脚不断变化，三言、五言、七言错杂运用，充分展现了他悲愤难遏、焦虑不安的心情，也让读者为之潸然泪下。

五、坊市制度的逐渐松动：以长安中鬼、苏味道、王建诗作为例

唐代的都城长安，是当时政治、经济、文化中心，不少贵族、官吏、富商汇集于此，又因其位于丝绸之路的起点，国内外商品的交易异常发达。外国商品的往来使得长安俨然成了当时中西方商贸的中心，市场交易活动非常繁荣。为了加强帝都治安，长安实行了“坊市有分”制度（见图1）。

所谓“坊”，是指唐代的官府把长安城的居民居住的地方划分成多个独立且封闭的居住区，然后官府进行封闭式的区域性管理，这些独立的居民区就是坊。史料记载，长安由宫城、皇城和廓城组成。其中，宫城位于长安北部正中央，宫城的南门之外就是皇城，皇城是唐中央官方机构的所在地。皇城之外便是108坊，而108坊又以朱雀大街为中心线，左边是万年县所管辖的53坊，右边则是长安县所管辖的55坊。朝廷设立“坊正”作为官方代表在坊里进行秩序和治安的维护工作。所谓“市”，就是进行商品交易的场所，还包括各种其他商业活动的固定场所。长安城里只有“东市”和“西市”，在“市”的周围与“坊”一样建设有围墙和市门，从而形成独立的商业空间，并且在“市”中经商之人都要按照朝廷规定来进行商业活动。唐令对市场的交易时间作出规定：“诸市，以日午击鼓三百声，而众以会，日入前七刻，击钲三百声，而众以散。”[①]同时，宫城、皇城各门，郭城门以及坊市之门，根据在直通郭城门的六条大街上设立的街鼓，每日定时启闭：夕阳

---

① [日]仁井田陞：《唐令拾遗》，栗劲等译，长春出版社1989年版，第644页。

西下，首先是承天门上暮鼓敲动，然后六街之上，街鼓紧随其动，擂动八百声，各门遂闭，行人禁行。长安中鬼的诗作《秋夜吟》恰好反映了这一现象：

六街鼓歇行人绝，九衢茫茫室有月。

九衢生人何劳劳，长安土尽槐根高。

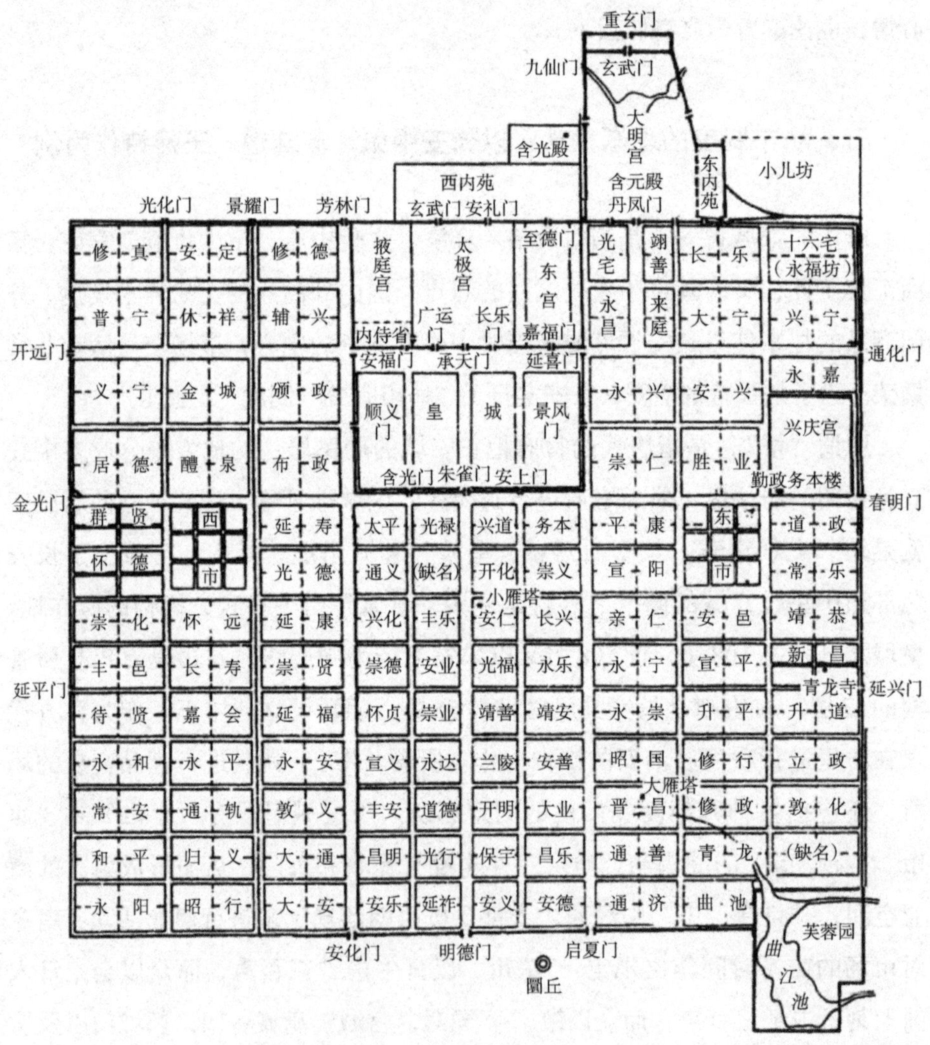

图1 唐长安城坊①

---

① 陕西省地方志编纂委员会编:《陕西省志·行政建置志》，三秦出版社1992年版。

夜禁之后，有骑卒巡街叫呼，武官巡查夜探，城门坊角，都设有武侯铺，内置卫士百人至五人不等，因公事或者吉凶疾病等急事者，必须持有府县或者本坊的“文牒”才可出行。每年只有在三元放灯之夕，夜禁制度才临时解除，各门大开，允许百姓市民出门观灯。正如苏味道在《正月十五夜》中写的那样：

火树银花合，星桥铁锁开。
暗尘随马去，明月逐人来。
游伎皆秾李，行歌尽落梅。
金吾不禁夜，玉漏莫相催。

唐代的城市要求执行里坊制，市民居住的每个坊都有开、关门时间，市场也有开闭的时间段。对于长安这样的首都，这种限制在唐末五代时期才慢慢松动。但在对外贸易活跃的广州，这种制度很早就得到了突破。《全唐文》中有这样一段话：“除供进备物之外，并任蕃商列肆而市。交通夷夏，富庶于人。公私之间，一无所阙；车徒相望，城府洞开。于是人人自为，家给户足，而不知其然。”[①]它说的是在西侧城门之外设有“蕃坊”，蕃商在那里居住并经营着生意。官方批准城门打开，城里和城外互通有无。这种对商业的开放也进一步加快了城里进行更多的商业布局。和广州一样，“坊市有分”制度在扬州也很早就出现松动，大约发生在唐玄宗执政的开元、天宝年间。这种松动主要体现在三个方面：首先，坊市分离的体制被突破，穿城而过的官河岸边出现了一条民宅和商店错杂相连的步行街。其次，坊市的封闭性也发生了变化，“侨寄衣冠及工商等，多侵衢造宅，行旅拥弊”[②]，而这样的现象并未遭到当局的严格制止。最后，坊市制度在时间上的限制被打破，夜行逐渐增多，

① （清）董诰辑：《全唐文》卷五百一十五《进岭南王馆市舶使院图表》，清嘉庆十九年武英殿刻本，第22655页。

② （后晋）刘昫等撰：《旧唐书》卷一百四十六《列传》第九十六《杜亚传》，中华书局1975年版，第3963页。

夜市也兴盛起来，市场交易甚至通宵达旦，其热烈的气氛不亚于白昼。如王建诗作《夜看扬州市》所写：

夜市千灯照碧云，高楼红袖客纷纷。
如今不似时平日，犹自笙歌彻晓闻。

该诗描绘的正是扬州通宵夜市的热闹场景，这与唐代“官法”中的禁止性规定形成强烈的反差。虽然唐代后期，长安、洛阳两地部分坊中出现了工商业，但都是稀疏散落的。扬州在官河旁边的街衢形成了与“市”分庭抗礼的局面，预示着宋代以后开放式街巷体制的到来。①

六、李白流放夜郎案：以李白诗作为例

“安史之乱”后，唐玄宗李隆基西逃入四川，太子李亨北上灵武称帝，是为唐肃宗，玄宗为太上皇。天宝十五年（756）七月十五日，玄宗逃到汉中时，听从了房琯的建议，下出分置地制诏，命“永王李璘为山南东路、岭南、黔中、江南西路节度都使，以少府监窦绍为之傅，长沙太守李岘为都副大使”②。除了永王李璘，还任命了太子李亨、盛王李琦、丰王李珙，但只有李亨和李璘分赴所任。其实，玄宗的用意在于让太子收复黄河流域，李璘负责经略未被安禄山攻陷的长江流域地区。最差的预想是隔江而治。但受制于当时的通信速度，七月十二日，太子李亨已经在灵武称帝，改元“至德”，遥尊玄宗为太上皇了。因此，玄宗于七月十五日发出的制诏可谓是一纸空文。八月十二日，肃宗灵武称帝的通报才到达玄宗处，无兵无权的玄宗只能无奈接受。但是，李璘接到命令后，就离开玄宗，七月至襄阳，九月至江夏，在江陵招募将士数万人，带领舟师，顺江东下，谋取金陵。诚然，李璘是按照玄宗的旨

① 诸祖煜：《唐代扬州坊市制度及其嬗变》，载《东南文化》1999年第4期。
② （宋）司马光编纂：《资治通鉴》（三），岳麓书社2018年版，第880—882页。

意在办事，但是江山易主，时移世易，肃宗怕他占据江南富庶一带，拥兵自重，争夺帝位，就命令他脱离兵将，到四川见玄宗。他不从命，还没来得及准备争夺帝位，便被肃宗以谋逆、割据江东的罪名出兵围剿，后于江北兵败，被皇甫侁杀害。

李白在“安史之乱”爆发后，携家人南奔，上了庐山。永王李璘在到达江陵之后，先后三次派人上庐山请李白下山。至德元年（756）十二月，李白随韦子春下庐山，加入了李璘的幕府。李璘最初领的是玄宗之令，但当他得知肃宗已经即位，还忘公谊而急私愤，不思“总江淮锐兵，长驱雍洛”[①]；肃宗面对安禄山、史思明的叛军，却执行攘外必先安内的政策，先对李璘下手。至德二年（757）二月，李璘失败被杀，李白虽然不是他主要的谋士，但也受到牵连被捕，被关在寻阳的监狱里，这一年李白已经56岁了。尽管在李璘幕府中只有两个月光景，按罪也当诛。好在郭子仪施以援手，才改为流放夜郎，夜郎即现在的贵州遵义附近。李白虽不是李璘集团的核心，也从未起到重要的作用，但他曾作诗歌颂过永王。《永王东巡歌》中写道：“永王正月东出师，天子遥分龙虎旗。楼船一举风波静，江汉翻为燕鹜池。”

据唐律“十恶”条载，“谋反”意即“谋危社稷”，[②]也就是策划动摇皇帝的统治。而对于“谋反”罪的认定范围极宽：已行即罪、不必有害，出言即罪、不必有行，但谋即罪、不必有言行，并且一人即可称谋、不必二人或多人。只要施行，无论有害无害即有罪，只要说出来不必施行也构成“谋反罪”，而且不必多人合谋，只要一个人即可称“谋”。“谋反大逆（问答一）”条规定：“即虽谋反，词理不能动众、威力不足率人者，亦皆斩（谓结谋真实而不能为害者。若自述休征、假托灵异、妄称兵马、虚说反由，传惑众人而无真状可验者，自从袄法）；父子、母女、妻妾，并流三千里；资财不在没限。其谋大逆者，绞。”[③]由此可见，“谋反”罪的定罪范围非常宽泛。只要定罪都应处斩，而

---

① （宋）欧阳修、（宋）宋祁撰：《新唐书》卷八十二《列传》第七《十二宗诸子·永王璘传》，中华书局1975年版，第3612页。

② 《唐律疏议》卷一《名例》，岳纯之点校，上海古籍出版社2013年版，第7页。

③ 《唐律疏议》卷十七《贼盗》，岳纯之点校，上海古籍出版社2013年版，第271页。

且家人也要流放三千里。我们从李白刑罚的执行情况推知，他应该被判的是加役流，即犯人至流放地后，在流刑强制服劳役一年的基础上，增加服劳役两年，作为宽恕死罪的一种方法。因此李白作诗《江上赠窦长史》：

汉求季布鲁朱家，楚逐伍胥去章华。
万里南迁夜郎国，三年归及长风沙。
闻道青云贵公子，锦帆游戏西江水。
人疑天上坐楼船，水净霞明两重绮。
相约相期何太深，棹歌摇艇月中寻。
不同珠履三千客，别欲论交一片心。

此处的三年应为确指，非虚数。唐律“老小废疾(问答四)”条规定：“疏议曰：加役流者，本是死刑，元无赎例，故不许赎。”[①]于是，至德二年(757)十二月，李白开始了他的流放生涯。

李白在水路上生活了15个月，抵达巫峡，终于盼来了好消息。唐肃宗乾元二年(759)三月，因关内大旱，肃宗按照古来“天人合一”的理论，认为是百姓怨气冲天，上天生气不肯降雨。另外，为了庆祝新立皇太子，肃宗下了一道大赦令，“天下现禁囚徒，死罪从流，流罪以下一切放免”[②]。经常化、制度化由皇帝下诏赦免犯罪行为的做法，称为“赦”，是中国传统法制的重要特点，是“恩自上出”的重要表现形式。赦免分为大赦、曲赦和别赦等种类。在两千年的帝制中国，皇帝大赦达一千多次。大赦的理由大致包括改朝换代、皇帝践祚、改元、立皇后或太子、帝冠、封禅、巡狩、祥瑞、灾异等。改朝换代表示“与民更始”，新君登基宣示“荡涤积弊”，皇帝成年娶妻生子当然要“普天同庆”，有了祥瑞、祭祀了山川鬼神预示着“奉天承运”，打了胜仗彰显了帝国武功，发生灾异表示上天对皇帝的警告，皇帝当然要罪己爱

① 《唐律疏议》卷四《名例》，岳纯之点校，上海古籍出版社2013年版，第63页。
② (宋)宋敏求编:《唐大诏令集》，中华书局2008年版，第481页。

民。[1]除了大赦之外，还有针对特殊地域罪犯的“曲赦”和针对特殊犯罪类型的“别赦”。当时李白还在巫峡里艰难前行，行至白帝城时，忽然收到朝廷的赦书，惊喜交加之下，随即乘舟东下江陵，途中他以轻松愉快的心情吟成这首千古绝唱，题名《早发白帝城》。诗文如下：

朝辞白帝彩云间，千里江陵一日还。
两岸猿声啼不住，轻舟已过万重山。

这首诗以舟行迅捷来表现重获自由后的欢快心情。首句写白帝城高出彩云之间，有居高顺流而下之意。正因为白帝城地势高入云霄，船在水中走得快，下面几句描写舟行的迅捷、行期的短暂、耳边不停啼叫的猿声、眼前的万重山影，才有了着落。第二句写舟行迅速，千里江陵竟然短短一日内就到达了。“千里”和“一日”，空间之远与时间之短形成了悬殊对比。三、四句以山影猿声烘托行舟飞进。第三句写沿江景物一闪而过，来不及细看，只听得两岸的猿声不绝于耳。猿啼声肯定不止一处，山影也不止一处，而由于小舟行驶速度太快，使得啼声和山影在耳目之间“浑然一片”。一个“轻”字，不仅写出行舟轻盈飞动之感，而且细腻地传达出诗人轻松愉快的心情。

七、结语

唐诗就像一座大花园，群芳竞妍，姹紫嫣红。唐人在不到三百年的时间里创造的诗篇，流传至今的诗作尚有五万余首，与之前朝代一千六七百年的存诗总量相比，多出二至三倍。唐诗的题材非常广泛，有的从侧面反映了社会矛盾，揭露了社会黑暗；有的歌颂了正义战争，抒发了爱国思想；有的描绘了祖国河山的壮美；有的抒写了个人抱负和遭遇；有的表达了个人感情，如爱情、友情、人生悲欢。总之，不管是自然风光，还是社会生活，甚至个

① 李启成：《中国法律史讲义》，北京大学出版社2018年版，第130页。

人感受，都逃不过诗人敏锐的目光，成为他们创作诗歌的题材。文学高于现实，却来源于现实。唐诗虽属文学作品的范畴，但其中不乏反映当时官方法律思想与制度、民间法律意识和司法实践的诗作，而这些诗作则是我们研究唐代法文化的重要素材。“文学研究或更一般意义上的人文研究有可能甚或应当同社会科学研究相结合，不局限于传统，从而在中国社会和知识转型时期为理解中国社会、为其他学科的发展提供仅仅是法律或仅仅是文学都不能提供的洞见。只有在这个意义上的交叉学科研究，才是有知识增量的研究，而不是作为学术装饰的那种‘边缘学科’。”[①]因此，中国法律史的教学与研究工作，除了利用之前学界所重视的正史资料、官方文献外，地方档案、碑刻、族谱、契约文书、方志、笔记文集、小说戏曲、田野资料等，都应纳入搜罗范围。这两类资料中，前者粗略笼统，后者具体细微；前者偏重上层社会，后者偏重中下层社会；前者政治倾向突出，后者大众化色彩浓厚。[②]要知道，中国法律史的教研工作，应最大可能地还原历史上法律发展的真实脉络，让学生3D式地接触和了解中国传统法律文化，指导他们对历史上存在的优秀法律传统进行发掘、分析、总结和概括，深入考证和阐释传统法律的价值理念、制度设计、司法适用技术等，寻找传统法律中的制度理性和法律智慧，真正做到古为今用。

---

① 苏力:《法律与文学:以中国传统戏剧为材料》，生活·读书·新知三联书店2017年版，第4页。

② 张仁善:《法律社会史的视野》，法律出版社2007年版，第22页。

清代徽州地区坟业风水类案件的法律表达与实践

——以方祖儿、方明甫等斩龙盗葬案为切入

逯子新　吴依龙*

摘　要： 清代徽州档案中记载了大量坟业风水类案件。方祖儿、方明甫等斩龙盗葬案便是一起典型的坟业风水纠纷案。在这类案件中，往往涉及民间风水、伦理及宗族利益等问题。在风水问题上，官方通常不将其纳入正统意识形态的表述，但容忍或默许其实践。宗族对坟山类案件的参与，某种意义上也是通过这类型的争讼来实现宗族自身统治的加强的。在案件审理中，官方证据效力高于民间证据，实践中也存在大量承审官援引民间契约、族谱、碑刻等民间证据进行审断的情形。

关键词： 盗葬；风水观念；宗族利益；民间实践

目前，法律史学界非常重视对徽州文书的相关研究，因其中存在大量的明清民间档案，包括对诸多民事纠纷案件的记载，可以从案件的起因、参与案件的人员、各方对案件意见的表达、依凭的证据、官员的裁判结果等方面，管窥当时民间纠纷中的法律表达与社会实践之间的冲突与融合，官方正统宣传与民间观念之间的背离与统一。

---

*　逯子新，安徽师范大学法学院讲师、法学博士、硕士生导师，研究方向为中国法律史。吴依龙，安徽师范大学法学院2022级法律硕士，研究方向为中国法律史。本文为2021年度安徽省哲学社会科学基金青年项目《清代安徽省例研究》（AHSKQ2021D07）研究成果。

一、方祖儿、方明甫等斩龙盗葬案始末

该案为一则坟业风水纠纷案件，发生于清康熙三十四年的徽州歙县，原告吴济美等控告方祖儿、方明甫等斩龙盗葬案，该案件档案收录在《安徽师范大学馆藏千年徽州契约文书集萃》[①]中，篇幅较长，简要整理介绍如下：

歙县方姓宗族祖上遗留有一处坟山，二千九百八十七号，山税一角二分五厘零，土名古剑塘。早在崇祯十二年，方姓族人方玉卿、方君泰立契将该地卖与孙，崇祯十三年，孙又立契将该地转卖给吴有方，吴出山税乙厘，留有来脚契[②]。崇祯十六年，方玉卿同姪方辉（方君泰之子）将良字二千九百八十七号内出山税三厘卖与吴来龙保祖，方姓出笔，共出山税四厘与吴葬祖母，其祖母受敕建诰封淑人曹氏，尚书左海公夫人，已经五十余载。康熙三十四年四月，方姓族人方明甫将其父方君泰一棺、方祖儿将其父母方辉夫妇二棺盗葬于左海公夫人吴氏墓旁。吴姓族人与方姓族人私下多次交涉及约保调解，均未达成和解，吴姓族人吴济美于六月初八诉至官府。

吴济美进词称：其先祖父左海公原配曹氏，殁葬县界古剑塘，系崇祯十三年、十六年收买方遇卿、方君泰及其子方辉山业，并距今已葬五十余载，且墓前有诰亭之碑，子孙世守墓业。康熙三十四年四月，原卖山税方君泰之子方明甫将伊父方君泰一棺、伊姪方祖将伊父方辉夫妇二棺，开穴盗葬于先淑人曹氏旧穴顶脑，更造墓直下，开路通行，直至山脚，平去先淑人之墓，左手坟埧无存。吴济美称方姓族人擅自毁契，斩龙盗葬，请抄律究拟，严诛盗葬各贼，恢复墓业。

方祖儿诉词辩称：其祖遗留该地，吴姓官豪顿谋私心，以三厘之税，势霸一角二分之多山，不许柩归壤，希畐强占。今吴姓云赤契炳据，明显是伪

---

① 李琳琦主编:《安徽师范大学馆藏千年徽州契约文书集萃》，安徽师范大学出版社2014年版，第二册。

② “来脚契”为徽州契约中使用的一个术语，在其他辞书中较为罕见。“来脚契”与“上手契文”意同，指卖主所出卖的土地，只要是经自己手上买进的，或者祖上买进而继承下来的，就一定有买进这块土地的契约。这种原先买进这块土地的契约，相对于现在出卖这块土地所立新契，叫作上手契、来脚契、老契等。汪柏树:《徽州民国土地卖契的上手契》，载《黄山学院学报》2003年第4期。

造所得，因吴姓族人倚仗豪势谋吞其祖业不遂，反以斩龙盗葬守事诬告。方祖儿请立辨冤屈，剿豪谋，诛党伪，保祖塚。

后经军衙事宋到山勘明“吴济美于崇祯十三十六两年，置买孙方二姓，共税四厘，迁葬风水，契内回至开载详明，今勘方姓新移葬之坟，实在吴坟，北至直上至顶之内，又以吴坟左埧手为路，是以吴济美有斩龙盗葬之控也”，并交由侍官公正畾结，具交开覆，照验施行。

该案由盗葬而起，案件争议的核心是二千九百八十七号坟山的归属问题，吴氏提供了明崇祯年间的买地契约作为证据，而方氏则称契约为吴氏伪造，并以山税较多为由进行抗辩，但由于并无实际的凭据，官府最终判定方氏为盗葬。案件事实并不算复杂，但在案件争讼过程中，吴氏族中的徽州府学生员吴昌、吴燕孙，歙县学生员吴化广，淮安府海州学生员吴佐康等颇具影响力的人物联名上书，在一定程度上影响了案件的走向。同时细究争讼双方的话语表达，以及官府处理案件时的作为与态度，均透露出民间与官府对待坟业风水类案件的态度。

二、官方与民间对坟业中风水问题的不同态度

坟山风水类案件，与普通的田土类纠纷案不同，该类案件不仅是经济利益的纷争，还牵涉诸多伦理因素，而且坟山风水类案件多为宗族之间的争讼，较容易发展为群体性事件，或是衍变为越诉京控类案件，因此，无论是在法律文本上，还是在司法实践中，相较于普通民间词讼，官府对坟山风水类纠纷往往给予高度的重视。坟山风水类纠纷大体可分为三种情形：侵犯坟山坟地类，具体有侵越坟界、盗葬、借坟霸占、冒认祖坟等；侵犯或破坏他人坟地风水，如对祖坟龙脉的侵害、谋占风水、盗伐风水树及玷污风水等；损毁先祖坟茔类案件。[①]上文所介绍的方祖儿、方明甫等斩龙盗葬案属于盗葬类，

① 魏顺光：《清代中期坟产争讼问题研究——基于巴县档案为中心的考察》，西南政法大学2011年博士学位论文，第77—100页。

同时还牵涉对他人坟地风水的破坏（斩断龙脉）。

《大清律例》中对坟业风水问题的规定并未集中于某一条，而是分散在不同的律文中。如盗葬规定在《刑律·贼盗》"发塚"条下："于有主坟地内盗葬者，杖八十。勒限移葬。"[①]盗伐风水树规定在《刑律·贼盗》"盗园陵树木"条下："凡子孙将祖父坟茔前列成行树木，及坟旁散树高大株颗，私自砍卖者，一株至五株，杖一百、枷号一个月。六株至十株，杖一百、枷号两个月。十一株至二十株，杖一百、徒三年。计赃重者，准窃盗加一等，从其重者论。二十一株以上者，发边远充军。"[②]损毁先祖坟茔规定在《户律·田宅》"盗卖田宅"条下："若子孙将公共祖坟山地，朦胧投献王府及内外官豪势要之家，私捏文契典卖者，投献之人，问发边远充军，田地给还应得之人。"[③]损毁坟内碑碣等规定在《户律·田宅》"弃毁器物稼穑等"律内："若毁人坟茔内碑碣石兽者，杖八十。"[④]

《大清律例》中，对现实社会中许多祖坟龙脉的侵害、谋占风水、玷污风水的争讼等问题并未有明确规定。从上述律例条文中可以看到，对坟业的保护，是依托在坟地坟山、碑碣石兽、风水树等有形财产权益之上的，风水权益并不在其保护范围之内。究其原因，较为直接的可能是风水在司法裁判中没有一定的认定标准。风水通常是古人探讨与住宅、坟地等相关的吉凶祸福的一种术数。风水又称"堪舆"，"堪舆"意指天地之道[⑤]，最初与选择术有关，用以占卜吉凶，后与图宅术相结合，以卜占住宅方位的凶吉和时辰的祸福为主要内容。[⑥]风水杂糅了中国古代早期的各种术数，带有巫术的性质。虽然风水在传统社会也趋向于是一门学问，但在司法实践中，则较难被认

① （清）薛允升撰，黄静嘉编校：《读例存疑重刊本》卷三十一，成文出版社1970年版，第741页。

② 《大清律例》，张荣铮、刘勇强、金懋初点校，天津古籍出版社1993年版，第365页。

③ 《大清律例》，张荣铮、刘勇强、金懋初点校，天津古籍出版社1993年版，第209页。

④ 《大清律例》，张荣铮、刘勇强、金懋初点校，天津古籍出版社1993年版，第215页。

⑤ （汉）许慎的《说文解字》："堪，天道也；舆，地道也。"

⑥ 魏顺光：《清代中期坟产争讼问题研究——基于巴县档案为中心的考察》，西南政法大学2011年博士学位论文，第42页。

定。除此之外，深层次的原因或许是，风水作为古代的术数，并不在以儒家为代表的正统中国传统文化当中。因此，风水虽在民间生活中大量存在，但并未被官方承认。

在传统中国，历代政府对于风水的态度一直以来都很隐晦。清代官府对待风水的态度同样很"含蓄"。如在清代编修《四库全书》时，收入的堪舆文献仅有8种17卷。[①]但有关风水的实践却大量存在，尤其在徽州地区。清人赵吉士曾言："风水之说，徽人尤重之，其平时构争结讼，强半为此。"[②]民国时期的《民事习惯调查报告录》也反映："皖俗迷信风水，民事诉讼关于坟山争执者，实居多数。"[③]在徽人眼里祖墓者乃"先体之所藏"，犹如"水源木本"。[④]祖墓之一草一石皆关乎宗族的命运，一朝被损就会伤筋动骨、子孙不蕃。因而一旦祖墓风水被侵，徽人就会愤然告官并"累讼不休"[⑤]。迫于大量民间词讼的压力，官府不得不去面对风水争讼这一问题，于是，在官方的话语和行动体系当中，对风水问题的表达与实践的背离，就成了一个相当普遍的现象。儒家正统意识形态对待风水的态度是不将其纳入正统意识形态的表述，但容忍或默许其实践。

三、宗族对坟业风水类案件的参与

中国古人对于祖坟一直怀有一种特殊的情感，认为祖坟是祖宗体魄的藏形之所和安放之域，基于一种祖先崇拜，认为祖坟也具有一种神圣性，并对后人有着深刻的影响。祖坟关乎着子孙万代的吉凶祸福，子孙的兴旺、发财、

① 魏顺光：《清代中期坟产争讼问题研究——基于巴县档案为中心的考察》，西南政法大学2011年博士学位论文，第71页。

② （清）赵吉士辑撰：《寄园寄所寄》，周晓光、刘道胜点校，黄山书社2008年版，第901页。

③ 前南京国民政府司法行政部：《民事习惯调查报告录》，中国政法大学出版社2000年版，第226页。

④ （明）程敏政：《篁墩文集》卷二十七《序·赠推府李君之任徽州序》。

⑤ （明）傅岩：《歙纪》卷五，《纪政迹·事迹》。

升迁都同祖坟密切相关。清人认为:“朝廷以宗庙为重,庶民以祖塚为尊”。[①]因为,祖坟不仅是祖宗的体魄所藏之地,而且还是自身的根基所在,更为重要的是祖坟关乎子孙的兴旺发达。因此,在清代人的意识中,建设好祖坟是宗族的要务,关切到族内每个成员的切身利益,保护祖坟及其风水,是每个成员的责任。在《大清律例》中规定了私自投献祖坟的罪名,“若子孙将公共祖坟山地,朦胧投献王府及内外管豪势要之家,私捏文契典卖者,投献之人,问发边卫永远充军,田地给还应得之人”[②]。沈之奇对此评价道:“祖坟山地,非子孙一人可专者,亦犹他人田产也。私捏文契,即所谓妄作已业也。”[③]可见,祖坟并非某一人所独占的财产,而是本宗族子孙后代所共有。

正如上文所述,徽州人尤重风水,且多“聚族而居”,而徽州地区多山,土地资源紧张,因此为了保住自己宗族的祖坟和龙脉,通常族内成员会订立众心合同或者保家公约,力保自家的祖坟龙脉不被他人破坏。这类保护风水的文约,一般包含三层意思:一是叙述拟要保护的风水对于本族、本宗或者本家的意义;二是本宗族风水龙脉所面临的威胁;三是对本宗本族内成员的要求,即齐心协力,一致对外,如果违反,治以不孝之罪。[④]

在徽州诸多有关坟山风水的争讼档案中,绝大多数案件也都有宗族直接或间接地参与。介入的方式多为族内成员联名上书、联合支裔进行“公吁”“公呈”以及联宗赴讼。在本文所介绍的方祖儿、方明甫等斩龙盗葬案中,便是吴氏族中的徽州府学生员吴昌、吴燕孙,歙县学生员吴化广,淮安府海州学生员吴佐康等颇具影响力的人物联名上书。又如,康熙四十四年的一起案件,项里册书殷德韬、殷胡衍与劣蠹殷锦瀛、殷之凤串同地棍殷怀光、殷棣友等擅改印册,试图强占吴清山免征地址。汪氏发觉后呈控到县,县主验明舞弊属实。但是殷姓恃强,联络了支众百余名反而上控至徽州府。于是

---

① 巴县档案,档案号:清6-03-01661,“直里三甲杨在禄诉状”。转引自魏顺光:《清代中期坟产争讼问题研究——基于巴县档案为中心的考察》,西南政法大学2011年博士学位论文。

② 《大清律例》,张荣铮、刘勇强、金懋初点校,天津古籍出版社1993年版,第209页。

③ (清)沈之奇:《大清律辑注》,怀效锋、李俊点校,法律出版社2000年版,第233页。

④ 韩秀桃:《明清徽州民间坟山纠纷的初步分析》,载《法律文化研究》2008年刊。

汪氏由汪振祖等呼吁族众，联络了160人也上控到徽州府。由于此时殷姓强盛，知府慑于“其先达尚书公之势”，于是对殷德韬等改册行为不但“袒庇不究”，反而要求把汪祠改为两姓（汪姓与殷姓），共祀而迁就调处。汪氏予以拒绝，并为此屡控不休。但是知府一直无动于衷，致使汪氏又在支裔汪瑞鳞等人的带领下，上控到省，在藩、臬二宪的批饬下，徽州知府方才判定殷德韬等利用册书之职，擅改清册，强占汪姓免征地址。最后，在江南安徽等处承宣布政使司的批示下，汪氏仍照旧签注免征地“保守祠墓”，责罚册书殷德韬和殷胡衍各30板，并革去册书一职。[①]

而在宗族对坟业风水类案件的参与中，起主要作用的更多是宗族内有名望的官绅。从实践上看，地方士绅在坟山风水争讼中，丝毫不会避讳对风水利益的主张。如一起发生在同治九年的汪氏宗族与杨良玉关于榨坊侵扰风水的纠纷。汪氏为徽州地区的名门望族，有多处坟山。杨良玉在汪氏的一处名为吴清山的祖墓旁创设油榨坊。汪氏族人认为榨坊的冲撞声响会“震伤地脉”，影响坟山的风水，在当时翰林院编修汪鸣蛮等带领下“公吁”告官“查照成案”。在案件的档案中有这样一处记载，官府最终判令杨良玉“将榨坊物件迁尽，房屋交还原主”，据此可以判断杨良玉的榨坊使用的是他人的房屋，既然是他人房屋，必然在产权上不属于汪氏宗族，也不可能在吴清山墓地范围内。尽管如此，汪氏还是认为榨坊的冲撞声响“震伤地脉”。该官司打得十分激烈，一直诉到省府，在省按察司的过问下，最终官府勒令杨良玉迁移榨坊，永远不准再赴汪姓云岚山王墓、灵山院汪祠、吴清山汪公庙、乌聊山汪王庙、崇福寺汪祠五处免征祠墓基地附近五里以内再行侵扰。[②]本案便是由士绅参与的以宗族名义进行争讼的案件，案件中在并无实际侵损坟山坟地的情况下，争讼仅因风水而起。笔者认为该案的最终裁判，很大程度上是受到汪氏宗族中翰林院编修汪鸣蛮等“公吁”的影响。

---

① 《（同治新安）汪氏家乘》卷二十八，“清理先世免征祠墓公启”。转引自郑小春：《汪氏祠墓纠纷所见明清徽州宗族统治的强化》，载《安徽大学学报》2007年第4期。

② 汪邦忠等辑：《越国公汪公祠墓志续刊》卷六《吴清山禁开油榨全案附刊》，清光绪十年（1884）朱印本。

宗族对坟山类案件的参与，在某种意义上也是通过这类争讼，来加强宗族自身统治的过程。正如上文所述，坟业风水类案件之于宗族有着特殊的意义。宗族通过在这类案件中与外族的争讼，不断加强本宗族的聚合力。自明代中叶后，人口日益增加，同时伴随商品经济的发展，外出经商日渐普遍，宗族支裔不断外迁，内部分层也逐渐加剧。这些变化，对徽州宗族都是严峻挑战。为了维持宗族组织的稳固，一系列的宗族举措被不断加强，包括编写族谱、建立祠堂、宗族祭祀以及修建宗族统一的墓地等。而在有关坟山的纠纷中，宗族也常采取联宗等方式，加强宗族内各支系的联系，扩大宗族的影响力。可以说，正是借着与其他宗族的纷争，徽州宗族实现了强化和巩固自身组织与统治的目的。

四、在证据问题上法律文本与民间实践的不同

相较于普通的田土纠纷，坟业风水类案件还有一个特点，就是由于年份久远或是无人管理等，坟地坟山的归属或边界较难认定。通常认定的依据有官府登记的鱼鳞图册、完税凭证、坟地坟山交易契约以及宗族碑谱等，但以上文件的证据效力，在官方的法律表达和实践中并不相同。

一般而言，加盖官印的契约等文书以及经过官府审断的讼案记录等，其效力在某种程度上是凌驾于白契、族谱、碑刻等民间证据之上的。在《刑案汇览》所记述的“争控坟山情急赴京刎颈呈告”一案中，江宁府在审案过程中，便主张“因控争远年坟山，定例以山地字号亩数及库贮鳞册完粮印串为凭，其远年旧契及碑谱等项，均不得执为凭据”。[①]该府所提及的定例乃是《大清律例》“户律·田宅”之“盗卖田宅”律中的定例，为乾隆三十二年安徽按察使陈辉祖条奏之定例，该例规定：“凡民人告争坟山，近年者以印契为凭，如系远年之业，须将山地字号、亩数及库贮鳞册，并完粮印串逐一丈勘查对，

① （清）祝庆琪等编撰：《刑案汇览全编》四十五卷，杨一凡、尤韶华等点校，法律出版社2007年版，第328页。

果相符合，即断令管业。若查勘不符，又无完粮印串，其所执远年旧契及碑谱等项，均不得执为凭据。”[①]该例文的规定与案例中江宁府所言似乎稍有出入，主要是在远年旧契及碑谱的效力问题上。江宁府所言为远年旧契及碑谱不可作为依凭，但例文所强调的是在没有山地字号、亩数及库贮鳞册及完粮印串等官方证据的前提下，不可将远年旧契及碑谱作为定案依据，言外之意就是远年旧契及碑谱并不是完全不具备证据效力，而是不能作为定案的唯一证据，其具有辅助证明的作用。探究其原因，大概是山地字号、亩数及库贮鳞册及完粮印串等为官府登记之凭证，而远年旧契和碑谱由于年份久远，易于造假，无其他旁证，或是少有官府的参与，其公信力较弱。正如薛允升对上述文书证据效力的评价：“远年旧契恐有影射之弊，碑谱等项俱可伪造，故不得概以为凭也。如果与字号、亩数及册串相符，则更属确据矣。”[②]

在徽州地区的坟业纠纷案件中，远年旧契在判定坟地坟山归属上，发挥了很大的作用。如本文所介绍的方祖儿、方明甫等斩龙盗葬案，该案中原告吴氏的主张主要依据的是崇祯十三年和十六年的契约，“收买二十四都七啚，方遇卿、方君泰及君泰之子方辉，嫡亲兄弟叔侄山业，共计山税四厘，赤契○册炳据，填明东至本家厝坟埧手，西至山脚，南至买人山，北至直上至顶”[③]。而被告则主张该远年旧契为吴氏所伪造，提出山税的问题进行抗辩，“豪等恃势，○投乡保，将崇祯十六年未印白契一○，税有三厘，称错别主，祖祖父卖契税只二厘，税失不相同，束自惊异，主当言是伪，今云赤契炳据，伪造显就”[④]。显然，原告与被告在远年旧契的真实性问题上有了争议，被告方氏提出崇祯十六年契约仅为白契，并以山税为理由，主张原告为强占坟山，而原告则辩称，“卖山之时，契内书明，其山以契内四至为则，不以山税

① 《大清律例》，张荣铮、刘勇强、金懋初点校，天津古籍出版社1993年版，第210页。

② （清）薛允升著：《读例存疑重刊本》（二）卷十，黄静嘉编校，成文出版社1970年版，第277页。

③ 李琳琦主编：《安徽师范大学馆藏千年徽州契约文书集萃》，安徽师范大学出版社2014年版，第二册，第408页。

④ 李琳琦主编：《安徽师范大学馆藏千年徽州契约文书集萃》，安徽师范大学出版社2014年版，第二册，第402页。

多寡为定”[①]。对于本案的争议，官府派员实地勘察，“勘得旧丈良字，新丈得字，二千九百八十七号，土名古剑塘，共税一角三分八厘三毛，吴济美于崇祯十三十六两年，置买孙方二姓，共税四厘，迁葬风水，契内回至开载详明，今勘方姓○新移葬之坟，实在吴坟，北至直上至顶之内，又以吴坟左埧手为路，是以吴济美有斩龙盗葬之控也”[②]。经过实地勘察，结合册内记录及崇祯年间土地交易的契约，最终官府支持了原告的主张，判定被告为越界盗葬。显然，官府的判决是建立在承认远年旧契效力的基础之上的。

在现有留存的徽州土地纠纷案件档案中，也存在大量契约造假的情形，包括伪造契约、涂改契约等。如太和县张氏与章氏的坟地之争案，监生张彤文家的山场系其父买自聂姓，章钟鸣的山场买自徐姓，而原业主也是聂姓。张姓之山在右，章姓之山在左，中间隔了聂姓的五座老坟。双方关于坟地界线的问题发生争议。张彤文称家中所藏顺治九年的地契上开载“东至老坟外枫树为界”，后康熙七年因聂姓将枫树砍掉，于是又有一个议约“东至土坝为界”。争议就在于顺治九年的地契与康熙七年的议约对张氏与章氏地界的描述并不一致。对此，官府进行了查验，发现原契内“老坟外”的“外”字是由“大”字涂改而成的。于是官府按常理进行分析，既然说以老坟大枫树为界，而不是老坟外枫树为界，那么枫树与老坟应当相距不远，而事实上土坝与老坟相距数十丈。如果当日的大枫树坐落于土坝，按常理契约内应该写明以土坝为界，或者说以土坝大枫树为界，而不应该牵扯到老坟。并且如果地界真的东至土坝，卖给张氏的土地就应该包括聂氏老坟，那么在张氏与聂氏签订契约之时，应该有“内除坟境”的说法，但契中并无此约定，只说界外不许葬坟伐树。因此，官府推断张氏改“大”字为“外”字，就是为了假捏议约中以土坝为界的说法。又如桐城县胡氏与叶氏坟山纠纷一案，胡氏捏造了天启六年的白头合同，为了使捏造的合同纸质更加陈旧，胡氏用揉熟的纸染以

---

① 李琳琦主编:《安徽师范大学馆藏千年徽州契约文书集萃》，安徽师范大学出版社2014年版，第二册，第400页。

② 李琳琦主编:《安徽师范大学馆藏千年徽州契约文书集萃》，安徽师范大学出版社2014年版，第二册，第408页。

灰水，但是无法改变墨迹的崭新程度，因而被官府发现认定为伪造。[①]从上述案件可见，契约是坟山归属的重要证明，因此判断契约真假便尤为重要。坟山的归属基本上是一种长期形成的固定态势，要想证明其权利归属，承审官通常援引一些佐证进行判断，依据民间习惯进行解释和推断，从而形成强化契约证据效力的完整的证据链条。

碑谱作为另一项十分重要的民间证据，虽然在法律的评价中证据效力较弱，但从司法实践来看，仍然是坟山类案件双方当事人争讼及官府裁判的重要依据。在传统徽州地区，人们通常在坟前立碑，标明墓主身份，同时还会在族谱中记载墓在坟山坟地中的具体位置，以防止子孙后代遗忘。因此，一旦在坟山的归属问题上发生纠纷，争讼双方均会援引族谱作为证据，对此地方官通常也是认可的。通常族谱中会记载坟山买卖契约的内容、买卖经过、坟山坐落以及历史变化等情况，这些无疑对解决坟山纠纷具有重要意义。如《守皖谳词》中的“葛行德冒祖争山案”就说明了这一点。潜山县程氏与葛氏就两座旧塚归属发生争议，葛行德主张为其太外祖妣程氏保、杨氏纪和祖妣汪氏之墓，而程正迪主张为其五世伯祖考程仲保、妣杨氏之墓。于是该案的承审官结合葛氏与程氏族谱中所记载的人物出生时间和关系来推断坟冢的归属。其中最为关键的一点是族谱记载葛行德之太外祖君璜生于万历丙子，而葛行德指为两太外祖妣之墓的立碑时间为万历二年，丙子晚于万历二年，也就意味着妻子下葬之时丈夫还未出生，显然葛行德之词为捏造。[②]

综上，在官府审断坟山风水类案件时，对民间证据效力的认定问题，官方表达与实践存在出入。通常来说，官方法律认可官府文书及记载的证据效力高于民间证据，如在土地图册中记载的内容与契约不相符时，通常会以图册为准。但这并不是说民间证据不能成为审断案件的依据，当无官方文书或记载有纰漏之时，承审官通常会援引民间契约、族谱、碑刻等内容进行互证，通过合理的解释和分析，对上述民间证据予以采纳。

---

① 徐士林:《徐公谳词》，陈全伦、毕可娟、吕晓东编，齐鲁书社2001年版，第222页。

② 徐士林:《徐公谳词》，陈全伦、毕可娟、吕晓东编，齐鲁书社2001年版，第205页。

五、结语

法律作为一门学问，既包含文本，也包括实践。在历史的维度，对较长一段时间内的法律进行考察，会更容易发现法律文本与实践是否存在背离以及多大程度的背离。坟业风水类案件具有鲜明的独特性，其杂糅了民间的风水迷信观念、儒家伦理、宗族利益纷争等多种元素。当正统的官方法律，与上述民间传统发生交会与碰撞时，法律文本与实践便产生了偏差，但这种偏差与背离在根源上所反映的是法律的一种张力，这种张力可以确保固化的法律条文在多变的社会实践中有充分的适用空间。从历史角度来看，法律的实施过程在某种意义上也是法律向社会现实妥协的过程，我们固然要追求法律得以完美实施的应然状态，但那或许只是一个触不可及的目标，应该给予最大限度关注的或许是实践中法律的妥协程度。

“护亲”抑或“救亲”：乾嘉“容隐”案件中的情法权衡

何舟宇*

摘　要：帝制中国“容隐”规范体系由“亲属相为容隐”与“干名犯义”两个方面组成，其根本宗旨在于维系亲属间的尊卑名分关系。在传统刑律的规制下，行为人基于“护亲”或“救亲”动机，在客观行为上表现为“隐亲”与“告亲”两种类型。清代步入乾隆嘉庆之际，国势由盛转衰，司法者基于维护社会管制与教化的考量，在“容隐”案件的裁判中权衡人情、法理，重构国家权力对于民间社会的规制方式，实现“尊卑有序”的国家治理目标。

关键词：亲亲相隐；容隐护亲；首告救亲；国家治理

“亲亲相隐”是传统中国法受儒家思想影响的典型代表。帝制中国对于亲属间隐匿犯罪行为的法律规制由来已久，汉宣帝颁行“亲亲得相首匿”诏书首开“容隐”入律之嚆矢，至唐代已形成严密的“容隐”规范体系，明清律文更臻于详备。清律中关于“亲属容隐”的法律规范集中于“亲属相为容隐”与“干名犯义”两个方面，前者系减免容隐亲属犯罪行为的权利性规范，后者则为处罚亲属间告诉行为的禁止性规范，两者相为表里，均以维系尊卑名分关系为目的。律条之外尚有“因时酌定”之条例，或经臣工奏议，皇帝谕准，或为通行成案，纂修成文，皆为补救律文疏漏而设。清代中期以后，“五年小修，十年大修”成为修例定制，“容隐”律例体系渐趋完善。然而，降及乾隆、嘉庆之际，国家律例体系与意识形态虽日渐巩固定型，朝野关于亲属

* 何舟宇，西南政法大学行政法学院讲师、法学博士，研究方向为中国法律史。

容隐犯罪的讨论却益加频繁，专制君主对于伦常案件的介入使案情之查明与认定更趋于复杂，使得“亲属容隐”案件在律例常态之外出现诸多变数。

一、明清“亲属容隐”行为的法律规制

明清“亲属相为容隐”承袭自唐律“同居相为隐”条，以“亲属容隐减免”为基本立法原则。《明史·刑法志》载洪武五年（1372）明太祖“定宦官禁令及亲属相容隐律。”[①]次年八月十二日，“更定‘亲属相容隐’律，凡同居、大功以上亲及外祖父母、外孙若孙之妇、夫之兄弟及兄弟妻，若妻之父母、女婿，许相容隐，或奴婢为本使隐者，皆勿论。其小功以下相容隐，减凡人三等。若无服之亲如姊妹夫、妻之兄弟、姑夫、妻姪相容隐者，亦减二等。犯谋反恶逆，不用此律”[②]。本律宗旨在于维护亲亲之义，顺应名分天伦，其意义为容许亲属之间有权保持缄默，不主动告发、举证罪行，且因不缄默而导致消息泄露的行为，亦减免课罪。

容隐之本义并不限于亲属之间，唯亲属间容隐犯罪行为，得予减免刑责，以达至“容隐护亲”之目的。《明律集解附例》中将“容隐”释为：“容隐，谓应首告而不首告，或曲为回护，扶同保结。皆是大功、小功及无服之亲，兼本宗外姻言，此见凡人容隐罪人，及漏泄等项，律各有禁，惟亲属得相容隐者不禁。”[③]可知容隐的基本要件包括两类，即消极的“应首告而不首告”，对于律例所禁止罪行不主动予以告诉；积极的“曲为回护，扶同保结”，对于已发生的犯罪行为予以隐匿庇护。除律定“勿论”的一般规定外，“亲属相为容隐”条尚有“若漏泄其事及通报消息，致令罪人隐匿逃避者，亦不坐”。故漏泄、通报两项为广义上之“容隐”。“泄露其事”与“通报消息”皆为犯罪行为为官府发觉后所进行的行为，而“亲属相为容隐”条则将允许容隐的阶

---

① （清）张廷玉等撰:《明史·卷九十三·志第六十九·刑法一》，中华书局编辑部点校，中华书局1974年版，第2280—2281页。

② 《明实录·太祖高皇帝实录》卷八十四，洪武六年八月十二日条。

③ （清）沈家本等编修:《明律集解附例·卷一》，修订法律馆1908年刻本，第79页。

段扩展至罪行事发前，“夫事未发之先，既许其相为容隐；则事发之后，虽官司拘捕而漏泄通报，致其逃避者，亦皆不坐”[①]。

“亲属容隐”制度所保护之亲属，依恩义服制关系之轻重，分为免刑容隐与减刑容隐两类。免刑容隐即隐匿特定亲属犯罪而完全免予处刑。“亲属相为容隐”律载：“凡同居若大功以上亲及外祖父母、外孙、妻之父母、女婿，若孙之妇、夫之兄弟及兄弟妻，有罪相为容隐，奴婢、雇工人为家长隐者，皆勿论。”同居亲属无论亲疏、大功以上亲及外祖父母、外孙等外亲，尊卑之间双向容隐，均无庸入罪，而奴婢、雇工人仅在为家长单向容隐时免予论罪。

“干名犯义”作为“亲亲相隐”施行之保障，旨在禁止上述亲属之间，尤其是卑亲属告发尊亲属的行为，本律在“亲属容隐减免”之外又衍生出“诬告反坐加重”和“首告被告减免”两项原则。“诬告反坐加重”系在诬告罪外对卑幼诬告尊长行为予以加重处罚，明清律对于此类诬告行为之处罚较唐律更轻，规定诬告重于干名犯义本罪者，各加所诬罪三等，加罪处罚止于绞刑。按《明律集解附例》：“此卑幼诬告尊长，即于其所告罪名上加等，皆如凡人，但加罪三等耳，不当于凡人加诬之罪上又加之，然亦不可于尊长减罪上加之。”[②]而“首告被告减免”则是对被告亲属罪行予以减免，以期在客观上避免亲属间因告发行为而受刑的结果。明清律承袭唐律尊长被告免罪之文，规定祖父母、父母及期亲、大功尊长、外祖父母等被卑幼告发时，除谋反、谋叛、谋大逆等十恶重罪外，其罪行虽得实，均“同自首免罪”。此外，明清时期卑幼被告同样可得减免，“若告卑幼得实，期亲、大功及女婿亦同自首免罪，小功、缌麻亦得减本罪三等”。可见，明清律文对于卑幼被告之情形，亦采取一定保护措施，且减免范围远比唐律更宽，究其原因，则与宋代之后家庭名分关系之变动有关。

帝制中国经过“唐宋变革”，社会与家庭结构均产生急剧变化，家庭规模缩小与持续的分家析产，造成亲属间围绕立嗣、分产纠纷频发，而律文严禁

① （清）裕禄等修：《大清律例根原》，郭成伟点校，上海辞书出版社2012年版，第201页。

② （清）沈家本等编修：《明律集解附例》，修订法律馆1908年刻本，第33页。

亲属相告之条常沦为具文。《名公书判清明集》中宋代地方官对于亲属间常见的细故纠纷，几乎鲜有真正置之于“干名犯义”律条者，他们不仅默认家族内部的分家析产现象，更在亲属纠纷中充当利益协调者而非名分维护者的角色，正如柳立言先生所言：“孝恩和亲情等因素都不敌继承人的法律权益和执法者对父系继承的执着。”[①]南宋时期民间家庭关系进一步转变，出现“父在已析居异籍，亲未尽已如路人，或语及宗法，则皓首诸父不肯陪礼于少年嫡侄之侧，而华发庶姪亦耻屈节于妙龄叔父之前”的现象。[②]同期，北方民族分家习惯法亦将其势力扩张至中原。金代遵循“生女直之俗，生子年长即异居”[③]，而《元典章》亦载女真人旧例：“其祖父母、父母在日支析及令别籍者听”，指出汉人士民之家“往往祖父母、父母有支析文字，或未曾支析者，其父母疾笃及亡殁之后，不以求医、侍疾、丧葬为事，止以相争财产为务。原其所由，自开创以来，其汉人等别无定制，以致相争，词讼纷扰如此。若依旧例，卒难改革”。进而明令将唐律祖父母、父母在禁止别籍异财之条，改为“自后如祖父母、父母许令支析别籍者听，违者治罪”[④]。故明初定律，并未直接沿用唐律中严惩卑幼首告以保护尊长的立法宗旨，而是基于“顺时从俗”的考量，一方面减轻卑幼告诉尊长所受之量刑，由重罪降为轻罪，使多数亲属相告类案件消解于州县，另一方面则提升对卑幼的保护，避免尊长因细故纠纷肆意兴讼，任置卑幼于重刑。

“亲属相为容隐”与“干名犯义”两律之下，“亲属容隐减免”与“诬告反坐加重”“首告被告减免”三原则作为维系“容隐护亲”理念的基本立法支柱，从正反两面共同维系“亲属容隐”法制之有序施行。而与“容隐护亲”的立法理念相对，司法领域却常常有基于“首告救亲”，反其道而行之者，亦

---

① 柳立言:《子女可否告母?传统“不因人而异其法”的观念在宋代的局部实现》，载《台大法学论丛》2001年第6期，第85页。

② 陈淳:《宗会楼记》，载曾枣庄、刘琳主编:《全宋文》(第二百九十六册)，上海辞书出版社、安徽教育出版社2006年版，第69页。

③ (元)脱脱等撰:《金史》卷一《本纪第一》，中华书局编辑部点校，中华书局1975年版，第6页。

④ 《元典章》，陈高华、张帆等点校，中华书局、天津古籍出版社2011年版，第601页。

即卑幼利用“首告被告减免”原则，“为救其亲免陷亲于刑戮，自不惜以己身触犯告言父祖的刑章”[①]，主动告发尊长罪行，以求尊长“同于自首”而得以脱免刑罚。“救亲”与“护亲”，在客观行为上截然相反，主观动机上却都源于爱敬亲属之念。就“原心定罪”的视角观之，因“救亲”而告发尊长之卑幼，对于其行为入罪之可能性存在预期，却仍以自身受刑保全犯罪尊长，此等动机较之单纯出于“容隐护亲”而隐匿不言者更合乎伦常，故宋元以后理学思想尊隆，明清国家对于“首告救亲”这一“自我牺牲”的孝行多给予宽免乃至鼓励、奖恤，以图借司法裁判彰显国家推崇孝道的姿态。

二、“护亲”的悖论：“母杀父不得容隐”例之形成

明清律以“容隐护亲”为基本立法宗旨，保护一般罪行的亲属容隐行为，但危及社稷与家族伦常之重罪并不适用。“谋叛以上”重罪绝对不适用于“亲属容隐”，卑幼隐匿尊长谋反、谋叛、谋大逆、窝藏奸细之罪，不在“亲属相为容隐”的豁免之列，反之，不予告言将以受连坐之刑。恶逆罪行则相对不适用，即子孙首告母杀父一类案件，不以“干名犯义”论罪。

父母均系卑幼之直系尊长，对外并尊于子孙，两者之间则依礼尊父抑母。母杀父恩断义绝之说，源于汉景帝防年杀继母案，防年因继母陈氏杀死父亲，而杀继母，廷尉依律以大逆论。景帝征询时年12岁的太子刘彻意见，得到回复：“夫‘继母如母’，明不及母，缘父之故，比之于母。今继母无状，手杀其父，则下手之日，母恩绝矣。宜与杀人者同，不宜与大逆论。”[②]《唐律疏议》“告祖父母父母”律云：“嫡、继、慈母杀其父，及所养者杀其本生，并听告。”至《大明律》“干名犯义”条云：“嫡母、继母、慈母、所生母杀其父，若所养父母杀其所生父母……并听告，不在干名犯义之限。”扩展为本生母杀

---

① 瞿同祖：《中国法律与中国社会》，中华书局2007年版，第64—66页。

② （唐）杜佑撰：《通典》卷第一百六十六《刑法四》，王文锦等点校，中华书局1988年版，第4288—4289页。

本生父、继父、养父，亦在告言豁免之列。唯本项载于“干名犯义”之“听告”范围，不见于“亲属相为容隐”律，由律文视之，子孙隐匿母杀父，并未排除于“亲属容隐减免”原则之外。

乾隆五十三年（1788）十一月，四川总督李世杰奏称民妇冯龚氏与夫冯青因琐事争执吵嚷，旋将冯青殴杀。冯龚氏后被捕，依照“妻妾殴死夫”条，着即处斩。而其子冯克应，在其母冯龚氏当路殴伤冯青殒命时，因取火转回瞥见其父死状，当即哭喊，龚氏遂恐吓勿声张，令克应与之一同潜逃。刑部以“冯克应业经该督审明，不知父母争殴，是以未及往救，请免置议”。高宗对此处理并未认可，当即降谕：

人子之于父母，原有容隐之例，但父之于母，尊亲虽属相等，然父为子纲，夫为妻纲，礼经有母出与庙绝之文。是人子之于其父母恩同，而分则有间。设为人子者，遇有其父殴母致死之事，自当隐忍不言，原可免其科罪。若其父被母殴死，即迫于母命，当时未敢声张，至经官审讯时，自应据实诉出，方为处人伦之变而不失其正。此等纲常大义，虽乡僻蚩氓，未能通晓，但准情断狱，不可不示以等差，折衷至当。此案冯克应，于伊父被伊母殴死，到案时，如即行供出实情，自可免议。倘并未供明前项案情，皆系审讯冯龚氏而得，冯克应即不得为无罪，亦应酌加薄罚，以示人道大伦。该督原题及部议，皆于此处未经声叙明晰。著刑部遵旨行文驳饬，令该督讯明覆到，再行核办。①

刑部基于对“亲属相为容隐”律为出罪之条的理解，认为律中既定有“若犯谋叛以上者，不用此律”，则冯克应隐匿不报生母杀父行为，亦应在容隐免罪范围内。皇帝对于本案的认知则系出于礼制中“尊父抑母”的纲常观念，认为夫为妻纲、父为子纲，母杀父则夫妻之义不存，“人为先君所出，其

① 《清实录·高宗纯皇帝实录》卷一千三百一十六《乾隆五十三年十一月四日》。

子承父之重，与祖为一体，母出与庙绝，不可以私反”[①]。依律父杀生母，人子可以容隐，若生母杀父，受审时仍旧缄默不言，则悖逆礼教等差之义，因此要求对冯克应“酌加薄罚”。

川督李世杰秉承其意，于次年四月咨覆刑部：“冯青被殴身死时，伊子虽不当面。但迫于母命，隐忍不言。到案时又未能供出实情，遵旨酌加薄罚。照不应重律，杖八十。”刑部遂奏请“嗣后如有父为母杀，其子到案，犹复隐忍不言，较母为父杀，子为父隐者不同。应照违制律，杖一百，以示区别”[②]。获高宗谕准后，于乾隆六十年（1795）正式修为新例：“父为母杀，其子隐忍，于破案后始行供明者，照不应重律杖八十。如经官审讯，犹复隐忍不言者，照违制律杖一百。若母为父所杀，其子仍听依律容隐免科。”[③]本例明禁为子者为母杀父容隐，并将处罚规范分为两层，破案后供明者照“不应得为”之“事理重者”，处杖八十。而受审后仍缄默不言者，则照“违制”处杖一百。适用“不应得为”与“违制”两罪，本身即意味着处罚此等容隐行为缺乏律文规定，属于“理所不可为者”，实际则与“亲属相为容隐”律出人之罪的本旨相悖，薛允升认为此例并无纂修必要，“此伦常之变，虽圣贤亦无两全之法，而顾责之区区愚氓耶？此等情罪律不言者，不忍言也”[④]。“容隐”律以父母同为尊长，尊卑虽有所差，但均对子孙有生身之恩，故仅在子孙主动首告时不予惩治，却不能明文迫使子孙行“告亲背恩”之举，否则即伤及“护亲”之本义。

“母杀父不得容隐”这一显悖于律文“护亲”本旨的新例，显示出清代朝廷试图通过“以例破律”限制亲属容隐适用案件之范围，维护尊卑差异的意图。道光十年（1830）刑部题奏安徽东流县民妇江王氏，因挟细故掐死夫江相明一案，江王氏在与江相明争执中将丈夫掐死，又逼令其子江玉淋移动父尸于他人地界，以谋图赖，“查江玉淋明知伊父江相明被伊母王氏掐死，并不首喊，

① （清）阮元校刻：《十三经注疏》，中华书局2009年版，第688页。

② 《清实录·高宗纯皇帝实录》卷一千三百二十六，乾隆五十四年四月五日。

③ （清）裕禄等修：《大清律例根原》，郭成伟点校，上海辞书出版社2012年版，第202页。

④ （清）薛允升撰：《读例存疑·卷五》，1905年刻本。

转听从移尸图赖，到官又复隐匿不吐实情，实属蔑理忘哀。将江玉淋除父为母所杀隐忍不言轻罪不议外，依将父尸图赖人拟徒律上酌加一等，杖一百，流二千里”[①]。除借尸图赖外，江玉淋因案发时知情不告，到官后又不供实情，合于“母杀父不得容隐”例，照“违制”处杖一百。另外，本律之适用又被扩张至其他亲属相杀容隐案中，如道光四年（1824）唐礼云私埋匿报次兄唐受羔误杀长兄唐边方，十三年（1833）黄价人私埋匿报胞弟黄汶兹误杀长兄黄汶琴，两案均比照“父为母所杀，其子容隐例，杖八十”[②]。可知“母杀父不得容隐”例欲借刑罚明确父母恩义有差的理念，至此又被延伸于宗法长幼次序中，兄弟之间本有容隐之义，但若触及长幼伦常，则必难以隐匿回护。

“母杀父不得容隐”例在处罚上属于轻罪，却极具宣示意味。其目的正如清高宗所言“人子之于其父母恩同，而分则有间”，按《丧服四制》有云：“天无二日，土无二王，国无二君，家无二尊，以一治之也。故父在为母齐衰期者，见无二尊也。”[③]父母虽同有生身之恩，却并不能在礼制上同尊，原因在于父归于宗族，而子亦为宗族之子，故有“人子不私其亲”之说。清高宗维护“家无二尊”的父权纲常秩序，不惜引礼抗法，反律义而行，不仅是为彰明父权在家庭中的独尊地位，同时亦是在强调“天无二日，土无二王，国无二君”的君主独尊地位，力图将此至尊地位贯穿于其他名分关系之中，警示臣民严守名分，以强化家国同构体系，维系自身绝对权威。

三、“救亲”疑云：告亲私和命案之异同

清代司法中对于一般亲属容隐案件，基本遵循“容隐亲属减免”原则，但对于发生在亲属之间的服制命案中“明知不首”行为，却未概予保护。以隐匿尊长被杀为例，嘉庆十五年（1810）江西民妇张杨氏因琐事殴毙其翁张

---

① 第一历史档案馆藏：《托津题为安徽安庆府东流县妇江王氏掐死伊夫江相明身死议准凌迟处死事》，档号：02-01-07-3022-007。

② 祝庆祺等编：《刑案汇览三编（四）》，北京古籍出版社2000年版，第307页。

③ （汉）郑玄注：《礼记注》卷第二十《丧服四制》，王锷点校，中华书局2021年版，第827页。

昆予，其夫张青辉虽不在场，亦未报官，部臣查得成案有高奇山、李绍燮妻殴毙家翁案，其夫均容隐匿报，处以枷号、重责四十板。后又定例，夫有匿报妇杀翁者，拟绞立决。[①]二十二年（1817）湖南袁涌照蓄意砍死祖父袁乃镒，其父袁我松才“虑恐伊子获罪，许为隐匿，并任听弃尸河内”，后经邻人报官捕获。刑部认为：“今该犯忘父之仇袒护逆子，隐匿不报，复容令弃尸，实属伦理蔑绝，不惟与子妇殴毙翁姑，犯夫匿报者有别，即较之寻常弃父尸者，情罪尤重，该抚仅将该犯照子弃父母死尸本律拟以斩候，尚属情浮于法，似应请旨即行正法，以昭炯戒”[②]。此类隐匿命案行为，本身即系破弃名教，律无正条，倘以“护亲”为由宽宥，则必然与其立法本旨相悖，故自司法机关对隐匿服制命案者，皆不许容隐，量刑反重于常人。

而与故意隐匿亲属罪行相反，清代民间亦不乏出于“救亲”动机，主动告发尊长隐匿命案者，以求官府惩治真凶，并救亲属脱免罪责。而刑部对此类案件，除查实案件情伪外，还需审明首告者动机，厘清“救亲”缘由，避免因法伤情，致使情理失衡，以下谨以两起成案为例比较异同。

嘉庆十三年（1808）山西寿阳县民郑文奎向直隶张家口理事同知呈报其堂兄郑有贵在煤窑务工，被郝显明扎伤身死，并姚进幅、王辅商同郑王氏贿和匿报。官府经实，郑有贵因向郝显明所要借欠钱文发生争执，被郝扎伤致死。有贵之母王氏闻讯抵达，自述“小的因儿子已死，没人养活”，遂向窑头姚进幅说和索银，便将有贵尸身拉至义冢私埋。此案经郑文奎首告后，始得查明。法司拟郝显明斗殴杀人处绞，姚进幅依常人私和人命受财准枉法论杖九十、徒三年半，“郑王氏因子死无依，贿和匿报，本干例拟，第经伊侄郑文奎据实呈报到官，即与自首无异，应请照律免罪”。郑文奎虽告伯母私和人命，但因“其意专在缉凶，为伊兄雪冤，非干名犯义可比，且案情业已检验

① 第一历史档案馆藏：《先福奏为审明张杨氏因私取钱文被斥勒还殴毙伊翁张坤予案按律定拟事》，档号：04-01-26-0022-044。

② 第一历史档案馆藏：《巴哈布奏为审明芷江县民袁涌照砍伤伊祖袁乃镒身死伊父袁我松知情匿报案按律分别处理事》，档号：04-01-01-0573-040。

得实”，应免置议。[①]

“私和人命”律载：“若妻妾、子孙、及子孙之妇、奴婢、雇工人被杀而祖父母、父母、夫、家长私和者，杖八十。”为求财而隐匿亲属被杀事实，私埋匿报，致凶犯脱逃，向为公权力所不能容忍。如前所揭，即便是亲属人命案件，国家亦不许相互容隐。郑文奎将此案呈报官府，其主要目的在于申诉兄冤，要求将杀人者置于刑罚，客观上亦造成其伯母王氏得以同自首免罪，形同“首告救亲”的效果。因此，司法者认定文奎在主观方面“其意专在缉凶，为伊兄雪冤”，反而有维护兄弟名分，救护尊长之行，不应视为“干名犯义”，免予论罪。

但在另一起发生于乾隆四十四年（1779）的徐仲威首告其父受贿私和人命一案中，官府虽同样对首告行为予以肯认，但并未免除徐仲威“干名犯义”之罪。徐仲威之兄徐仲诗因典屋纠纷，与宋尚佩扭打受伤致死。其父徐允武受贿隐匿伤痕，向地保捏称系服毒自尽而不报官。徐仲威闻讯，力主呈报官府，但横受阻拦，终得向官府具状始末。浙江巡抚原拟徐允武虽经其子告发，但未将受赃首出，仍照尸亲得财私和人命准枉法论，处杖一百、流二千里。徐仲威告县官改供谎详审虚，但所控胞兄被宋尚佩殴死属实，应照律免罪。题本送至刑部被驳回，改拟徐仲威照“干名犯义”告父母，拟杖一百、徒三年，其理由如下：

该抚所拟俱照各犯本罪依律办理，原无枉纵，但此案系父子兄弟之狱，非寻常两造告讦者可比，必须权衡情法，俾伦纪间恩义无亏，方无背于明刑弼教之本意。查律载：犯罪自首者免罪，若法得容隐之亲为之首，如罪人自首法。又注云：卑幼告言尊长，尊长依自首免罪，卑幼依干犯名义科断。又“干名犯义”，子告父虽得实亦杖一百、徒三年。今徐允武受贿私和长子命案，次子徐仲威自外回归，知兄冤死，伊父贿和，赴司具控。词内虽无伊父受贿之语，已明知到案必破，实与首告无异。是伊父罪拟杖徒，实因徐仲威告官

---

① 《直隶张家口宣化府民人郝显明因索欠起衅扎伤郑有贵脊背身死案》，载常建华主编：《清嘉庆朝刑科题本社会史料分省辑刊（一）》，天津古籍出版社2019年版，第82页。

所致，该犯为兄雪愤于手足之谊虽全，而陷父充徒则名义所伤尤重，既不忍胞兄命死无辜，岂反忍亲父身罹徒配？若如该抚所拟不特徐允武不能无憾于子，即揆之徐仲威为子之心，亦断不能一息自安。应改依卑幼告尊长，尊长依自首免罪，罪坐卑幼律，将徐允武免罪，徐仲威杖一百，徒三年。则该犯于兄弟之谊既尽，父子之恩亦无亏矣。[①]

本案虽发生于郑有贵首告伯母私和人命之前，但案件结构相似，浙江巡抚王亶望最初所拟的徐仲威免罪判决亦与郑有贵案相同，可知“告亲私和人命免议”已系乾嘉时代司法的一般性原则。所不同之处在于，郑文奎案中郑文奎伯母王氏在被侄告发后，立即供认私和命案原委，得以视同“自首免罪”，徐仲威案中其父徐允武最初因未交付赃款，无法依同自首免罪。实际上，清代司法对于“救亲”的认定，系以尊长受刑与否为标准，即唯有尊长获得同自首免罪之宽宥，才能表明卑幼“首告救亲”为有效行为。乾隆朝刑部改拟徐案，并未否定徐仲威“为兄雪愤”的主观目的，也认同浙抚原拟“原无枉纵”。但关键在于，徐氏父子若“依律”判决将造成一种“恩义有亏”的结果，即使徐仲威有“救亲”之心，却难以免除父罪，徐允武客观效果上是因其子首告而获罪，首告之子却能置身法外，实在有违于“人情”，故刑部“揆之徐仲威为子之心，亦断不能一息自安”，将之定拟“干名犯义”罪，实为“衡于情法”的结果。

四、结语

清代历经康乾百年治世，国势臻于极盛，但在帝国步入乾隆晚期后，吏治、民生均显疲态。乾隆嘉庆之际，专制君主意图巩固中央集权与民间社会管制失序之间的矛盾，促使清廷不断借助礼教名分强化自身的统治合法性，

---

① 全士潮：《驳案新编》，载杨一凡、徐立志主编：《历代判例判牍·第七册》，中国社会科学出版社2005年版，第35—39页。

故以“君师合一”自任的君主，常常亲身介入伦常刑案的说理与审断，以“乾纲独断”的方式决定判决结果，使其个人意志得以贯彻于具体个案，而清代中期的“容隐”新例与成案正是形成于这一背景之下，司法者在案件审理中对人情、法理的取舍亦明显受此趋向影响。

清代司法话语中的“情理”作为价值判断的基础，具有丰富的内涵。在隐形层面，无论是代表宗族孝道的父子之恩，还是尊卑有序的夫妇之义、兄弟之悌，乃至象征一般公众常识的人伦、礼教、风俗，皆可表述为不行于文字的“情”。而在显性层面，通过国家权力的明示，“情理”又通过成文法体现出来。不同的“情理”因其性质有别而存在位序之异，需要在司法实践中就不同价值位阶予以抉择，即表现对“情”与“法”的权衡，而此等权衡的轻重缓急，则又出自最高统治者的意志。

“容隐”法规范本诸“有隐无犯”的礼制，其基本的立法目的在于保护尊长与卑幼之间的恩义，避免出现由卑幼“显扬尊长之恶”。但在强调全面性等差的清廷看来，单纯强调“父子之纲”，显然不足以表达其“尊卑有序”的社会教化理念，故而清高宗选择以“屈法从情”的名义，引入“夫妇之纲”并置之于优位，要求卑幼在父母之间继续选择“尊父抑母”，而非“父母并尊”，实际上则与其严分满汉、主奴的政策相对应。皇帝借推崇夫妇、父子名分，惩治越轨行为，抑制士大夫道德优越性，申诫满洲贵族不得濡染汉风，进而提升满洲君主在名教体系中的绝对至尊地位。

而在“救亲”类案件中，国家权力对于卑幼告亲采取宽容姿态，同样源于国家治理的考量。从“情理”言之，乃奖掖“献身奉孝”之举，树立教化典范，以达“弼教”之效果。而从国家权力角度视之，鼓励百姓主动告发罪行，尤其是将重刑罪案揭示于官府，虽因“自首免罪”原则不能对犯罪人处以应科刑罚，但此举可以确保国家司法公权力在民间不为私力所取代，避免国家权力在地方治理中流于空洞。而对于“救亲”不成者，略施薄刑，一方面无伤于教化与治理宗旨，另一方面又能反向推动被告尊长“据实自首”，获得国家管制与社会教化上的双重增益。易言之，无论是“屈法从情”，还是“法浮于情”，其本质都是国家权力在不同境遇下所采用的社会治理手段。

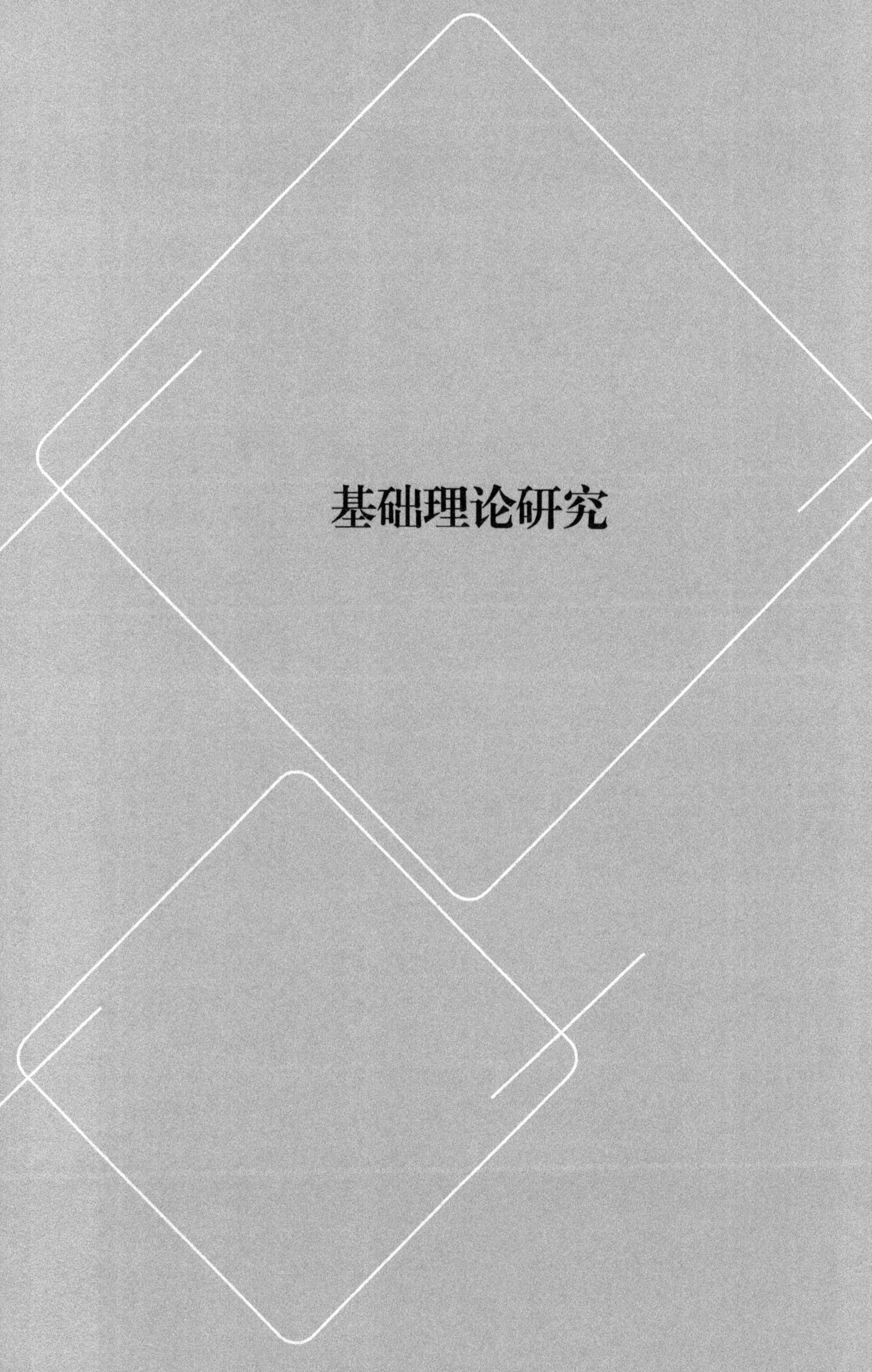

基础理论研究

无效担保的法律责任辨析

——《最高人民法院关于适用〈中华人民共和国民法典〉有关担保制度的解释》第17条的解释论及完善建议

赵　霞*

摘　要： 司法解释的制度功能是解释法律，而非创制新的法律规范，也不能与立法和法理相冲突。对于无效担保的法律责任，从《最高人民法院关于适用〈中华人民共和国担保法〉若干问题的解释》（以下简称《担保法解释》）第7条、第8条到《最高人民法院关于适用〈中华人民共和国民法典〉有关担保制度的解释》（以下简称《担保制度解释》）第17条均着眼于法律规范适用的可操作性和整体划一性，故而细化了原《担保法》和《民法典》的原则性规定，体现了司法解释的努力和担当，但实体上可能会造成担保人在担保合同无效时承担的缔约过失责任重于担保合同有效时须承担的担保责任，产生法律适用的体系矛盾。此外，在主合同无效导致担保合同无效时，对于有过错的担保人的责任规定与司法解释对于担保人"过错"的界定相冲突。因此，对《担保制度解释》第17条的规定应进行相应的梳理和修改。

关键词： 担保责任；合同无效；缔约过失责任；损害赔偿；过错

---

* 赵霞，中国政法大学法律硕士学院副教授、法学博士、硕士生导师，研究方向为民商法学、司法制度。

一、问题的提出

案例[①]：2016年8月27日，韩某与A证券公司签订《股票质押式回购交易业务协议》(以下简称《业务协议》)，约定韩某以其所有的6402.636万股甲上市公司股票出质给A证券公司，从A证券公司融资4亿元，回购期限为三年，回购年利率6.2%。合同约定履约保障警戒线为181%，追保线为180%，平仓线为160%，当履约保障比例低于追保线时，韩某应当在两个交易日内提前购回或补充质押标的证券使合并计算的履约保障比例达到警戒线以上，或向A证券公司提交其他担保，否则视为韩某违约。《业务协议》签订后，A证券公司依约向韩某支付了融资本金4亿元，韩某依约提供股票质押并完成质押登记。彼时，韩某质押股票总价值远高于案涉融资本金。

2017年11月20日，因甲上市公司股价下跌，案涉股票质押式回购交易的履约保障比例首次低于追保线180%。B合伙企业应债务人韩某邀请无偿为其提供补充担保，但该担保行为并未取得全体合伙人的一致同意。由于该《合伙人会议决议》中没有明确载明担保股份的具体份额，因此11名合伙人中有9名签署了意见，另有2名合伙人因不同意而未在该决议上予以签署。

2018年1月31日，B合伙企业与A证券公司签订《股票质押合同》，约定B合伙企业以其持有的800万股甲上市公司的股票为韩某提供补充质押担保，并于2018年2月7日办理完毕该800万股股票质押登记。这期间，债务人质押的股票总价值仍远远高于案涉融资本息。

2018年4月4日，因股价下跌，案涉股票履约保障比例再次低于追保线180%。同日，B合伙企业与A证券公司再次签订《股票质押合同》，以其持有的255万股甲上市公司的股票再次为韩某提供补充质押担保，但针对该255万股股票质押事宜，B合伙企业并未作出相应的合伙人决议。该255万股股

① 一审案号：重庆市第一中级人民法院(2020)渝民一初818号民事判决，二审案号：重庆市高级人民法院(2021)渝民终780号。

票于2018年4月23日办理完毕质押登记。补充质押后，虽然案涉交易的履约保障比例依旧处于追保线下，但债务人质押的股票总价值仍远远高于案涉融资本息。

此后，债务人韩某多次出现逾期支付利息的情形，且质押股票的股价持续下跌，从2018年5月18日起至今，质押股票的履约保障比例一直处于追保线下。2019年7月30日，A证券公司发函要求债务人韩某回购，但债务人韩某未履行回购义务。

2020年7月30日，法院受理了A证券公司针对韩某、B合伙企业等提起的诉讼，A证券公司主张韩某欠付的融资本息及违约金已高达约6.3亿元，而韩某质押股票总价值约为3.3亿元，B合伙企业补充质押的1055万股股票总价值约为5443万元。

2021年7月28日，法院作出一审民事判决，认定A证券公司与韩某签订的《业务协议》合法有效，但《股票质押合同》因违反《合同法》《合伙企业法》等法律的强制性规定无效，遂依据《担保法》及其司法解释等规定，判决韩某向A证券公司承担融资本息、违约金等清偿责任；判决B合伙企业在不超过债务人不能清偿部分二分之一比例的范围内承担赔偿责任，据此B合伙企业应该承担约1.5亿元的赔偿责任。

因一审判决B合伙企业须承担的赔偿责任约1.5亿元远高于其签订的《股票质押合同》有效时应承担的担保责任5443元，故B合伙企业提起上诉。二审法院经审理改判为：B合伙企业在不超过债务人不能清偿部分二分之一比例的范围内承担赔偿责任（以B合伙企业持有的1055万股股票价值为限）。

在主合同有效、担保合同无效的情况下，如何准确认定担保人的民事责任是担保纠纷中常见的问题。在担保合同有效的情形下，担保人需要依约承担担保责任。在担保合同无效的情形下，担保人无须承担担保责任，但仍可能要依法承担缔约过失责任。由于担保合同无效的原因发生于该合同成立之前，属于违反基于诚信原则产生的先合同义务，由此产生的损害赔偿责任在性质上为缔约过失责任。其法理基础在于债权人因相信担保合同有效但实际上担保合同却无效所遭受的损失。在担保法领域表现为“丧失得到合格的保证人的机会所遭受损失”。[①]缔约过失责任应由具有过错的行为人承担。担保人如果对此种信赖利益的损失具有过错则应承担相应的赔偿责任。对于该种责任的原则性规定见于原《担保法》第5条第2款、《民法典》第388条第2款（担保物权合同）和第682条第2款（保证合同）。原《担保法解释》第7条、第8条以及新《担保制度解释》第17条对于原《担保法》和《民法典》关于“根据其过错各自承担相应的民事责任”的原则性规定进行了细化解释，以实现法律续造。但是，前述两个担保司法解释的规定由于过分注重法律规范形式上的整体划一性，在具体适用中可能会造成担保人在担保合同无效时承担的缔约过失责任反而重于担保合同有效时须承担的担保责任，即有学者批评指出的“司法实践中会出现无效担保时担保人的责任重于有效担保的情况”，[②]使担保合同的相对方即债权人将因合同无效而获益，产生法律适用的体系矛盾，违反诚实信用原则和基本法理。该问题存在至今，尚未得到解决，对此应予以审视和作出修改。

二、从《担保法解释》到《担保制度解释》关于无效担保规定的变与不变

《担保制度解释》第17条第1款是对主合同有效而第三人提供的担保合同无效后当事人承担责任的规定，由原《担保法解释》第7条演变而来。第17条第1款第1项与原《担保法解释》第7条后半段一致；第17条第1款第2项修改了原《担保法解释》第7条前半段，从“担保人与债务人对主合同债权人的经济损失，承担连带赔偿责任”修改为“担保人对债务人不能清偿的部分承担赔偿责任”，从连带责任变更为补充责任；并增加了债权人有过错而担保人无过错作为第三种类型规定于第17条第1款第3项。《担保制度解释》第17条第2款是对主合同无效导致第三人提供的担保合同无效后当事人承担责任的规定，与原《担保法解释》第8条一致。

由此可见，在细化解释法律方面，《担保制度解释》解决了一些问题，例

① 赵霞:《企业法人分支机构无效保证责任研究》，载《法律适用》2018年第3期。

② 曹士兵:《中国担保制度与担保方法》，中国法制出版社2017年版，第9页。

如第17条第1款完善了原《担保法解释》遗漏的类型化，除了债权人、担保人都有过错以及债权人无过错、担保人有过错两种类型以外，增加了债权人有过错而担保人无过错这一类型。按照法理，在担保合同无效且债权人无过错时一般保证人承担补充责任而非连带责任，解决了学者所批评的由于法律不完善而造成“司法实践中会出现无效担保时担保人的责任重于有效担保的情况”。[①]

但是，《担保制度解释》第17条仍然存在以下问题：一是将担保人的责任限定于“不应超过债务人不能清偿部分的二分之一”“债务人不能清偿的部分”，当该责任范围与担保物依法处置所得价款之间存在差额时，如此规定会扩大物保人的责任范围，导致其在担保合同无效时承担的赔偿责任重于担保合同有效时的担保责任。二是主合同有效而第三人提供的担保合同无效时，在仅有担保人存在过错时，将连带保证人及物保人的赔偿责任也限定于“债务人不能清偿的部分”，给予其责任承担上的优待，[②]与其过错不匹配，是对原《担保法解释》第7条前半段的矫枉过正。三是主合同无效导致第三人提供的担保合同无效时，在担保人有过错时，没有分类考察债权人、债务人和担保人三方的过错情形、组合方式，以及债权人损失与担保人过错之间的关系，进而在此基础上合理认定担保人的赔偿责任，机械规定为担保人的赔偿责任“不应超过债务人不能清偿部分的三分之一”。这样的法律续造是对法律的不当适用，影响法律效果的正确发挥。

三、主合同有效而第三人提供的担保合同无效时的法律责任

对于主合同有效而第三人提供的担保合同无效，可能发生于担保合同因

---

① 曹士兵：《中国担保制度与担保方法》，中国法制出版社2017年版，第9页。

② “债务人不能清偿的部分”是指债务人的财产已经被执行仍不能偿付的部分。虽然根据《担保法解释》第9条及《担保制度解释》第18条的规定，在担保合同无效时，担保人因过错承担“债务人不能清偿部分”的赔偿责任后可以向债务人追偿，但是能否实现追偿具有不确定性，故《担保制度解释》第17条对于担保人责任均以“债务人不能清偿的部分”为基础进行限定，这种规定不仅仅是履行顺序上的优待，具有顺序利益，而且也具有责任内容上的优待，具有实体利益。

违反法律法规的强制性规定而无效或者因担保人为无行为能力人而无效。《担保法解释》第7条后半段和《担保制度解释》第17条都强调担保人责任的构成要件之一为债务人不能清偿的部分，原因在于注意到“对于担保人而言，因担保合同无效，其承担的是缔约过失责任，性质上属于补充责任，责任范围一般小于违约责任”[①]，以实现在担保合同(从合同)无效情形下对担保人责任范围限制的目的。但是，该观点存在两个问题：其一，虽然缔约过失责任的效果一般不超过合同生效后的履行利益，但缔约过失责任赔偿的信赖利益损失除了订约、履约费用之外，还包括合理的间接损失，即受害人丧失与第三人另订合同的机会所产生的损失。[②]所以，缔约过失责任的赔偿范围仍然可以涵盖甚至超过给付利益(履行利益)，[③]实际赔偿范围如何要从具体事实出发。其二,《担保法解释》第7条前半段对于债权人无过错、担保人有过错时没有作出如此限制。据此,《担保制度解释》第17条第1款第2项将《担保法解释》第7条前半段关于债权人无过错、担保人有过错时，“担保人与债务人对主合同债权人的经济损失，承担连带赔偿责任”修改为“担保人对债务人不能清偿的部分承担赔偿责任”，原因在于“担保人有过错而债权人无过错时，要求担保人与债务人承担连带赔偿责任，缺乏法律依据”[④]。既可以纠正司法解释创设连带责任的不当做法，也在担保人有过错而债权人无过错时，如此修改可以纠正原《担保法解释》第7条前半段要求享有先诉抗辩权的一般保证人在保证合同无效时与债务人承担连带赔偿责任的错误规定，使得一般保证人在保证合同无效时，承担的赔偿责任不会超过保证合同有效时的保证责任。由此,《担保制度解释》第17条的构成要件和对《担保法解释》第7条的调整对一般保证人的责任起到限制作用，符合《担保法》《物权法》《民法典》

---

① 最高人民法院民二庭著:《最高人民法院民法典担保制度司法解释理解与适用》，人民法院出版社2021年版，第208页。

② 马骏驹、余延满著:《民法原论》(第四版)，法律出版社2010年版，第544页。

③ 孙维飞:《〈合同法〉第42条(缔约过失责任)评注》，载《法学家》2018年第1期。

④ 最高人民法院民二庭著:《最高人民法院民法典担保制度司法解释理解与适用》，人民法院出版社2021年版，第209页。

关于一般保证人责任范围的规定和法理。

但是，对于此种限定责任范围的规定仍然需要考察担保合同无效与债权人和担保人主观过错之间的关系，而不能不做区分地将担保人的责任一律限定于“债务人不能清偿的部分”。否则，会出现顾此失彼的不合理结果。

（一）债权人无过错而担保人有过错

在担保人有过错而债权人无过错时，如此修改使连带保证人和物保人都承担“债务人不能清偿的部分”的责任，性质上属于补充责任，会造成以下两种“失彼”的法律效果：

1.对于连带保证人而言，此种赔偿责任较担保合同有效时的担保责任为轻。该行为模式是担保人有过错而债权人无过错造成担保合同无效，即无过错的债权人相信担保合同有效但实际上担保合同却无效所遭受的信赖利益损失，此时却仍要在法律后果上给有过错的连带担保人以责任承担上的优待，使其因担保合同无效而获益，与其过错不匹配，缺乏法理基础。《民法典》较之于《担保法》改变原来优先保护债权人利益的理念，采取优先保护担保人的制度选择，其前提是债权人和担保人双方都无过错。在只有担保人有过错而债权人无过错时，仍然机械地坚持保护有过错的担保人，减轻其应承担的责任，没有依据，有失公正。

2. 对于物保人而言，在只有物保人有过错而债权人无过错时，仍给有过错的物上保证人以“债务人不能清偿的部分”的责任优待，没有依据。并且此种规定可能也无法起到限制物保人责任范围的效果，有时还可能会扩大物保人的责任范围。因为在担保合同有效时，物保人的责任按照《担保法》第63条和第71条、《物权法》第221条的规定和法理，只是以担保物折价或者拍卖、变卖的价款为限承担责任，对于担保物折价或者拍卖、变卖的价款与债权数额的差额部分，担保人不再是责任主体，此为物保人的有限责任。而在债权人无过错而担保人有过错导致的担保合同无效时，按照《担保制度解释》第17条第1款第2项的规定，物保人需要对债务人不能清偿的部分承担赔偿责任，完全没有考虑到在“债务人不能清偿的部分”高于担保物价值时，由此产生的差额部分也须由物保人补足的法律效果，而这比担保合同有效时的担保责任还要重。物保人在担保合同无效时承担的赔偿责任高于担保合同有效时的担保责任，有违法理和公平原则。

对此应修改为“担保人有过错而债权人无过错的，一般保证人对债务人不能清偿的部分承担赔偿责任，连带保证人与债务人对主合同债权人的损失承担连带赔偿责任，物保人以担保物折价或者拍卖、变卖的价款为限对主合同债权人的损失承担赔偿责任”。

(二)债权人与担保人均有过错

在债权人和担保人均有过错时，将担保人的赔偿责任限定于“债务人不能清偿部分的二分之一”，该责任构成有两个要件，一是债务人不能清偿的部分，而非债权人的全部损失；二是以债务人不能清偿部分为基数的二分之一。

1.对于保证担保而言，保证人为一般保证的，此时保证人的赔偿责任为债务人不能清偿部分的二分之一，相较于保证合同有效时的保证责任，二分之一的规定限缩了一般保证人的赔偿责任。保证人为连带保证的，此时保证人的赔偿责任相较于保证合同有效时的保证责任，产生了双重限缩，既限缩为债务人不能清偿的部分，又进一步限缩为债务人不能清偿部分的二分之一。即大大限缩了连带保证人的赔偿责任。由于此时债权人对于保证合同无效也有过错，而过错与责任相关联，故此种限缩仍可谓具有法理依据和事实依据，体现了缔约过失责任不能重于违约责任的法理，也与《合同法》《民法典》关于无效合同由有过错的行为主体各自承担相应责任的规定一致。

2.对于物保而言，由于此时债权人对于物保合同无效也有过错，故将物保人的赔偿责任限定于债务人不能清偿部分的二分之一，相较于物保合同有效时的担保责任，本规定也进行了双重限制。虽可商榷，但仍有责任与过错相关联的法理为此背书，并非完全失当。但是，如前所述的理由，物保人需要承担的赔偿责任只应以担保物折价或者拍卖、变卖的价款作为责任上限，而不能以“债务人不能清偿部分的二分之一”作为物保人的责任上限。

综上，建议将《担保制度解释》第17条第1款第1项、第2项修改为:

“（一）债权人与担保人都有过错的，保证人承担的赔偿责任不应超过债务人不能清偿部分的二分之一；担保物折价或者拍卖、变卖的价款达到或者不超过债务人不能清偿部分的二分之一的，物保人以担保物折价或者拍卖、变卖的价款为限对主合同债权人的损失承担赔偿责任，超过部分归物保人所有；

“（二）担保人有过错而债权人无过错的，物保人以担保物折价或者拍卖、变卖的价款为限对主合同债权人的损失承担赔偿责任；连带保证人与债务人对主合同债权人的损失承担连带赔偿责任；一般保证人对债务人不能清偿的部分承担赔偿责任。”

四、主合同无效导致第三人提供的担保合同无效时的法律责任

根据《民法典》第388条第1款、第682条第1款的规定，只有法律另有规定时才能排除担保合同的从属性。现行立法仍然坚持担保合同的从属性的原因在于：法律如果允许当事人作出主债权债务合同无效，担保合同仍然有效的约定，那么，即使不存在主债权债务，担保人也要承担担保责任。这不但对担保人不公平，而且可能导致欺诈和权力的滥用，还可能损害其他债权人的利益。[①]主合同无效导致第三人提供的担保合同无效就是担保合同从属性的体现，担保合同无效是由主合同无效导致的。此时，主合同无效的原因既可能是债权人和债务人都有过错，也可能是债权人或者债务人一方有过错。对于本款中“担保人有过错”的理解，本司法解释制定者和学者都认为，担保人的过错不是指担保人在主合同无效上的过错，因为担保人不是主合同当事人，而是在其明知或者应知主合同无效却提供担保，或者通过提供担保的方式促使主合同订立的，则被认为有过错。[②]

以此为前提，在主合同无效导致第三人提供的担保合同无效时，要解决

① 黄薇主编：《中华人民共和国民法典物权编释义》，法律出版社2020年版，第459页。

② 最高人民法院民二庭著：《最高人民法院民法典担保制度司法解释理解与适用》，人民法院出版社2021年版，第210页；高圣平著：《担保法前沿问题与判解研究——最高人民法院新担保制度司法解释条文释评》（第5卷），人民法院出版社2021年版，第162页。

债权人损失的承担问题就需要对债权人、债务人和担保人三方主体的主观过错状态(包括内容和程度)进行类型化分析:

(一)债权人和债务人都有过错或者债权人、债务人仅一方有过错,但担保人无过错

主合同无效可能是由于违背公序良俗或者债权人、债务人实施欺诈行为而被相对方撤销。根据《民法典》第157条的规定,民事法律行为无效时,行为人只承担与其过错程度相当的民事责任,因此如果担保人没有过错,则主合同无效的责任应由债权人和债务人自行承担,与担保人无涉。此为《担保制度解释》第17条第2款前半段规定的"主合同无效导致第三人提供的担保合同无效,担保人无过错的,不承担赔偿责任"。

(二)债权人、债务人与担保人三方均有过错

司法解释对于主合同无效导致第三人提供的担保合同无效、担保人须承担责任时担保人的"过错"解释为以下两个要件:一是在主合同无效导致第三人提供的担保合同无效时,担保人不是主合同当事人,担保人的过错不是对于主合同无效的过错。二是担保人的过错是指担保人明知主合同无效仍为之提供担保,或者担保人明知主合同无效仍作为中介促成合同的订立等情形。[①]据此,担保人的过错并非对于主合同无效的过错,同时,作为从合同的担保合同无效系因主合同无效导致,而非其他原因导致,所以担保人对担保合同无效也不存在过错,即债权人得到合格担保人的机会落空并非因为担保人的过错。按照缔约过失责任原则和无效合同的处理原则,担保人对于债权人的损失不应承担赔偿责任。对于债权人的损失,债权人和债务人应当按照过错各自承担相应的责任。

---

① 最高人民法院民二庭著:《最高人民法院民法典担保制度司法解释理解与适用》,人民法院出版社2021年版,第210页;李国光、金剑峰、曹士兵等著:《最高人民法院〈关于适用《中华人民共和国担保法》若干问题的解释〉理解与适用》,吉林人民出版社2000年版,第73页。

至于担保人“明知或者应知主合同无效却提供担保，或者通过提供担保的方式促使主合同订立的”过错，只有在达到与债权人、债务人恶意串通的程度时，才需要承担缔约过失性质的赔偿责任。如果担保人的前述过错没有达到与债权人、债务人共同造成主合同无效的程度，则其对于主合同无效没有过错，而此时担保合同因为主合同无效而无效，故不能提供适格担保的责任不在担保人，不需要对其所谓“过错行为”进行评价，担保人无须对债权人或者债务人的损失承担赔偿责任。在担保人的前述过错达到与债权人、债务人恶意串通的程度时，有两点需要注意：一是实体上，此时由于主合同无效的过错可能是三方过错，担保人承担责任并非因为其担保人的角色，故不能将担保人的责任限定于“债务人不能清偿部分”的三分之一，成为可追偿的补充责任，而应该按照《民法典》第157条的规定，由各方当事人承担与过错相应的责任，此时担保人承担不可追偿的独立责任。二是程序上，《民事诉讼法司法解释》第109条规定恶意串通行为的证明标准要达到能够排除合理怀疑的程度，这高于一般民事诉讼中高度盖然性的证明标准。

（三）债权人与担保人均有过错但债务人无过错或者债务人与担保人均有过错但债权人无过错

此类主合同无效的过错不是债权人和债务人双方均有过错，而是债权人或者债务人单方有过错。例如，债权人采取欺诈、胁迫等手段，使债务人在违背真实意思的情况下签订主合同，或者债务人欺诈、胁迫债权人签订主合同。在债权人采取欺诈、胁迫等行为时，债务人可以撤销主合同，且无须承担主合同被撤销后的赔偿责任，债权人应当自行承担由此造成的损失。反之，在债务人采取欺诈、胁迫等行为时，债权人行使撤销权后，债务人应对造成的损失承担赔偿责任。

此时，如果担保人存在“明知或者应知主合同无效却提供担保，或者通过提供担保的方式促使主合同订立的”过错，应承担何种法律责任？当债务人无过错，只有债权人和担保人有过错时，债务人对于主合同无效不承担赔偿责任，债权人应自行承担责任，故不涉及“债务人不能清偿部分”是多少，即《担保制度解释》第17条第2款后半段“担保人有过错的，其承担的赔偿责任不应超过债务人不能清偿部分的三分之一”的规定无从适用。当债权人无过错，只有债务人和担保人有过错时，债权人对于主合同无效不承担赔偿责任，此时担保人“明知或者应知主合同无效却提供担保，或者通过提供担保的方式促使主合同订立的”过错，只有在达到与债务人恶意串通的程度时，才应由债务人和担保人根据过错对债权人的损失承担赔偿责任，担保人的责任不需要局限于债务人不能清偿的部分，减轻担保人的责任缺乏合理性，而且这种责任也可能远不止“债务人不能清偿部分的三分之一”，即《担保制度解释》第17条第2款后半段的规定也不能适用。此时担保人亦承担不可追偿的独立责任。也就是说，《担保制度解释》第17条第2款后半段的规定不能匹配司法解释制定者前述对于担保人过错的界定。

对于担保人的赔偿责任，如前所述，担保人的过错如果不能达到与主合同无效时的过错方恶意串通的程度，则主合同的无效与担保人无涉，此时从合同因主合同无效而无效，债权人不能得到合适担保人的责任不在担保人，故担保人无须承担赔偿责任。若担保人的过错达到与主合同无效时的过错方恶意串通的程度，则担保人对主合同无效有过错，应与有过错的债权人或者债务人向无过错方承担与自身过错相当的缔约过失责任，责任大小与“债务人不能清偿部分的三分之一”无涉。由于此责任并非来自担保人的角色，故为不可追偿的独立责任，实体上和程序上需要注意之处与前种类型相同，此处不再赘述。

有观点认为，担保合同附随主合同而失效的，担保人所需承担的责任应定性为侵权责任。[①]笔者认为，侵权责任的构成要件则为侵权行为、损害结果、两者之间的因果关系及主观过错。缔约过失责任的一般构成要件有三个：违反先合同义务、损害及两者之间的因果关系。[②]其中，先合同义务是指本着诚实信用原则，缔约当事人在订立合同过程中负有必要的注意、保护等附随义

---

① 秦铭悦：《论担保合同无效时担保人的法律责任》，西南政法大学2017年硕士学位论文。

② 杨代雄主编：《袖珍民法典评注》，中国民主法制出版社2022年版，第405页。

务。[①]先合同义务是一种行为义务，对于先合同义务的违反就包含对主观过错的评价。从担保人是否构成侵权责任来看，首先，虽然侵权行为法所要求的注意义务轻于缔约过失责任的注意义务[②]，但民法原理对于第三人侵害债权的构成要件要求严格，原因在于债权具有相对性，很难为债的关系之外的其他主体所知悉。因此，在第三人侵权的场合，对于第三人的注意义务仍然要求较高，在认定上比较困难。其次，即使认定担保人可以构成对债权人债权的侵害，则该侵权责任的前提是有合法债权存在，如果没有合法债权存在则不存在担保人侵害债权的可能。因此，只有在债权人无过错，而债务人和担保人恶意串通时，才可能成立担保人对债权人的侵权责任。此时，由于债务人有过错，否则主合同不会无效，按照侵权责任原理分析，担保人承担的责任也是与其过错相适应的赔偿责任，而不可能是司法解释所规定的“债务人不能清偿部分”的三分之一。鉴于此，此种定性结论与缔约过失责任相同，且适用难度高于缔约过失责任，故诉诸侵权责任说并无必要。

由此可见，即使发生侵权责任与缔约过失责任的竞合，无论是从缔约过失责任路径分析，还是从侵权责任路径分析，担保人的责任都不应是“债务人不能清偿部分的”三分之一。

综上，应将《担保制度解释》第17条第2款修改为：主合同无效导致第三人提供的担保合同无效，担保人无过错的，不承担赔偿责任。担保人对于主合同无效有过错的，其与债权人、债务人按照各自的过错承担相应的责任。

五、结语

《立法法》第119条、《人民法院组织法》第18条和《全国人大常委会关于加强法律解释工作的决议》是司法解释的法源基础，三者均规定审判工作中具体应用法律的问题由最高人民法院作出司法解释，且解释要符合立法的

① 王洪亮：《债法总论》，北京大学出版社2016年版，第65页。

② 韩世远：《合同法总论》（第四版），法律出版社2018年版，第171页。

目的、原则和原意。因此，司法解释在我国属于正式的法律渊源，具有普遍约束力。但是根据司法解释的制度功能，其只能解释法律，填补法律漏洞，不能创制新的法律规范，也不能与立法和法理相冲突，造成法律适用的不当。《担保法》和《民法典》对于无效担保法律后果作出了原则性规定，《担保制度解释》第17条及其前身《担保法解释》第7条、第8条是对该原则性规定的细化解释，实现了司法解释的制度角色，体现了司法解释的努力和担当，有利于统一法律适用，在我国整个法律体系的建立和完善过程中发挥了重要作用。但是，在强调对于纷繁复杂的司法实践具有可操作性的同时，司法解释对于两种无效担保的处理均存在违背法理和常识之处。对于主合同有效而担保合同无效，《担保制度解释》第17条第1款可能导致物保人须承担超过担保合同有效时的民事责任，使担保合同无效时债权人的待遇优于担保合同有效时的待遇，规定不当。对于主合同无效导致第三人提供的担保合同无效，如果担保合同无效与担保人过错无涉且担保人的过错不是对于主合同无效的过错，则担保人不应对债权人的损失承担民事责任。担保人要承担赔偿责任的条件是其过错须达到与主合同无效有关的程度，此时担保人的责任远非“债务人不能清偿部分的三分之一”这一可追偿的补充责任，而是依法承担与自己过错相应的不可追偿的独立赔偿责任。《担保制度解释》第17条第2款后半段给予担保人责任优待的规定亦属不当。因此，《担保制度解释》第17条的相关内容应进行相应的梳理和修改，以保证其合法正确，消除该解释意见与其他法律条文之间的体系矛盾。

共享经济时代“共享用工”的规制问题

张素凤　刘　航*

摘　要：共享用工作为灵活用工方式的一种，在我国已有十几年的历史。2020年的新冠疫情让它成为一种时兴的热门用工方式，在当下的共享经济时代，这种用工方式更是呈现类型多样化、用工长期化、应用范围扩大化的常态化发展趋势。但现阶段，我国缺乏对这种用工方式的专门规定，相关规定又存在效力层级低、内容不系统和不全面等不足，因而导致关于共享用工作为一种独立用工方式地位的规定缺失，用工主体间的法律关系性质模糊、权利和义务不清，用工管理责任、风险负担责任不明等问题。为规制共享经济时代的共享用工，我国立法部门可以通过编纂《劳动法典》或制定单行的专门法规《共享用工条例》来解决上述相关问题，从而让共享用工走得更远、行得更稳。

关键词：共享用工；共享经济时代；规制

一、问题的提出

共享经济作为一个术语，最早源于美国两位学者马库斯·费尔逊（Marcus

---

* 张素凤，安徽师范大学法学院副教授、法学博士、硕士生导师，研究方向为劳动与社会保障法。刘航，安徽师范大学法学院2021级民商法学硕士研究生，研究方向为民商法。本文为安徽省2018年度社会科学基金规划项目《新时代非典型用工关系研究》（AHSKY2018D05）研究成果。

Felson)和琼·斯潘斯(Joel Spaeth)于1978年提出的“合作性消费”概念;[①]作为一种经济现象,是随着大数据、“互联网+”等信息技术的发展而于近几年流行起来的。随着新组织、新业态、新模式的不断涌现,共享经济的内涵与外延不断延伸,共享的客体范围由知识、技术、资本扩展到能力、价值、服务,甚至是劳动力资源,由有形资产拓展到无形资产。共享经济改变了企业的雇佣模式和劳动力的全职就业模式,为劳动力创造了大量就业岗位,为企业创新了用工方式,有力地促进了市场经济发展。共享用工是共享经济的时代产物之一,[②]它通过跨企业进行员工余缺调剂,缓解了企业短期用工难题,提升了人力资源的利用效率。这种用工模式,让企业可以实现员工共享,人力互补,可以有效缓解企业用工压力,稳定劳动关系。[③]用工模式是否有法律依据?用工主体间的法律关系如何定性?三方主体间的权利义务如何划分?共享员工的权益如何保障?这种用工模式是否会“昙花一现”等问题已引起学界的探索和关注,不过,学者们并没有达成共识,相关问题也没有得到解决,因此,探讨共享用工的规制问题,对于保障和引导这种用工模式正常、有序发展具有很强的理论与实践意义。

二、共享经济时代对共享用工的规制需求

(一)共享经济时代共享用工呈常态化发展趋势

据国家信息中心近几年发布的《中国共享经济发展报告》,我国的共享经济呈现出巨大的发展韧性和潜力,市场规模持续扩大,在提升经济发展韧性和稳岗就业方面发挥的作用越来越明显,为我国的经济增长做出了重要贡

---

① Felson.M., Spaeth J.L,“Community Structure and Collaborative Consumption: A Routine Activity Approach”, American Behavioral Scien-tist, Vol. 21, No. 4(1978), pp. 614-624.

② 百度百科给共享用工的定义是:企业之间进行用工余缺调剂合作的一种有效方式,是“员工富余企业”与劳动合同制劳动者协商一致,在一定期限内将劳动者调剂到“缺工企业”工作,不改变“员工富余企业”与劳动者之间劳动关系的合作用工模式。

③ 郑建钢:《“共享员工”可缓解企业用工压力》,载《中国劳动保障报》2020年2月21日,第8版。

献。[①]中商研究院编写的《2020年中国共享员工行业市场前景及投资研究报告》显示，新经济领域在2019—2023年贡献的灵活用工人数增量占比将提升至64.7%，并指出，新经济为共享用工核心应用领域。[②]可见，在共享经济时代，共享用工作为一种灵活化的协调、配置闲置劳动力资源的用工方式，将会吸引越来越多的人参与到该行业中。当然，也有对这种用工方式的发展持怀疑态度，甚至质疑对其进行立法规制必要性的声音。如有学者认为，"共享员工"用工模式虽然非常灵活，但也具有临时性、不确定性。[③]还有学者主张，"共享员工其实是企业之间在这种极端特殊时期共渡难关的一种临时性措施，这种方式未来会不会成为发展方向，还有待观察"[④]。笔者在参加一次学术会议时，有位劳动法领域的学界大咖就与会者的发言点评时提出，"共享员工"不可能成为常态化用工方式，我们没有必要制定法律予以规制。笔者认为，这种观点有待商榷，在共享经济时代，共享用工正向常态化迈进，其发展呈现以下特点和趋势：

1.类型多样化、用工长期化

共享用工模式并不完全是新冠疫情期间的新生事物，早在十几年前，我国有些地区就已经通过共享用工的方式来适应企业的淡旺季需求。[⑤]如2006年，广东省江门市的电子、水暖卫浴、机械等产业集群与以农产品为加工原料的产业集群间就实行过员工调剂；2017年，保险行业开始实行跨行业合作，其行业协会联合公估、滴滴出行、蚂蚁金服以及多家保险企业成立了理赔服务

---

① 《中国共享经济发展报告（2022）》显示，2021年我国共享经济继续呈现出巨大的发展韧性和潜力，全年共享经济市场交易规模约36881亿元，同比增长约9.2%。《中国共享经济发展报告（2023）》指出，全年共享经济市场交易规模约38320亿元，同比增长约3.9%。

② 新经济领域，是指互联网平台、互联网家装、信息科技、电商/微商、新制造、新零售、新金融等。

③ 杨滨伊、孟泉：《多样选择与灵活的两面性：零工经济研究中的争论与悖论》，载《中国人力资源开发》2020年第3期。

④ 佚名：《"共享员工"，成为人力资源服务业的新风口，抑或仅是昙花一现？》，载简书网，https://www.jianshu.com/p/f2f40fd82312，最后访问时间：2022年6月14日。

⑤ 赵红梅、贾杰：《共享用工的性质、法律关系辨析与法律制度的构建完善》，载《中国劳动关系学院学报》2021年第6期。

共享平台，设立了一种叫“共享查勘员”的岗位，让网约车司机、外卖小哥都可以成为兼职的保险查勘员。无独有偶，2018年，美团、闪送、UU跑腿、快服务等公司则共同建立了共享配送联盟，实行配送员共享，配送员可以承接多家平台的单子，同时为几家平台服务。[①]2020年新冠疫情期间，类似于西贝与盒马之间“共享员工”的现象更是遍地开花。[②]据报道，截至2020年2月底，广东省各地人社局通过搭建用工调剂平台，已帮助重点物资生产企业调剂用工1.1万余人。[③]截至2020年5月底，浙江湖州人社局通过搭建企业用工余缺调剂对接服务平台，已累计吸引4465家企业参与用工调剂，帮助4700余名员工“共享”到新岗位工作。[④]

从共享用工的发展轨迹来看，最初的共享用工多是企业间的“直接借人”，主要是企业间的互帮互助。目前，共享用工的类型已呈现多样化，除了员工直接借调外，还增加了平台调配型（如京东、阿里、沃尔玛、苏宁物流等大型互联网企业建立了共享用工信息平台）、政府指导型（由政府发挥主导作用，直接建立共享平台或者引导企业建立平台），如北京推出“HELO共享员工服务”、广东建立24小时重点企业用工调度保障机制、安徽合肥建立“共享员工联盟”、浙江湖州成立“共享员工服务专班”。[⑤]就共享用工的时间而言，最初的共享用工往往是季节性的、临时性的，借用时间比较短，一般不超过3个月。目前，传统餐饮、酒店、旅游企业通常采用短期共享方式，用工时间一般在3个月以内；而互联网、广告企业通常采用长期共享方式，用工时

---

① 佚名:《1000名西贝员工去盒马“上班”：未来的你，可能不属于一家公司》，https://baijiahao.baidu.com/s?id=1658065743085439619&wfr=spider&for=pc，最后访问时间：2020年2月19日。

② 2020年年初，为自救，盒马和西贝开展合作，让1000名赋闲在家的西贝员工在接受简单的培训、检疫后到盒马上班，实行员工共享。

③ FESCO:《如何应用“共享用工”新模式，降低疫情对企业的影响？》，https://zhuanlan.zhihu.com/p/110984863，最后访问时间：2022年7月30日。

④ 羊召南:《破解“用工荒”与“闲得慌”——共度时艰的“共享员工”，下一站在哪里？》，http://szb.hz66.com/hzrb/html/2020-06/10/content_5_1.htm.，最后访问时间：2022年7月30日。

⑤ 李嘉娜:《常态化疫情防控时期共享用工存在的突出问题及治理机制研究》，载《中国劳动关系学院学报》2022年第1期。

间大多在3个月以上，有的甚至计划将员工转至输入企业就业。①

2. 应用范围扩大化

最初采用共享用工的行业较少，主要是受突发性、季节性生产任务限制的企业采用，如农产品加工、电子制造等。新冠疫情期间，共享用工在餐饮、酒店旅游、文娱、互联网等行业中不断突破，已从网络零售行业推广至物流、制造业等行业，从一线城市向二、三线城市拓展；共享员工由以低学历、低技能型的“蓝领”劳动力为主的局面向高学历、高层次的“白领”占比不断扩大的局面转变。相关调研表明，在互联网、广告、教育行业输出的“共享员工”中，本科学历占比达到42.5%、62.6%和45.9%，岗位涉及程序开发、平台运营、平面设计、行政管理等。②也就是说，参与共享用工的员工范围不断扩大。

这种用工模式，不仅在我国显示出强大的生命力，在域外也有其发展痕迹与空间。新冠疫情期间，为了缓解就业与工资支付的压力，一些企业不仅采取了适用于企业内部自救的“短时工作制”，③不同企业之间互助的“员工共享”也成为应对劳动力市场波动的重要就业方式。如由于订单需求不断增长、工人出现短缺，亚马逊公司提供更高的薪酬以招募自己的仓库员工完成全食超市（Whole Foods）的杂货挑选及包装工作。他们通过对现有的劳动力队伍进行重新分配，将许多仓库员工转岗杂货配送，来应对食品在线销售需求的激增。相关资料显示：在欧盟地区，共享用工早期集中在服务业，以共享低技能员工为主，现在不断拓展到专业技术领域，共享员工涉及技术专家、专业人士、行政人员等。④其中，匈牙利共享员工中的专家比例从2012年的7%

---

① 韩秉志：《共享员工火了，你愿意多个兼职吗》，https://baijiahao.baidu.com/s?id=16597717361680，最后访问时间：2020年7月28日。

② 韩秉志：《共享员工火了，你愿意多个兼职吗》，https://baijiahao.baidu.com/s?id=16597717361680，最后访问时间：2020年7月28日。

③ PUSCH T，SEIFERT H，“Stabilisierende wirkungen durch kurzarbeit”，Wirtschaftsdienst，Vol.101，No.2（2021），p. 100.

④ 涂伟：《加强劳动法律规范 化解共享用工风险》，载《中国劳动保障报》2020年6月13日，第3版。

增长到2015年的29%左右。①

通过梳理共享用工的产生及演进路径，我们可以发现，共享用工这种用工方式并不是疫情期间才出现的新鲜事物，也不是疫情期间的昙花一现，其发展经历了从线下到线上、从零散到规模化、从自发到组织化、从偶发到常态化的渐进式过程。目前，互联网、大数据、人工智能等现代新技术，为用人单位和劳动者之间的共享提供了更精准的供给与需求的匹配，为高效配置不同用人单位的员工提供了便利条件，使共享用工释放出更大的活力与生机，使其从疫情下的临时、无奈之举转变为灵活用工的新常态。随着共享经济、数字经济②、零工经济③的快速发展，这种用工模式的勃勃生机和强大生命力将会进一步显现，所以，我们有必要制定规范，让这种用工模式制度化、常态化。

（二）现行立法严重滞后

共享用工作为一种灵活化的新型用工方式，在我国劳动法领域中的规制是缺位的。就灵活用工而言，2008年实施的《劳动合同法》只规定了“劳务派遣”和“非全日制”两种用工方式；1995年劳动部《关于贯彻执行〈中华人民共和国劳动法〉若干问题的意见》针对员工借调问题，只作了非常原则性的要求（员工外借期间相关合同条款经双方协商可以变更）。2020年9月，人社部办公厅发布《关于做好共享用工指导和服务的通知》（以下简称《共享用工通知》），就共享用工明确了八个方面的意见。此外，地方人社部门也纷纷制定政策对此进行指引和规范，如北京、广东东莞、安徽合肥、四川成都、山东青岛等。但结合《共享用工通知》、地方意见以及部分地区的“共享员

---

① 李嘉娜:《常态化疫情防控时期共享用工存在的突出问题及治理机制研究》，载《中国劳动关系学院学报》2022年第1期。

② 数字经济是指一个经济系统，在这个系统中，数字技术被广泛使用并由此带来了整个经济环境和经济活动的根本变化。人民网人民科技官方账号:《什么是数字经济》，https://baijiahao.baidu.com/s?id=1701005910937043619&wfr=spider&for=pc，最后访问时间：2020年4月25日。

③ 零工经济，是指由工作量不多的自由职业者构成的经济领域，利用互联网和移动技术匹配供需方，主要包括群体工作和经应用程序接洽的按需工作两种方式。参见MBA智库百科，https://wiki.mbalib.com/wiki/，最后访问时间：2020年4月25日。

工”案例，笔者发现，现行规制尚存在以下问题。

1. 明确共享用工作为一种独立用工方式地位的规定缺失

共享用工无疑是一种新型的灵活用工模式，和共享单车、共享医疗等一样，是共享经济背景下诞生的一种新事物。至于这种用工模式是否合法，从国家及地方发布的政策文件来看，官方对这种用工方式是鼓励和支持的，等于默认了这种用工方式的合法性。但这些文件只是政策性的、指导性的，效力层次低，我国目前尚无较高层次的法律明确“共享员工”的合法性以及作为一种独立用工方式的地位。这会引发以下问题：第一，用工方式的界定分歧。关于“共享员工”的性质，代表性观点有两种，第一种观点认为，共享用工的本质是员工借调。[①]第二种观点认为，共享用工的本质是劳动合同的变更。[②]人社部《共享用工通知》也持这种观点。《共享用工通知》规定：共享用工不改变劳动者与原企业之间的劳动关系，实质是原企业与劳动者之间劳动合同的变更。第二，法律适用的困惑。这种用工模式也具有临时性、短期性，与劳务派遣用工、非日制用工等灵活用工有相似之处，因此，当三方主体产生用工纠纷时，究竟适用《劳动合同法》中的哪种用工规则不明确。第三，共享用工的滥用。由于缺乏明确的法律规定，目前实践中已出现了“假借共享用工进行变相劳务派遣、假借劳务派遣进行变相共享用工”的滥用现象。性质界定的统一、法律适用的明确以及不当用工现象的减少与预防，都有赖于立法赋予“共享员工”以独立的合法性用工地位。

2. 三方主体间的法律关系性质模糊

在共享用工方式中，存在原企业、共享员工、缺工企业三方主体，[③]因而有必要厘清原企业与缺工企业、共享员工与原企业、共享员工与缺工企业等

---

① 向佐春：《“共享员工”常态化与乡村产业集群用工机制创新——以江门市为例》，载《五邑大学学报（社会科学版）》2020年第4期。

② 李帛霖：《共享员工视角下企业借调用工的本质及效力认定》，载《中国人力资源开发》2021年第9期。

③ 人社部《关于做好共享用工指导和服务的通知》将“共享员工”用工方式中的两家单位称为“原企业”和“缺工企业”。

三个不同层面的法律关系。但有关三方主体间的法律关系问题，在现有劳动法规以及人社部《共享用工通知》中找不到相应规则。实践中已经出现因原企业倒闭、缺工企业继续用工，员工主张与缺工企业存在劳动关系的争议，法院最后认定自原企业倒闭之日起，共享的员工与缺工企业存在事实劳动关系。[①]但理论界的学者对此有不同的认识，有学者认为，“供工单位与共享员工之间存在实体可消失劳动关系，缺工单位与共享员工之间存在虚实可转换劳动关系”[②]；有学者主张，要基于“双重劳动关系”的路径和架构来规制共享员工与原单位及缺工单位之间的关系。[③]为消除这种理解分歧、减少劳动关系确认争议，有必要通过立法明晰三方主体间的法律关系性质。

3.三方主体的权利、义务不清

由于现行劳动法规对“共享员工”三方主体间的法律关系性质没有明确规定，继而“共享员工”中三方主体的权利义务也模糊不清。如员工共享期间，其劳动报酬由谁支付？社会保险由谁缴纳？如由缺工单位支付，缺工单位是否需要遵守同工同酬原则？员工能否向缺工单位主张加班工资、休息休假？员工在缺工单位的工作时间能否计算为在原单位的工龄？原单位是否需要继续依据《工资支付暂行规定》给员工发放停工期间的生活补助费？员工能否主张双重劳动报酬？员工是否享有任意辞职权等？以上问题在法律规定缺位的情况下，只能依赖原企业和缺工企业之间签订的合作协议来约定，但目前很少有两家企业间的协议能够面面俱到；很多员工也都表示“没想那么多”或者“不清楚”。因为不知晓或知之甚少，所以，事先也很难考虑周到。据某课题组的问卷调查，大众听说过“共享员工”用工模式概念的人数比例仅为26%，对其相

① 人力资源和社会保障部、最高人民法院《关于联合发布第一批劳动人事争议典型案例的通知》(人社部函〔2020〕62号)。

② 赵红梅、贾杰:《共享用工的性质、法律关系辨析与法律制度的构建完善》，载《中国劳动关系学院学报》2021年第6期。

③ 范围:《从“一重劳动关系”到“双重劳动关系”：共享用工规制路径的重构》，载《环球法律评论》2022年第4期。

关政策和制度的知晓率更低。①所以，不能仅仅依赖“共享员工”的三方主体将他们间的权利、义务约定清楚，还应该有法律的明确规定。

4.用工管理责任、风险负担责任不明

在共享用工模式中，因为共享员工同劳务派遣工一样，实际上也有两个雇主，因而也随之产生了以下问题：原企业与缺工企业分别要对共享员工尽怎样的管理责任？共享员工的日常管理、工作管理由哪家企业负责？员工除了要遵守缺工企业有关工作的管理制度之外，是否还需要遵守其他的人事管理制度？在共享期间，共享员工产生的工伤责任、侵权责任等用工风险由谁承担？按人社部《共享用工通知》的规定，以上问题可以参照适用劳务派遣用工的相关规则。但这只是法律规定缺位情况下的权宜之计，不能一直使用。因为，第一，关于“共享员工”，尽管目前法律未予明确，但从实际用工特点来看，它与劳务派遣有着很大不同，是两种不同的用工方式，所以具体用工规则不能完全相同。第二，在缺工企业，如果员工因职务行为致第三人损害，其侵权责任由哪家企业承担？对于这个问题，《共享用工通知》没有涉及。

综上所述，我国目前在共享用工的规制方面还存在诸多问题。当然最根本的问题是，劳动法领域属于较高层次的《劳动法》《劳动合同法》关于灵活用工的规制种类偏少、范围狭窄，对共享用工的规制更是空白。所以，目前只能依赖人社部、地方政府发布的文件进行“江湖救急”。由于是依赖人社部、各地方政府发布的政策性规定对共享用工进行指导，所以，其规范的效力层次低，且内容简略，缺乏系统性、可操作性，这种状况亟待改变。

三、共享经济时代规制共享用工的路径与措施

有研究者表示，他们非常看好共享用工模式的进一步发展，认为这一模式可能成为未来用工的新趋势之一，前景十分广阔。据预测，到2025年我国灵

① 范思咏、周婧欣等：《大众对共享员工模式的态度调查研究》，载《现代商业》2022年第4期。

活用工行业市场规模将突破1600亿元。[①]此外，根据《中国共享经济发展报告(2023)》，共享经济将成为我国扩大内需的重要抓手，同时，国家也将会建立起相关治理规则和制度确保其规范发展。共享用工在经过一段时间的无序发展之后，也应该逐步走向规范化、制度化，让这种用工模式走得更远。[②]

(一)规制路径

1.远期规划：制定《劳动法典》

为了更好地应对共享经济时代共享用工常态化、平台化的发展趋势，我们必须解决前文所说的共享用工相关规定缺位、效力层级低等问题。因此，最佳且能彻底、全面解决相关问题的路径便是编纂《劳动法典》。关于法典编纂，习近平总书记指出，民法典为我国其他领域的立法法典化提供了很好的范例，我们要总结编纂民法典的经验，在条件成熟时，适时推动相关领域的法典编纂工作。[③]因此，在当前时期，吸收和借鉴《民法典》制定的经验，研究、探讨编纂《劳动法典》既是我国新时代法治建设的新任务，也是劳动法律部门面临的现实问题，[④]是提高劳动立法质量、树立劳动立法权威，提升劳动法律位阶、弥补劳动法律规范不足，维护劳动法律规范统一，实现劳动法律规范体系化、立法科学化的必由之路。[⑤]通过制定《劳动法典》，一方面可以适时增补关于特殊用工模式问题的规定，补缺补差；另一方面可以极大提升现行相关规定的效力层次，实现相关规定的系统性。至于劳动法典如何编纂，学者们提出了不同意见，如有学者提出，劳动法典的编纂，应根据我国国情和法治特色，采取“先补齐单行法、后编纂劳动法典”的“两步走”

---

① 中商研究院编:《2020年中国共享员工行业市场前景及投资研究报告》，https://www.askci.com/news/chanye/20200413/1421471159142_3.shtml，最后访问时间：2022年6月15日。

② 吴学安:《让“共享员工”走得更远》，载《人民政协报》2020年2月17日，第6页。

③ 参见习近平总书记在2020年11月16日中央全面依法治国工作会议上的重要讲话《坚定不移走中国特色社会主义法治道路　为全面建设社会主义现代化国家提供有力法治保障》。

④ 沈建峰:《立足劳动者权益维护推动劳动法法典化》，载《工人日报》2022年3月21日，第5版。

⑤ 林嘉:《论我国劳动法的法典化》，载《浙江社会科学》2021年第12期。

战略；[①]有学者则主张，制定劳动法典的思路应当是编纂劳动法典与完善单行法同步进行。[②]这个问题有待进一步探讨和研究。

2.近期任务：制定规范“共享用工”的单行法规

笔者认为，为规范共享经济时代的共享用工问题，当务之急是应由国务院或人社部制定一部专门的单行法规《共享用工条例》，对共享用工的地位、三方主体间的法律关系、权利义务等问题作集中、系统、全面的规定。虽然就技术角度而言，《劳动法典》的编纂应该是总则在先、分则在后，因为总则统领分则，分则必须与总则保持一致。但这并不影响在编纂《劳动法典》过程中，及时就劳动法体系中某个急需、条件成熟的领域制定或修改某个单项法规。而且《劳动法典》的制定同《民法典》的编纂一样，都是一项系统浩大的工程，不可能一蹴而就，从研究探讨、提出修法建议、列入立法规划、草案公布到最后表决通过，将会是一个比较漫长的过程，《民法典》从研讨修订到最后问世，经历了几十年时间，而我国的劳动法规，大部分制定于市场经济确立的初期，有的甚至颁布于计划经济时期，很多规定已经无法适用于当下的共享经济、数字经济、零工经济等，严重滞后，急需调整、更新、增补。所以，笔者主张，劳动法领域近期的立法任务应为先修订、完善一些单行法规，如修订《劳动合同法》，制定《劳动基准法》《工资支付条例》《共享用工条例》等。

（二）具体措施

针对前文所述的立法现状，结合我国当前共享用工中出现的问题，就共享用工的规制，《共享用工条例》应解决以下问题。

1.赋予“共享员工”以合法、独立的用工地位

随着市场经济的快速发展与科学技术日新月异的进步，用工形式由传统的标准化向非典型的灵活化、多元化发展已成事实，我们应该通过正式的立

---

① 林嘉：《论我国劳动法的法典化》，载《浙江社会科学》2021年第12期。

② 钱叶芳：《劳动法典的制定与劳动权利的实现》，载《东方法学》2021年第6期。

法对其进行确认和规范，而不是仅仅通过制定政策加以默认。“共享员工”不仅在一定程度上解决了因疫情带来的劳动关系稳定难题，还可以为我们应对其他用工问题提供切实可行的解决思路，它将“有助于解决劳动力在不同产业之间供求不平衡的问题，可以平抑季节用工带来的结构性失业”[①]。所以，通过新增立法赋予“共享员工”以合法、独立的用工地位，不仅是对它的正式承认，还可以鼓励其成为我国未来人力资源供给的新常态，让它进一步发挥稳就业、保民生的推动作用，成为灵活用工领域的新风向。此外，立法赋予其合法、独立用工地位以后，还可以解决目前实践中的法律适用困境以及滥用现象。“共享员工”不仅与劳务外包、劳务派遣、非全日制等用工有着差异，与最为相似的“员工借调”在适用范围、待遇支付主体方面也有着很大不同。[②]而且“员工借调”作为一种用工方式在我国也没有得到广泛承认，目前主要被国家机关、事业单位、社会团体等单位采用，是一种“体制外、制度外的人才流动和公务协助方式”，[③]不具有正式性、规范性，其操作也缺乏法律规范的支撑，导致“借调”问题乱象丛生。[④]所以，我们要通过增补新的法规，正式赋予“共享员工”独立的用工地位，把“共享员工”和其他相似用工方式明确区分。用工名称建议就采用《共享用工通知》中的“共享用工”，此名称既能涵盖这种用工的所有形式，又非常契合当前的共享经济社会发展趋势。

2.界定三方主体间的法律关系性质

员工共享期间，员工和原企业、缺工企业的关系性质必须首先界定明确，这是规制其他具体问题的前提和基础。这个问题，目前让很多人感到困惑。上文已述，学者们对此有不同的理解，缺工企业一般坚决否认与共享员

---

① 杨文悦：《共享员工模式的性质界定与发展前景分析》，载《特区经济》2022年第5期。

② “共享员工”与“员工借调”的不同之处：在适用范围方面，员工借调一般适用于机关、事业单位和关联企业内部；而“共享员工”则可以适用于所有用人单位，目前主要是企业之间在共享员工。在待遇支付主体方面，借调员工的工资福利待遇基本上仍然是由借出单位负担，而共享员工的工资待遇不管由哪家企业支付给员工，实际上最终都是由输入企业支付的。

③ 杨建顺：《借调干部尴尬处境透视》，载《人民论坛》2009年第11期。

④ 吴元中：《“借调”乱象应早日规范》，载《济南日报》2015年4月1日，第2版。

工之间存在劳动关系，如在西贝与盒马的合作共享中，盒马虽与借用的西贝员工签订了劳务合同，但其负责人却否认与这些员工之间存在雇佣关系，坚称“这种合作只是一种临时的过渡措施”。[①]笔者建议，未来的《共享用工条例（办法）》可以对三方主体的法律关系作出如下界定：①原企业、缺工企业之间是民事法律关系，双方在合作之前，要签订合作协议，就员工共享的岗位、人数、期限，用工风险承担，以及员工的培训、待遇等问题作出约定。②共享员工和缺工企业之间，建立的是劳动关系。因为，依据我国《劳动合同法》第10条的规定，劳动关系从用工之日起建立，所以，劳动关系的建立依据，不是劳动合同，而是实际用工。而且，2010年最高人民法院发布的《关于审理劳动争议案件适用法律若干问题的解释（三）》也已经突破了传统的单一劳动关系理论的限制，规定劳动者可以同时和几家单位建立全日制的劳动关系。[②]③共享员工和原企业之间，劳动关系依然存续。因为双方并没有解除劳动合同，只不过在和缺工企业合作期间，和共享员工之间的劳动关系暂时中止。根据劳动部《关于贯彻执行〈中华人民共和国劳动法〉若干问题的意见》以及一些地方法规的规定，在劳动关系存续期间，如果用工双方遭遇一些客观履行障碍，劳动合同可以中止履行。

3.划分三方主体间的权利、义务

三方主体间的法律关系性质界定明确之后，其各自享有的权利、承担的义务自然也就容易划分了。第一，就原企业而言，在员工共享期间，和共享员工的劳动关系暂时中止，因此，它无须再承担共享员工的工资支付、社保缴纳等义务，也无须按照相关规定向共享员工支付停工工资及生活费。第二，就缺工企业而言，它和共享员工建立的是劳动关系，因此，应承担《劳动合同法》中

---

① 巴九灵：《“共享员工”来了：西贝1000名员工去盒马上班》，https://baijiahao.baidu.com/s?id=1658157544875137961&wfr=spider&for=pc，最后访问日期：2022年6月17日。

② 最高人民法院《关于审理劳动争议案件适用法律若干问题的解释（三）》第8条：“企业停薪留职人员、未达到法定退休年龄的内退人员、下岗待岗人员以及企业经营性停产放长假人员，因与新的用人单位发生用工争议，依法向人民法院提起诉讼的，人民法院应当按劳动关系处理。”该司法解释已失效。

规定的所有用人单位的义务，除了遵循同工同酬原则向共享员工支付劳动报酬、缴纳社会保险费以外，还应按照劳动基准法的规定给予共享员工休息、休假，安排加班的，支付相应加班费等。第三，就共享员工而言，首先，他（她）不可以主张共享期间的双重劳动报酬，笔者认为那种认可原企业继续向共享员工支付工资的合理性的裁决①是错误的。其次，作为一名劳动者所享有的所有劳动法上的权利，他（她）只能向缺工企业主张，包括工龄计算，因为他（她）和原企业间的劳动关系已中止。最后，共享员工也享有任意辞职权，他（她）如果不想在缺工企业继续工作，也可以提前30天通知缺工企业解除这种共享用工关系。第四，缺工企业无须向原企业支付任何报酬和费用，否则，“共享员工”的共享行为就等同于劳务派遣了，而原企业实际上也无派遣资质。而且，两家单位之间是一种互利互惠的合作，双方皆从这种合作中解决了自己的难题，摆脱了经营困境，所以，也无须其他报酬的支付。

4.明晰用工管理及风险责任的承担

鉴于员工共享期间，共享员工与原单位的劳动关系中止，因而，对共享员工的日常管理、用工过程中的管理、人事的管理均应由缺工企业负责，共享员工在工作过程中发生意外伤害的工伤风险，致第三人损害的职务侵权责任风险也应由缺工企业承担。因为，在此期间，缺工企业是共享员工的实际雇用人，理应承担作为实际雇主的责任。但如果缺工企业没有为共享员工参保，导致共享员工不能依法享受工伤待遇的，原企业应与缺工企业一起承担连带责任。笔者认为，原企业在选择合作对象时有相应的注意审查义务、督促义务，即选择用人正规的单位合作，并督促其规范使用共享员工，在合作协议中事先就共享员工的权益保障作出要求和约定。此外，未来立法在规定缺工单位的管理责任时，应格外强调，共享期间，共享员工的工资应由缺工单位直接支付给共享员工本人，而不是像西贝和盒马之间的共享那样（盒马发给劳动者的工资，是由西贝经手），否则和劳务派遣用工模式难以区分，也容易导致共享员工的工资被原单位私下截留或侵占。

---

① 广东省江门市江海区人民法院民事判决书（2020）粤0704民初2233号。

四、结语

共享用工，作为调剂员工余缺的一种新型用工模式，已经帮助很多企业解决了用工危机，减少了员工失业，稳定了劳动关系，随着共享经济的发展，这种灵活用工模式的价值与活力将进一步显现，并成为我国灵活用工领域的新常态。作为劳动用工方式的一种，共享用工也需要相关制度规定作为法律依据和法治保障。然而，我国现阶段的相关立法却没有跟上用工模式的发展与变化，难以适应共享用工模式的发展需要。建议我国相关部门通过编纂《劳动法典》或制定单项法规《共享用工条例》，为共享经济时代共享用工的发展保驾护航。

论司法与公正的不解之缘

雍自元*

摘　要：司法是国家司法机关依法适用法律处理案件的专门活动。"得其应得"是公正的本质要义。司法是人类追求公正的理性选择，司法应矫正公正的需要而产生，司法是对法律公正价值的演绎。公正关系到司法机关的公信力、影响司法人员的前途命运。公正与司法如影随形，公正应是司法主体的自觉选择。

关键词：司法；公正；逻辑关联；内在需要

在西方，司法与公正同出一源。外文中的"justice"有三种意思，一为正义（公正）、公平、正当等；二为司法；三为法官。中文中，司法和公正区别较大，但司法同样涵盖实施法律、解决狱讼、体现公正的含义。[①]党的十八大报告将公正司法与科学立法、严格执法、全民守法作为全面推进依法治国的新十六字方针。习近平总书记多次提出，司法机关"要努力让人民群众在每一个司法案件中都感受到公平正义"[②]。党的二十大报告强调，公正司法是维护社会公平正义的最后一道防线。那么，我们不禁要问，为何司法与公正如影随形？公正为何与司法有不解之缘？只有厘清司法与公正之间的内在逻辑关

---

* 雍自元，安徽师范大学法学院副教授、法学博士、硕士生导师，研究方向为刑法学、法学理论。本文为2021年度安徽省高等学校人文社会科学重大项目《论习近平对司法公正理论的创新与发展》（SK2021ZD0018）研究成果。

① 陈光中、崔洁：《司法、司法机关的中国式解读》，载《中国法学》2008年第2期。

② 习近平：《论坚持全面依法治国》，中央文献出版社2020年版，第22页。

系，认清它们之间的本质联系，才能提升司法机关践行公正的自觉性和积极性，从而真正落实习近平总书记“让人民群众在每一个司法案件中都感受到公平正义”的要求。

一、何谓公正

什么是公正，自古聚讼纷纭。可能“一个人有一个人的理解”①，尽管如此，人们对公正还是存在一些基本共识。

亚里士多德说过：一个人做了什么就得到什么回报，才最公正。②古罗马著名法学家乌尔比安认为，公正“乃是使每个人获得其应得的东西的永恒不变的意志”。美国现代著名法理学家博登海默指出，给每个人以其应得的东西的意愿乃是正义概念的一个重要的和普遍的有效组成部分，没有这个要素，公正就不可能在社会中盛行。③马克思虽然没有给公正下过定义，也没对它作出专门的说明，但是，我们可以推断，他在使用这一概念时可能是沿袭了当时人们的一般用法，即也用正义指称“给每个人以其应得”。④因为他在谈论公正时，大多数将其与分配联系在一起，即把“一定的道德体系所认可的对社会成员之权利和义务的恰当分配”⑤视为公正。综上所述，人们对于公正的本质要义存在一个较为集中的基本认识。即公正是人与人之间、个人与社会之间关系的均衡合理，是个人之所得就是其应得，或者说公正就是“得其应得”。

在我国，将“得其应得”视为公正也早已有之。孔子曰，“义者，宜也”，⑥即“义”就是合宜，不过之，也无不及，“过分”与“不够”都不是合

---

① 《马克思恩格斯选集》(第3卷)，人民出版社1995年版，第212页。

② [古希腊]亚里士多德：《尼各马可伦理学》，廖申白译，商务印书馆2003年版，第141页。

③ [美]埃德加·博登海默：《法理学法律哲学与法律方法》，中国政法大学出版社2004年版，第277页。

④ 段忠桥：《历史唯物主义与马克思的正义观念》，载《哲学研究》2015年第7期。

⑤ 程立显：《伦理学与社会公正》，北京大学出版社2002年版，第45页。

⑥ 《礼记·中庸》。

宜，也就是不公正。以此观之，公正就是适中与适宜，是两个极端之间的“中道”。北京大学的王海明教授从正反两个方面指出“公正就是给人应得，就是一种应该的回报或者交换……所谓不公正，就是给人不应得，就是一种不应该的回报或交换”。[①]中央党校的吴忠民教授也认为，所谓社会公正就是给每个人他（她）所应得。[②]“得其应得”也是我们党和国家对公正的基本认识。习近平总书记说过，所谓公正司法就是受到侵害的权利一定会得到保护和救济，违法犯罪一定要受到制裁和惩罚。[③]这是对公正“得其应得”本质要义的精准把握和深刻揭示。

“得其应得”之所以被古今中外作为公正的本质要义，根本原因在于它符合人类朴素的公正观念。《圣经旧约全书·申命记》中的“以眼还眼，以牙还牙，以手还手，以脚还脚”被广为接受。中国自古也把“杀人偿命，欠债还钱”视为天经地义。现代社会中，责任大小与违法程度相匹配，罪责刑相适应也已经得到普遍认同。

二、司法及其性质

司法在我国古代是一种官名，“司”为主管、操作之义，司法的职责在于依据刑法审理案件。两汉有决曹、决曹掾，主刑法，唐制在府曰法曹参军，在州曰司法参军。[④]现代意义上的司法已经不限于刑事案件审理。《现代汉语词典》将“司法”解释为：公安机关、人民检察院和人民法院按照诉讼程序应用法律规范处理案件。作为一项国家机关的专门适用法律的活动，司法具有鲜明的特性。

---

① 王海明:《新伦理学》，商务印书馆2008年版，第772页。

② 吴忠民:《走向公正的中国社会》，山东人民出版社2008年版，第13页。

③ 习近平:《论坚持全面依法治国》，中央文献出版社2020年版，第22页。

④ 陈顾远:《中国法制史概要》，商务印书馆2011年版，第121—122页。

（一）司法的政治性与社会性

恩格斯说，一切法律设施本来都具有政治性质，[①]司法的政治性概莫能外。司法属于上层建筑的重要组成部分，它通过对案件的裁决，促进社会稳定，达到维护经济基础和统治秩序的目的，司法人员对此应有清醒的认识。曾经担任过最高人民法院院长的谢觉哉先生说，我们的司法工作者一定要懂政治，不懂政治绝不会懂法律，司法工作者若不懂政治，有法也不会司。[②]西方国家中司法的政治色彩同样鲜明。美国总统罗斯福说过："一个联邦最高法院的法官，如果他不是任何一个政党的成员，一个具有建设性的政治家，那么他将不适合他的身份和职业。"[③]在英国，法官表面上是由首相提名英王任命，但实际上首相是在征求本党意见之后才得以提名。在法国，总理为当然的最高行政法院院长，不与总统对抗，审判不超过执政党统治秩序的范围则是一条不成文的规定。司法的政治属性必然要求司法活动服务于政治需要，维护政治利益。从一定意义上说"司法是穿法袍的政治"。[④]

司法不仅具有政治性，也具有社会性。作为一种社会解决纠纷的机制，司法是现代社会治理中不可缺少的一个环节和手段。司法的主要职能在于解决社会活动中的各种纠纷。通过司法手段化解社会矛盾，定分止争，修复受损害的社会关系，恢复正常的社会秩序。进言之，在社会治理体系中，司法机关充当的是后防人员和消防队员的角色，发挥着减震器的功能。司法对于保障公民个人权利不受非法侵害，维护社会和谐与安宁，进而维护社会的稳定与发展发挥着不可替代的作用。正如习近平总书记所指出的，公正司法是维护社会公平正义的最后一道防线。[⑤]

---

① ［德］马克思等：《马克思恩格斯全集》（第1卷），中共中央马克思恩格斯列宁斯大林著作编译局译，人民出版社1956年版，第697页。

② 《谢觉哉同志在司法训练班的讲话（摘要）》，载《人民司法》1978年第3期。

③ 封丽霞：《政党与司法：关联与距离——对美国司法独立的另一种解读》，载《中外法学》2005年第4期。

④ 王晨：《司法公正的内涵及其实现》，知识产权出版社2013年版，第64页。

⑤ 习近平：《论坚持全面依法治国》，中央文献出版社2020年版，第22页。

(二)司法的专业性和专属性

司法是一项专业性活动。早在500多年前,英国首席大法官柯克就诠释了司法的专业性:"……诉讼案,不是依据自然理性来判定,而是由人工理性和法律来断定,而且法律是一门艺术,在一个人熟知法律之前,需要长时间的学习和实践。"[①]我国古代,从大司寇孔子到后来的科举取士高中者兼理地方司法,也都说明司法的主体不是普通民众,而是通晓法律的专业人员。这是因为,司法是一个运用抽象法律处理具体案件的过程,司法主体需运用法律思维认定当事人的行为性质是否符合法律规范、当事人是否该享有权利和承担义务、是否该承担法律责任,如何承担法律责任等问题。司法案件处理具有专业性和技术性,没有专门的法律知识积累和实践能力训练是不可能正确司法的。正如习近平总书记所指出的,司法活动具有特殊的性质和规律,司法权是对案件事实和法律的判断权与裁决权,要求司法人员具有相应的实践经历和社会阅历,具有良好的法律专业素养和司法职业操守。[②]没有这些能力,司法活动无法开展。为此,世界各国一般都要求司法从业者必须经过法律专业知识学习,通过严格的法律执业资格考试,才能获取相应的法律执业资格,这正是司法专业性的体现。

司法的政治性和专业性决定了它必须由专门的国家机关负责,而不能由其他人或者组织代为行使,这已经成为世界各国的共识。

(三)司法裁决的强制性与权威性

司法以国家强制力为后盾,司法机关是国家专门的法律适用机关,正因如此,司法裁决具有权威性和强制性。这就意味着,司法裁决一旦生效,当事人必须服从,不执行裁决,就要承担对其不利的法律后果。

---

① [美]罗伯特·N.威尔金:《法律职业的精神》,王俊峰译,北京大学出版社2013年版,第60页。

② 习近平:《论坚持全面依法治国》,中央文献出版社2020年版,第61页。

三、司法为何要公正？

公正与司法具有与生俱来的逻辑关联和本体联系，可谓密不可分。

（一）公正与司法的逻辑关联

1. 司法是人类诉求公正的理性选择

公正是人类共有的情感和价值追求，追求公平正义是人类与生俱来的天性。正所谓“公道自在人心”，人类践行正义的志趣，乃是代代发展出来的天生性格特征，业已成为人类的重要组成部分。①然而在人类生活的地方，侵犯与损害时常发生，如果侵害者得不到处罚或者得到的惩罚不恰当；如果受害者得不到救助，即“得非应得”，人们的公正情感就会受挫，不满情绪迸发，进而可能引发社会矛盾的升级与扩大，这将成为危害社会安宁与秩序的巨大隐患。和平的生活环境是人的普遍期待，是孟德斯鸠所主张的第一条自然法则，为此，社会需要对受到损害的权利进行救济，对侵害者施以处罚，将公正矫正归位是人们的自然愿望与正常需求。

在社会关系比较简单的年代，矫正公正可以通过个人或家族组织的调解活动得到实现，或是当事各方采用同态复仇、乡规民约的方式私力解决，但是随着人口流动的日益频繁、经济形式的多样化，人际关系的复杂化，人们之间的矛盾和纠纷也大量增多，公正遭到破坏的情形增加，个人矫正已经力不从心。而如果任由血亲复仇，私力救济等非理性方式解决争端，必然使社会关系修复困难，社会秩序遭受重创，殃及社会稳定，因此，建立一种有效的、有权威的、和平的矫正公正的机制成为社会的共同期待。易言之，社会需要一个真正公正的主体，依据真正公正的标准来消除争议。在人类进入文明社会后，司法应运而生。

---

① ［美］保罗·罗宾逊、莎拉·罗宾逊：《海盗、囚徒与麻风病人：关于正义的十二堂课》，北京大学出版社2018年版，第88页。

与其他矫正方式相比，司法的优势明显。一方面，司法由专业人员依据理性的、明确规定权利和义务的法律准则作出裁决，而且它由国家强制力作为后盾，裁决具有不容置疑的效力。这种权威性使它能够担任裁断是非的角色，担当起矫正公正最后手段的重任。另一方面，司法矫正契合“得其应得”的公正本质。任何社会冲突都是对某一社会公正原则的扭曲与破坏，每一次侵权、违法、犯罪实际上是对“得其应得”的公正本质的破坏。司法通过确权、剥夺、补偿、救助等手段，对被扭曲的权利与义务进行重塑，使公正复位。法官的任务就是将一方多占的那部分截下，补给受到损害的一方，恢复均衡。具体而言，通过刑事裁决，司法机关对犯罪人定罪量刑，剥夺其权利，给予其刑罚处罚，使其罪有应得，伸张了正义，满足人们的公正诉求；同时，司法机关通过惩罚犯罪人，能使受害人的权利获得救济，使其心灵得到抚慰，损失获得赔偿，在物质和精神上还其于公正。在民事和行政案件处理中，司法机关明确与界分纠纷双方的权利和义务，要求当事人履约担责，各方“得其应得”，实现公平正义。

由此可见，司法是人们为满足公正的诉求和避免更大程度的社会伤害而作出的理性选择。司法从产生之日起就被人们寄托了对于公正的无限期待，它为恢复公正而生，为矫正公正而设。司法与公正之间这种关系并不是现代社会所独有，而是文明社会的共同特征，从这种意义上说，公正与司法具有不解之缘。

2. 司法公正是对法律公正价值的演绎

人类历史上，学者们围绕着法是否应该公正，公正是不是法的终极价值展开过激烈的论争。本文认为，公正是法的精髓，更是法之为法，发挥其功能的前提。

在中国，古“法”字写作“灋”，《说文解字》中对“灋”的解释是“刑也，平之如水，从水，廌所以触不直者去之，从去”。三点水即为不偏不倚，公平正直的象征之意，“廌”则是一只深谙公正的神兽，遇作奸犯科者即用角刺之。可见，我国古代“法”是公正的基本表达。在西方，对法律公正价值的认同度同样很高。古罗马法学家西塞罗指出，一个人要求助于正义，就去诉诸法律是人们从孩提时代就知道的谚语。在查士丁尼主持编写的名著《法学阶梯》中有言，如果为打算学习罗马法的人指点迷津，那就必须首先了解法的称谓从何而来，它来自正义。易言之，法是善良和公正的艺术，公正是法的价值所在。马克思也说过，法典就是人民自由的圣经，法律应该是将正义与良善的价值注入其中的“真正的法”，它以保障人民的自由与平等为根本内容，否则，即使经过国家法定程序颁布，也只是具有法的形式，仍然无法取得“法”的资格。

不仅如此，公正也是法之为法，进而发挥其功能的前提。作为社会治理的重器，法的主要功能在于规范、指引公民行为，保障公民权利和维护社会秩序。而这些功能的发挥建立在民众守法的基础之上。法律之所以有效，全在于民众的服从。但众所周知，民众并不可能了解所有的法律，很多时候，他们遵守的是内心深处自己对公正的认知。因此，只有公正的法律才能契合人们的认知，才能得到遵守，成为具有实效性的真正意义上的法。亚里士多德说过：法治不仅因为公民恪守已颁布的法律，而且意味着公民们所遵守的是良法。[①]中国自古即有：“立善法于天下，则天下治，立善法于一国，则一国治”的古训。良善之法必然是满足“得其应得”的公正之法。“一旦法律有效性失去与正义之诸方面的联系……法律的认同也就必然会分散瓦解。”[②]这样的法律最终只有被抛弃与废除的命运。

综上所述，公正是法律的价值蕴含，是法律的代名词。但徒法不足以自行，法律价值与功能的发挥依赖司法的适用，法律借由司法才能落地生根，被人们认识与认同，熟悉与遵守。易言之，社会公众对法律的信仰，并不是对静态的法律条文的信仰，而是对法律人所表达的“活的法律”的信仰。[③]离开司法的法律只是纸上的法，无法实现其规范、指引行为，治理社会的功能，更无法实现全民守法、法安天下的愿景。由此可见，司法是法律的信使，法

---

① ［古希腊］亚里士多德：《政治学》，吴寿彭译，商务印书馆1965年版，第199页。

② ［德］哈贝马斯：《在事实与规范之间——关于法律和民主法治国的商谈理论》，童世骏译，生活·读书·新知三联书店2011年版，第602页。

③ 喻中：《法学是什么》，中国法制出版社2016年版，第155页。

院是法律的喉舌，法律的公正价值必然要通过司法呈现出来。司法公正就是对法律公正价值的动态演绎与自然延伸，是实现法律公正价值的内在要求与外在展现。据此，践行公正是司法机关不可推卸之责任，不可辱没之使命，司法与公正再次结缘。法官也因此处于一个极为特殊的位置：他们不仅代表法律，也代表公正，找法官就是找公正，法官就是公正的化身。[①]正因为司法和法律之间这种牢不可破的内在关联，公正司法就成为培养人民群众法律意识，增强其守法意识的关键。也正因为这种关系，司法不公正危祸甚烈。正如培根所言："一次不公正的审判，其恶果甚至超过十次犯罪。因为犯罪虽是无视法律——好比污染了水流，而不公正的审判则毁坏法律——好比污染了水源。"[②]

（二）公正是司法主体的内在需要

习近平总书记说过，"公平正义是司法的灵魂与生命"[③]。这句话再次揭示了司法与公正的内在关联，即公正与司法主体休戚与共。

1.公正关系司法人员的前途命运

如前所述，司法具有终极裁断性，司法者手握如此重权，一旦作出司法裁决，轻者，涉及财产、资格的剥夺；重者，关系公民生命的存亡。由于司法的权威性与强制性，司法裁决将难有反转的机会。如果司法人员疏于职守，徇私枉法、贪赃枉法，极有可能导致冤假错案或者裁判失当，危及司法公正。为了防止人为的司法不公正，必须以制度约束司法人员的行为，增强他们的责任心和公正司法的意识。这一点，我国古已有之。如《秦律》规定了"见知不举""失刑""不直""纵囚"等司法官员常见的贪赃渎职罪名。《唐律》确立了严惩"六赃"的刑法原则和法官"受财枉法"的司法责任制度。我国现行刑法也规定了受贿罪，滥用职权罪，徇私枉法罪，民事、行政枉法裁判

---

① ［古希腊］亚里士多德：《尼各马可伦理学》，廖申白译，商务印书馆2003年版，第138页。

② ［英］培根：《论说文集》，水天同译，商务印书馆2010年版，第193页。

③ 《习近平谈治国理政》（第4卷），外文出版社2022年版，第295页。

罪等，以惩戒可能危及司法公正的犯罪行为。

为了增强司法人员践行公正的意识，防范司法不公，2013年8月，中央政法委员会出台《关于切实防止冤假错案的规定》（中政委〔2013〕27号），为贯彻该规定，2013年10月，最高人民法院印发《关于建立健全防范刑事冤假错案工作机制的意见》（法发〔2013〕11号），强调尊重保障人权，实现司法公正，2015年9月，最高人民法院出台了《关于完善人民法院司法责任制的若干意见》（法发〔2015〕13号），明确要求：法官应当对其履行职责的行为承担责任，在职责范围内对办案质量终身负责。2016年10月，最高人民法院和最高人民检察院联合下发了《关于建立法官、检察官惩戒制度的意见》（法发〔2016〕24号），明确提出，如果法官在审判工作中，故意违反法律法规或者因重大过失导致裁判错误并造成严重后果的，将会受到停职、免职、纪律处分直至移送司法机关处理。2021年12月，最高人民法院印发《法官惩戒工作程序规定（试行）》（法发〔2021〕319号），对于错案法官进行惩戒的程序作出明确规定。这些文件的出台意味着法官不仅要对自己审理的错案和裁判案件终身承担责任，而且因审判不公导致严重后果的可能涉嫌犯罪而受到刑事追究。2021年，最高人民检察院对2018年以来再审改判的刑事错案进行倒查，511名检察人员被追责问责。

裁判错误，冤假错案，轻罪重罚、重罪轻罚、无罪的人受到法律追究，甚至因此被剥夺生命，当事人“得非应得”，这些是对司法公正底线的严重破坏。虽然这些案件的发生不排除客观因素的干扰，但是作为司法实践主体，他们有认真查明事实、审慎裁断的义务，但他们却因故意或者重大过失导致事实认定错误或者法律适用错误，没能防止冤错案件的发生，甚至亲手制造冤错案件，这不仅与他们的职责不符，也与司法追求公正的价值目标相悖，因而，追究其责任是合理合法的。终身负责制和错案追究制是悬在司法人员头上的达摩克利斯之剑，是倒逼司法人员增强责任心，践行司法公正的顶层设计，它使司法公正不再停留于口头上倡导、不再是缺乏责任后果的“软”要求，而是关系司法人员前途安危的“硬”约束。2012年河南省高级人民法院即根据《河南省高级人民法院错案责任终身追究办法（试行）》的规定，将自称“眼花”办了错案的陕县法官水涛移交司法机关。因“亡者归来”而被宣判无罪的赵作海的冤案平反后，当年复核“赵作海案”的主审法官胡烨也被作出停职检查的处理。

对司法不公的追责制度不仅是中国所独有的，在国外，司法不公正同样会断送司法人员的前途。英国著名大法官培根就曾因为受贿锒铛入狱；2018年6月5日，美国加利福尼亚州的亚伦·佩尔斯基法官因对一名性侵犯罪人作出6个月监禁，缓刑3年的判决，被当地民众认为存在重罪轻判，罪责刑明显不相适应，因而投票将该法官召回。可见，践行公正是司法人员的安全线，与其前途命运息息相关，这一点国内外概莫能外。

2. 司法不公动摇司法的社会基础

司法公正不仅关乎司法人员个人的前途命运，也关系到司法机关的生存基础。司法公正是司法取得人民信任，获得司法公信力的源泉。司法公信力的缺乏将会导致司法功能的萎缩，甚至会直接导致司法定分止争、捍卫社会公平正义的功能名存实亡。习近平总书记深刻地指出，执法司法是否具有公信力，主要看两点，一是公正不公正，二是廉洁不廉洁。[①]一旦人们对司法公正产生怀疑，便会对司法失去信任，在遇到纠纷时，便不愿意寻求司法途径解决，有的可能会借助私力解决，甚至武力相向。凡是因不公正而受到损害的人，只要他们有能力，总会用强力来纠正他们所受到的损害：这种反抗往往会使惩罚行为发生危险，而且时常使那些企图执行惩罚的人遭受损害。[②]非理性的解决方式可能引发新的侵害行为，也可能导致侵害绵延与升级，甚至引发大规模群体事件，危及社会稳定。最终可能出现管仲所担心的“疏远微贱者无以告诉，则下饶”(老百姓无处伸冤，民间就会骚乱)的局面。而这些后果，最初的导火索即在于司法不公正。司法不公导致司法公信力下降进而导致司法功能萎缩，难以发挥应有的作用。这个因果链条的起点即司法不公正，易言之，司法公信力是司法实现其功能的前提，而公信力源于司法的公

---

① 习近平：《论坚持全面依法治国》，中央文献出版社2020年版，第46页。

② [英]洛克：《政府论》(下篇)，叶启芳等译，商务印书馆1982年版，第77—78页。

正性。司法因实现公正而存续，失去公正，就失去了民心，司法机关存在的社会基础随之崩塌，司法的功能难以发挥。正如习近平总书记所告诫的："法律本来应该具有定分止争的功能，司法审判本来应该具有终局性的作用，如果司法不公、人心不服，这些功能就难以实现。"[①]因此，从这个意义上说，司法公正是关系司法机关正常发挥功能的命脉所在。一言以蔽之，践行公正是司法工作的生命线。

四、结语

习近平总书记强调，"政法机关……是群众看党风政风的一面镜子。如果不努力让人民群众在每一个司法案件中感受到公平正义，人民群众就不会相信政法机关，从而也不会相信党和政府"[②]。由此可见，司法是否公正不是可有可无的小事，而是关系到党执政基础的稳固与民心向背的大计。公正是司法与生俱来的品格与灵魂，是司法主体维系自身生存的内在需要，践行公正是司法人员和司法机关的职责与使命。司法应该也必须公正，正因为司法与公正的这种不解之缘，习近平总书记多次要求司法机关"要努力让人民群众在每一个司法案件中都感受到公平正义"。这个要求不仅是国家对司法机关的要求，也不仅是社会对司法公正的期盼，更应是司法机关的自觉选择。

---

① 习近平：《论坚持全面依法治国》，中央文献出版社2020年版，第22页。

② 习近平：《论坚持全面依法治国》，中央文献出版社2020年版，第46页。

论刑事司法机械化倾向的五种表现

陈银珠*

摘　要：刑法适用与民众认同之间的疏远是当今刑事司法值得关注的现象。近十几年以来的刑事争议案例表明了刑事司法机械化倾向，即司法者严格按照刑法分则及其司法解释作出的裁判会违背罪刑相适应原则或者民众的正义直觉和共识。刑事司法机械化倾向体现为：重视确定性条款忽视情理性条款，重视文理解释忽视目的解释，重视孤立的刑法条款忽视法律体系，重视有形的法忽视无形的法，重视引用法条忽视裁判说理。

关键词：刑事司法机械化倾向；争议性案例；民众的正义直觉和共识

近十几年来，司法实践中发生了一些争议性案例，比如2006年许霆盗窃案，2009年李昌奎故意杀人案，2013年陆勇销售假药案，2014年王力军非法经营案，2014年于欢故意伤害案，2014年刘大蔚走私武器案，2014年闫啸天非法猎捕珍贵、濒危野生动物案，2014年王鹏非法收购、出售珍贵、濒危野生动物案，2016年赵春华非法持有枪支案，2021年毛某盗窃案等。这些案例反映出刑事司法机械化倾向，即司法者严格按照刑法分则及其司法解释作出的裁判会违背罪刑相适应原则和民众的正义直觉与共识。但实践中必须警惕貌似合乎法律、实际背离法律价值目的的司法裁判。①最高人民法院副院长

---

* 陈银珠，安徽师范大学法学院副教授、院长助理、法学博士、硕士生导师，研究方向为刑法学基础理论、刑法学案例。本文为2022年度国家社科基金一般项目《常识常理常情在刑法中的适用研究》（22BFX037）研究成果。

① 黄祥青：《法官如何裁判才能防止机械司法》，载《人民法院报》2019年4月11日，第008版。

江必新大法官将机械司法描述为，法律适用无视实质正义和社会效果，死扣法律条文字眼，仅仅抓住法律的字面意义而不去关注法律的精神实质，局限于狭隘的、孤立的文意解释。[①]英国法学家也说，“若汝钻进法律字眼死扣穷究，反而有时是与法律精神相违背的”。[②]这些案例虽然在全部刑事案例中所占比例很小，但是能够反映出司法者的观念，对刑事司法公信力的损害不能忽视。

刑事司法机械化倾向是指司法者脱离民众认同的基本价值理解、解释和适用刑法的观念和现实，从反面来讲，是指司法者严格按照刑法分则及其司法解释作出的裁判会违背罪刑相适应原则和民众的正义直觉与共识。它具体表现为司法者重视确定性条款忽视情理性条款、重视文理解释忽视目的解释、重视孤立的刑法条款忽视法律体系、重视有形的法忽视无形的法、重视引用法条忽视裁判说理。

一、重视刑法确定性条款忽视情理性条款

司法实践中，司法者重视刑法确定性条款忽视情理性条款。刑法确定性条款主要是刑法分则及其司法解释，刑法情理性条款主要包括刑法的基本原则尤其是罪刑法定原则和罪刑相适应原则、《刑法》第13条“但书”、《刑法》第37条免予刑事处罚和第63条第2款酌定减轻处罚条款。刑法的情理性条款是民众认同的基本价值和分享的基本情感在刑法中的体现，它们指导和制约着刑法适用的过程。刑法的基本原则既是司法者适用刑法定罪的指导和制约，也是司法者适用刑法量刑的指导和制约；既包括在入罪和出罪方面的指导和制约，也包括在从严和从宽量刑方面的指导和制约。《刑法》第13条“但书”是对司法者适用刑法时出罪方面的指导和制约，或者是指导和制约司法者对于刑法条文的理解，或者指导和制约司法者直接用来出罪。《刑法》第37条和

① 江必新：《在法律之内寻求社会效果》，载《中国法学》2009年第3期。

② 克里斯托弗·圣杰曼语、吴经熊：《正义之源泉：自然法研究》，法律出版社2015年版，第114页。

第63条第2款体现为对司法者在量刑方面的指导和制约。

重视确定性条款忽视情理性条款尤其体现在司法者对司法解释的高度甚至过度依赖。最高人民法院或者最高人民检察院作出的司法解释相对于刑法而言，更为明确和具体，因此得到司法者更为严格地遵守。过度重视刑法司法解释在司法实践中可能导致裁判结论与刑法情理性条款相违背。确定性的司法解释固然保障了适用刑法的统一，也为司法者带来安全感，但是在疑难案件中可能会损害司法公正性和司法公信力。比如，2001年罗德富等非法制造爆炸物案[①]，2006年许霆盗窃案，2014年刘大蔚走私武器案，2014年闫啸天非法猎捕珍贵、濒危野生动物案，2014年王鹏非法收购、出售珍贵、濒危野生动物案等[②]。在上述案例中，司法解释将爆炸物的数量、公私财物的数量、枪支的数量、野生动物的数量，作为刑法规定的"数额特别巨大""情节严重""情节特别严重"等的标准。一审法院严格按照刑法分则及其司法解释作出的裁判结论，在法学界引起争议，也没有获得媒体和民众的认可。

为了追求统一性，刑法司法解释往往将某种量刑情节定量化和固定化，而忽略了其他情节的作用。刑法司法解释主要根据犯罪对象和犯罪结果的数量确定最低刑，忽略了其他反映犯罪行为客观危害较小、行为人主观恶性较小和人身危险性较小的情节。在刑事裁判过程中，量刑情节是多元化和动态化的，多元化强调的是量刑情节种类繁多，动态化强调的是在不同的案件中相同的情节对量刑的影响程度不同。裁判者对于各种各样的量刑情节应当进

① 2001年，被告人罗德富等人为了开山修路，非法制造炸药850公斤，没有造成客观危害的行为，一审法院以情节严重的非法制造爆炸物共同犯罪，分别判罗德富13年、陈井凡11年有期徒刑，两人还同时被剥夺政治权利2年。肖玉：《农民自制炸药建公路被捕上诉4年终被无罪释放》，载搜狐网，http://news.sohu.com/20050331/n224944057.shtml，最后访问时间：2019年11月15日。一审法院的判决无法获得民众的认同。在民众看来，行为人出于好心，客观上没有造成任何损害结果的行为，却被法院判处10年以上有期徒刑、无期徒刑或者死刑。根据我国学者的估计，全国各地严格按照这个司法解释被定罪处刑的案件至少数以万计。参见陈忠林著：《刑法散得集（Ⅱ）》，重庆大学出版社2012年版，第21—22页。

② 王煜：《男子卖鹦鹉获刑5年二审律师将作无罪辩护》，https://baijiahao.baidu.com/s?id=1566763434777749&wfr=spider&for=pc，最后访问时间：2022年5月18日。

行全面和综合判断。合理的量刑不仅要体现“同案同罚”、“同罪同罚”、量刑统一，还要体现个案的量刑特质，这是量刑统一化与量刑个别化的有机统一；否则将违背量刑的基本运行规律，从而损害量刑公信力和量刑效果。[①]如果机械地将司法解释用于裁判案件，可能违背公平正义。获得统一性，但是失去公平性。过于具体、僵化的规定，只能实现机械化的“正义”，如果司法解释将刑法中原则性、抽象性的规定全部具体化、明确化，必然导致刑法不能实现活生生的正义。[②]

二、重视文理解释忽视目的解释

司法者重视文理解释忽视目的解释是刑事司法机械化的表现之一。司法者割裂刑法的目的与刑法条文之间的关系，脱离刑法的目的解释和适用刑法。张明楷教授认为，文理解释和目的解释都是具有决定性的解释理由，但是二者的决定性具有不同的含义。文理解释的决定性体现为，所有的刑法解释都要从法条的文理开始，而且不能超出刑法用语可能具有的含义，有利于被告人的类推解释例外；目的解释的决定性体现为，对一个法条可以做出两种以上的解释结论时，只能采纳符合目的的解释结论。[③]

在赵春华非法持有枪支案中，二审法院对于枪支的认定，仅仅根据公安部的文件，缺乏对非法持有枪支罪的法益是公共安全的考量。在该案件中，关于枪支的认定是争辩的焦点之一。辩护人倾向于按照《枪支管理法》第46条的规定，强调枪支的实质标准，即足以致人伤亡或者丧失知觉。辩护人认为，本案没有足够的证据证明，这些打气球的枪形物能达到致人伤亡或者丧失知觉的程度。[④]二审法院倾向于按照公安部制定的《公安机关涉案枪支弹药

① 石经海：《量刑个别化的基本原理》，法律出版社2010年版，陈泽宪序，第2页。

② 张明楷：《明确性原则在刑事司法中的贯彻》，载《吉林大学社会科学学报》2015年第4期。

③ 张明楷：《刑法学》（第六版），法律出版社2021年版，第42页。

④ 徐昕、斯伟江：《天津大妈赵春华非法持枪案二审辩护词》，http://www.ahxb.cn/c/3/2017-01-26/3770.html，最后访问时间：2022年7月14日。

性能鉴定工作规定》和《枪支致伤力的法庭科学鉴定判据》，强调枪支的形式标准，即对不能发射制式弹药的非制式枪支，当所发射弹丸的枪口比动能大于等于1.8焦耳/平方厘米时，一律认定为枪支。[①]二审法院未采纳辩护人的意见的主要原因是,《枪支管理法》第46条对枪支的规定未包含可供执行的、具体的量化标准，因此只能根据有权机关即公安部的规定判断枪支。公安部制定的枪支认定标准与刑法认定非法持有枪支罪的认定标准应当有所区别，因为两者的目的不同，前者的目的是维护社会管理秩序，后者的目的是保护公共安全。一审和二审法院直接以公安部的标准作为认定非法持有枪支罪的标准，对该罪的立法目的或者法益缺乏足够的重视。

在王力军非法经营案中，一审法院认定，王力军未办理粮食收购许可证，未经行政管理机关核准登记颁发营业执照，非法收购玉米，并将收购的玉米卖给巴彦淖尔市粮油公司，非法经营数额218288.6元，非法获利6000元。一审法院将这种行为认定为“其他严重扰乱市场秩序的非法经营行为”，没有根据非法经营罪的法益对该条文进行目的解释。一审判决的错误在于，将一般的行政违法行为等同于刑事犯罪，过分强调了非法经营行为对于国家规定的违反，而相对忽视了对于该行为社会危害性的评判。[②]内蒙古自治区巴彦淖尔市中级人民法院再审判决认为，王力军的行为违反了当时的国家粮食流通管理的有关规定，但尚未达到严重扰乱市场秩序的危害程度，不具备与非法经营罪相当的社会危害性和刑事处罚的必要性，因此不构成非法经营罪。再审判决体现了司法者将目的解释作为该案的决定性理由，美中不足的是该判决没有详细解释王力军的行为为什么没有严重扰乱市场秩序。

在陈松柏虚开增值税专用发票案中，争议的焦点在于，对于虚开增值税专用发票数额巨大但是不以抵扣税款为目的的行为，是否构成虚开增值税专用发票罪。一审法院认为，被告人陈松柏为公司牟取非法利益，故意让他人

---

① 《天津赵春华涉枪案二审判决书全文》，http://jnanhyqfy.sdcourt.gov.cn/jnanhyqfy/375203/755889/1510397/index.html，最后访问时间：2022年7月14日。

② 卢建平:《王力军改判无罪的深层次逻辑》，载《人民法院报》2017年2月18日，第3版。

以公司的名义虚开增值税专用发票，且虚开的税款数额巨大，其犯虚开增值税专用发票罪，判处有期徒刑10年。一审法院如此裁判的主要根据在于，虚开增值税专用发票罪的刑法规定并没有将抵扣税款的目的和国家税款的流失作为犯罪构成要件。换言之，在一审法院看来，该罪是行为犯，即只要实施虚开增值税专用发票的行为，达到一定数量，就构成该罪。[①]一审法院的判决没有重视该罪的法益，或者对法益的理解发生了偏差。即使是行为犯，也要考虑行为对法益侵害的严重性，这既是《刑法》第13条的要求，也是我国刑法与行政法之间衔接关系的要求。

在于书祥猥亵儿童案中，争议的焦点在于，对于猥亵场所相对封闭，除被告人和被害人以外无其他多人在场，且猥亵行为显著轻微的，能否认定为“在公共场所当众猥亵儿童”？根据2013年最高人民法院、最高人民检察院、公安部、司法部《关于依法惩治性侵害未成年人犯罪的意见》第23条的规定，在校园、游泳馆、儿童游乐场等公共场所对未成年人实施强奸、猥亵犯罪，只要有其他多人在场，无论在场人员是否实际看到，均可以依照《刑法》第236条第3款、第237条的规定，认定为在公共场所“当众”强奸妇女，强制猥亵、侮辱妇女，猥亵儿童。一审法院认为，被告人在多名被害人及他人在场的情况下，分别对被害人进行猥亵，其行为属当众猥亵儿童；二审法院认为，从量刑角度来看，被告人实施猥亵的时间短暂，猥亵手段一般，危害程度并非十分严重，认定被告人属于公共场所当众猥亵儿童量刑过重，予以从轻改判。该案例的撰稿人认为，从一审与二审法院的重大分歧以及类似案件的司法处理情况来看，实践中仍然存在机械理解形式标准而忽视行为实质危害性，从而可能导致罪刑失衡的问题。[②]一审法院裁判的问题在于，没有考虑“在公共场所当众猥亵儿童”之所以升格法定刑的立法目的，而仅仅从字面含义去适用刑法。该情节之所以升格法定刑，其原因既在于这种行为对于受害

---

① 牛克乾：《虚开增值税专用发票罪与非罪之认定》，载《人民司法·案例》2008年第22期。

② 最高人民法院刑事审判第一、二、三、四、五庭主办：《第1260号：于书祥猥亵儿童案》，载《刑事审判参考》（总第114集），法律出版社2019年版。

人的性的自主权和羞耻心伤害更大，对社会善良风俗的危害更大，又在于行为人的主观恶性更深。在于书祥猥亵儿童案中，从被告人的猥亵手段、方式、持续时间、猥亵人数等方面来看，在客观危害和主观恶性没有达到升格法定刑的程度。

三、重视孤立的刑法条款忽视法律体系

刑事司法机械化倾向还表现为，司法者在刑法适用过程中割裂了刑法条款与其他法律之间的关系，违背了与其他法律最协调的解释是最好的解释规则。司法者适用刑法，不是仅仅根据某个刑法条文，也不是仅仅根据刑法条文，而是根据整个法律体系。法益保护并不会仅仅通过刑法得到实现，而必须通过全部法律制度的手段才能发挥作用，在全部手段中，刑法甚至只是应当最后予以考虑的保护手段，只有在其他解决社会问题的手段不起作用的情况下，它才能允许被使用。[①]我国《刑法》第3条关于罪刑法定原则的规定，“法律”明文规定为犯罪行为的，依照“法律”定罪处刑；“法律”没有明文规定为犯罪行为的，不得定罪处刑。罪刑法定原则强调了定罪处刑的标准是法律体系。根据罪刑法定原则的实质侧面，不应当受到刑罚处罚的行为或者不具有严重社会危害性的行为就不应当纳入犯罪的范围。根据刑法的谦抑原则，如果其他法律能够实现报应和预防功能的，就不应当动用刑法。这些原则都表明，刑法适用的过程是根据法律体系定罪处刑的过程。

我国的犯罪概念既包括定性要素又包括定量要素。根据我国《刑法》第13条的规定，犯罪概念既包括定性要素又包括定量要素，认定犯罪既要考虑行为的定性要素又要考虑行为的定量要素。有的分则条款直接规定了定量要素，容易区分犯罪行为与一般违法行为；有的分则条款没有规定定量要素，在理解和适用的时候应当理解为包含定量因素。在没有规定定量要素的条款中，如果对构成要件作形式的解释，那么必然将不值得科处刑罚的行为也认

① [德]克劳斯·罗克辛:《德国刑法学总论》(第1卷)，王世洲译，法律出版社2005年版，第23页。

定为符合构成要件；只有对构成要件作实质的解释，才能将处罚控制在合理和必要的范围之内。[①]从法律体系的角度来看，危害较小的行为应当由行政法或者经济法处理，危害较大的行为应当纳入犯罪的范围。即使某种行为符合刑法条款的字面含义或者在形式上符合犯罪构成要件，但如果社会危害较小，应当通过实质解释或者《刑法》第13条“但书”将其出罪。

在毛某盗窃案中，行为人三次盗割韭菜并进行售卖，共获利人民币8元，法院认定毛某犯盗窃罪，判处有期徒刑6个月，罚金1000元。按照《刑法》第264条及其司法解释的规定，2年内盗窃3次以上的应当认定为“多次盗窃”。虽然一审法院补充了更多的信息，但是这个案例在媒体的发酵过程仍然可以反映本文讨论的问题。从字面含义来看，毛某1个月以内盗窃3次以上，符合盗窃罪的构成要件。但是，我国《治安管理处罚法》第49条规定，盗窃公私财物的，处5日以上10日以下拘留，可以并处500元以下罚款；情节较重的，处10日以上15日以下拘留，可以并处1000元以下罚款。关于盗窃行为的定性和后果，《刑法》与《治安管理处罚法》都有规定，在刑法适用过程中应当将刑法条款放到法律体系中。这种行为危害较小，通过《治安管理处罚法》可以起到报应和预防的效果，没有必要动用刑法。

在黄钰诈骗案中，一审和二审法院的裁判结论都是从刑法诈骗罪的规定分析黄钰的行为，没有从民事法律与刑法组成法律体系的角度进行分析。最终法院经过重审认为，被告人黄钰没有非法占有目的因而不构成诈骗罪。该案例的裁判理由认为，发生在熟人之间骗取财物的行为是否具有非法占有的目的，可以从两个方面进行判断：第一，行为人是否有逃避偿还款物的行为。第二，被骗人能否通过民事途径进行救济。欺骗行为尚不严重，不影响被骗人通过民事途径进行救济的，不宜轻易认定为诈骗犯罪。[②]笔者认为，被害人能够通过民事途径救济并不能否定行为人的非法占有目的，但是可以否定诈

① 张明楷：《自然法与法定犯一体化立法体例下的实质解释》，载《法商研究》2013年第4期。

② 最高人民法院第一、二、三、四、五庭主办：《第1342号：黄钰诈骗案》，载《刑事审判参考》（总第122集），法律出版社2020年版。

骗行为不具有应受刑罚处罚性，可以根据《刑法》第13条“但书”出罪。诈骗罪与民事欺诈行为的区分，关键不在于行为人是否具有非法占有目的，而在于民事途径能否救济。罪与非罪的区分，不能仅仅考虑具体犯罪的犯罪构成要件，还应当考虑犯罪的概念和整个法律体系，这是刑法的谦抑性、犯罪的应受刑罚处罚性特征的要求。

四、重视有形的法忽视无形的法

有形的法是指刑法条文，无形的法是指民众所分享和认同的评价标准和行为规则。之所以把民众所分享和认同的评价标准和行为规则也称为法，是因为它的存在是制定法的根据。这些标准虽然不是制定法，但是为制定法所认可。比如《宪法》第6条第1款规定：“中华人民共和国的一切权力属于人民。”《立法法》第5条规定，立法应当体现人民的意志；《法官法》第3条规定：“法官必须忠实执行宪法和法律，维护社会公平正义，全心全意为人民服务。”《检察官法》第3条规定：“检察官必须忠实执行宪法和法律，维护社会公平正义，全心全意为人民服务。”之所以要重视无形的法，是因为有形的法来源于无形的法。卢梭认为，最重要的法律不是镌刻在大理石上，也不是镌刻在铜表上，而是铭刻在公民的心中。只有它是国家真正的宪法，它每天都获得新的力量；在其他法律行将衰亡失败的时候，它可以使它们获得新生或者取代它们。这种法律是风俗和习惯，尤其是舆论。[①]有形的法从纸面上走向社会现实，为执法者、司法者或者民众所自觉适用和遵守，依赖于无形的法。法治的实质是每个人都按照社会公认的、正义的游戏规则行事，这里的游戏规则不仅包括国家制定的正式法律条文，也应该包括人们普遍认可和遵循的非正式规则——社会规范。法学界、经济学界及其他社会科学界的研究表明，社会规范而非法律规则才是社会秩序的主要支撑力量。如果法律与人们普遍

① ［法］卢梭：《社会契约论》，李平沤译，商务印书馆2011年版，第61页。

认可的社会规范不一致，法律能起的作用是非常有限的。[①]

在传统中国，民众对于法的观念既包括有形的法也包括无形的法，甚至无形的法高于有形的法。自很早开始，中国人的法的观念就是一个复合的、多元的。一说到法，中国人很自然地把它看成“法上之法”（“天理”“礼”）、“法中之法”（律条、律例）、“法外之法”（伦常之情、人之常情）的总和。严格意义上的法（制定法）在古代中国人心目中只占相当次要的地位，人们通常认为制定法是不得已的产物，是将“礼义”“天理”不太完善的文字化、条文化而又未臻完善的产物，是为维持伦常秩序而设立的一条消极的、最低的、最后的防线。中国人心目中理想的法律是“天理”“国法”“人情”三位一体。这种三位一体观念是古代中国占支配地位的法观念。[②]中国人的这种法观念仍在延续，影响着民众的正义观念、评价标准和行为规则。

在于欢案中，一审法院认为，虽然当时于欢的人身自由权利受到限制，也遭到对方辱骂和侮辱，但对方均未有人使用工具，在派出所已经出警的情况下，被告人于欢和其母亲的生命健康权利被侵犯的现实危险性较小，不存在防卫的紧迫性，所以于欢持尖刀捅刺被害人不存在正当防卫意义的不法侵害前提。被害人过错仅仅作为酌定量刑情节，可以从宽处罚，在10年以上有期徒刑、无期徒刑或者死刑法定刑区间内，选择了无期徒刑。这样的判决严重忽略了不法侵害人侮辱于欢母亲行为对刑法适用的影响，既包括对正当防卫前提条件的认定，也包括对于欢量刑的认定。这严重冲击了民众的正义直觉和共识，从而引发对判决的质疑和挑战。无形的法存在于民众的正义直觉和共识之中，虽然看不到摸不着，但是当判决严重抵触它时，民众会以质疑、不满体现出来。正如梁治平先生从“辱母杀人案”的评论中所观察到的，人们所说的“公平正义”并非出自实证法，而是源自“民众”“公众”的“人心常情”，源自“舆情”和“民意”所传递出来的“人伦情理”和“人本关

① 张维迎：《信息、信任与法律》（第三版），生活·读书·新知三联书店2021年版，第27页、第79页。

② 范忠信等：《情理法与中国人》，北京大学出版社2011年版，引言第10页。

怀”。这些“人心常情”和“人伦情理”体现的是“朴素的正义”，它们看似在法律之外，其实却构成了“法律精神”，是真正的“法律公正”。[①]

在“百香果女孩被害案”(杨光毅强奸案)中，二审判决将死刑立即执行改为死刑缓期执行并限制减刑，引发民众的质疑。在众多的从严量刑情节中，引发民众关注的情节包括受害人是年仅10周岁的幼女，以及采取掐颈、刺破眼球、捅刺颈部等极端残忍的强奸手段。从观念上讲，二审判决忽略了民众的正义直觉和共识对刑法适用的影响；从技术上讲，二审判决没有全面、综合评价量刑情节，在既有从严量刑情节，又有自首情节时，夸大了自首对死刑适用的影响程度。无论是刑法总则和分则对于死刑的适用标准的规定，还是刑法对自首的后果的规定，都具有抽象性，赋予司法者较大的自由裁量权。如果失去民众的主流价值观念和刑事政策的指导与制约，司法裁判将会面临更多的质疑和挑战。最高人民法院在杨光毅强奸案裁定书中指出：“杨光毅的犯罪行为既违国法，又悖天理，更逆人情，严重突破国家法律界限，严重挑战伦理道德底线，严重冲击社会公共安全红线，社会危害性极大。”[②]在天理、国法、人情相融合理念的指导下，最高人民法院的裁定书拉近了刑事司法与民众的正义直觉和共识的距离，为刑事司法赢得了权威和尊重。

在明安华抢劫案中，子女进入父母居室内抢劫的能否认定为“入户抢劫”？一审法院认为属于，二审法院认为不属于。裁判理由认为，被告人明安华深夜进入李冬林的卧室进行抢劫，在形式上符合“入户抢劫”的构成特征，但是，明安华与李冬林属于共同生活的家庭成员，无论其进入继父李冬林的居室是否得到李冬林的同意，都不属于非法侵入；同时，从我国的传统伦理道德观念来看，无论子女是否成年或者与父母分开另住，子女进入父母的卧室或者住宅，都是正常的。因此，对于明安华进入其继父李冬林卧室实施的

① 梁治平:《“辱母”难题——中国社会转型时期的情——法关系》，载《中国法律评论》2017年第4期。

② 最高人民法院:《杨光毅强奸案裁定书》，http://www.lawyer12345.com/xingshi/xs4info_320.html，最后访问时间：2022年7月14日。

抢劫行为，不能认定为“入户抢劫”。[①]一审法院的结论表现出司法机械化倾向，结论与民众认同的评价规则相冲突。民众认同的评价规则在此体现为传统伦理道德观念，即子女进入父母的卧室或者住宅都是正常的，而不是不正当的，不能成为从重处罚的理由。

五、重视引用法条忽视裁判说理

根据2018年最高人民法院印发的《关于加强和规范裁判文书释法说理的指导意见》，裁判文书释法说理的目的可以概括为三点：提高裁判的可接受性，提升司法公信力和司法权威，发挥裁判的定分止争和价值引领作用。无论是学术界的学理研究还是实务界的实证分析，均表明我国当下的裁判文书依然存在“不愿说理”“不会说理”“不敢说理”“不善说理”“说不好理”等方面的问题。[②]多年来，裁判文书不说理，而以一句“没有事实及法律依据，本院不予支持”作为替代，简单粗暴甚至可以说是司法蛮横。长期以来裁判文书不说理的状况，不仅具有普遍化，而且已经影响到公民对司法的信心。从法院的内部监督管理来说，不说理的裁判文书使司法监督因缺乏监督标的而无从下手，更遑论落实司法责任！[③]在赵春华非法持有枪支案件中，一审法院的判决书对于定罪部分几乎没有说理。一审法院在判决中定罪部分仅仅表达了一个结论，“本院认为，被告人赵春华违反国家对枪支的管制制度，非法持有枪支，情节严重，其行为已构成非法持有枪支罪，公诉机关指控被告人赵春华犯非法持有枪支罪的罪名成立，应定罪科刑”[④]。

---

① 最高人民法院刑事审判第一、二庭主办：《第131号：明安华抢劫案》，载《刑事审判参考》(总第21集)，法律出版社2001年版。

② 胡仕浩、刘树德：《新时代裁判文书释法说理的制度构建与规范诠释（上）——〈关于加强和规范裁判文书释法说理的指导意见〉的理解与适用》，载《法律适用》2018年第16期。

③ 胡仕浩、刘树德：《新时代裁判文书释法说理的制度构建与规范诠释（下）——〈关于加强和规范裁判文书释法说理的指导意见〉的理解与适用》，载《法律适用》2018年第18期。

④ 《赵春华案件一审判决》，http://jnanhyqfy.sdcourt.gov.cn/jnanhyqfy/ 375203/755889/1510397/index.html，最后访问时间：2022年7月14日。

司法实践中裁判不说理或者说理过于简单，是刑事司法机械化的表现，同时也加剧了刑事司法机械化的趋势。裁判不说理或者说理过于简单，是司法者机械地、形式地理解、解释和适用刑法的表现，给人的感觉是，裁判结论的获得是非常简单的事情，把案件事实直接对照相应法律条文即可得到结论。这样的裁判结论不但作为当事人和社会公众的外行看不懂，就连作为律师、检察官、法官和法学教授的内行也看不懂。这不但导致民众、法律实务界和理论界对于司法无法有效监督，而且难以获得民众认同。正如张军所言，我们的裁判说理常被批评为千案一面，判决说理不强，这给判决的社会认可度制造了很大的问题，容易给人造成一种司法专横的感觉。①

① 张军:《法官的自由裁量与司法正义》，载《法律科学》2015年第4期。

信用证欺诈背景下银行福费廷风险及防范

杨福学　聂冰洁*

摘　要：信用证欺诈商事关联案件中，信用证包买行的行为认定为福费廷抑或议付直接影响案件裁判走向。福费廷与信用证议付虽有诸多不同，但在外贸融资市场中，议付行往往通过福费廷业务进行议付。二者外延有重合部分，但福费廷无追索权，不受信用证例外之例外情形的保护，福费廷行承担基础交易审查义务，面临较多风险。为防范风险，银行应恪守KYC/KYB规则，更新监管技术，高层做到适当监管穿透，发现问题及时整改。银行要说服法官由民事思维切换到商事思维，并培养复合型福费廷业务人才。

关键词：信用证欺诈；福费廷；议付

一、问题的缘起

银行信用已成为国际远期支付的基石，有力地促进了国际贸易的发展。为了降低银行风险、提高交易效率，1930年《日内瓦汇票本票统一法公约》①、UCP等国际公约较早确立了银行仅对单证形式审查的原则。我国《票据法》及相关司法解释对此理念予以承袭。近年来，有人利用银行形式审查制度，在境

* 杨福学，浙江师范大学法学院讲师、法学博士、硕士生导师，研究方向为国际贸易法、国际投资法、信用证纠纷。聂冰洁，浙江师范大学法学院2023届法律硕士，研究方向为金融合同纠纷及相关法律问题。

① 葛高峰、陈峥：《浅谈我国商业银行票据付款审查责任的认定及风险防范》，载《海南金融》2006年第11期。

外设立离岸公司，对国内外贸企业实施系列信用证诈骗。进口企业申请开立信用证时虽按银行要求作出种种承诺，但在被骗且向犯罪分子索赔无望后，便咬住银行不放。为遏制单证欺诈案件的高发态势，银监会、证监会提高合规标准，加强了监管。2019年5月20日《国家外汇管理局关于外汇违规案例的通报》中，5家银行分别因虚假转口贸易付汇、违规办理内保外贷等共被罚没451.33万元。[①]银行风险骤然攀升。国内银行在参与国际远期融资中，着力推广福费廷（Forfaiting）产品。福费廷与信用证议付交织，法律关系复杂，银行风险也加大。在兴某公司诉交通银行信用证欺诈案中，[②]华某公司委托兴某公司购买一批化工材料，并提出E某公司（汪某设立的离岸公司）会对无法销售部分全部回购。兴某公司遂与塞舌尔的海某公司（汪某设立的另一离岸公司）签署了买卖合同，并向中行申请开立了远期不可撤销跟单信用证，受益人为海某公司，可为任何银行经议付兑用。后兴某公司在到单通知上签章确认，并书面承诺"不因货物质量问题、涉嫌欺诈或其他理由，向法院申请止付令或者其他形式阻止舟山中行于到期日对外付款"，同时向中行表明"无论单据是否单证相符都将接受，请尽快对外付款/承兑"。中行通过SWIFT系统向交通银行发送承兑报文。交通银行根据该报文向海某公司对案涉信用证叙作福费廷业务。后汪某因信用证诈骗罪被捕，并被宁波中院生效刑事判决判处无期徒刑。兴某公司遂诉称交行在福费廷业务中存在重大过错，配合并参与了汪某的信用证欺诈活动，请求判决交行停止付款，赔偿损失。诉请被驳回后，提起上诉。该案争点之一是，交行为海某公司融资的行为是福费廷还是信用证议付。上诉人坚称其为福费廷，因交行与海某公司签署了《福费廷服务协议》，交行的几封函电中也均称福费廷，从未提及议付，并且认为福费廷与议付是截然不同的融资方式，不可兼容。交通银行辩称其严格遵守UCP600，只做了信用证议付。一审法院认为交行是以福费廷形式进行的信用证议付，上诉人对此强烈质疑。他指

---

① 《国家外汇管理局关于外汇违规案例的通报》，http://www.safe.gov.cn/safe/2019/0520/13260.html，最后访问日期：2019年5月27日。

② 参见浙江省高级人民法院（2018）浙民终321号民事判决书。

出福费廷与信用证议付在市场分级、程序基础、交易时点、有无追索权、买卖标的物、融资成本、担负风险等八大方面存在区别，绝对不可兼容。交通银行认为自己的行为既符合福费廷行业规则，也符合UCP600的规定，严格依规操作，且对汪某的欺诈行为毫不知情，不应承担任何责任。

信用证欺诈案件，当事人应该着力证明或否认交通银行对第三人欺诈行为是否明知，是否参与或配合了第三人的欺诈行为，为什么要在银行的行为是福费廷还是信用证议付的问题上如此投入，这两种业务的实质区别是什么？二者能否兼容？业务性质的认定对案件走向有何影响？银行在叙作福费廷业务时应该注意防范哪些风险？本文拟从福费廷实务裁判现状、福费廷与信用证议付的关系、福费廷业务风险及其防范三个方面进行剖析，探讨上述问题。

二、福费廷实务裁判现状

（一）福费廷及其流程

福费廷源于法语"forfaiting"，本义是放弃、抛弃，20世纪40年代中期由瑞士苏黎世银行协会首创，是由银行"无追索权买断应收账款"。在《福费廷统一规则》（UFR800）规制下，福费廷成为一种重要的融资产品，无论是在托收账款项下还是信用证项下，不管是一级资本市场还是二级资本市场均可叙作。[①]一般流程是：出口方申请其开立账户的银行（福费廷行）贴现其相关单据，如果单据中涉及信用证的，信用证只交付一次，待现金兑付后由开证行直接交付福费廷行；如果涉及票据（远期汇票），则须由开证行承兑；如果是一般债权债务凭证，也须由银行承付或担保人担保。[②]福费廷行与申请人（出口方）签订福费廷协议，买入单据（须由出口方注明无追索权），向出口商融资，然后依照承兑行（或保付行）的承诺，在到期日向其请求付款。我国银行从20世纪90年代开始做福费廷，银行各自制定了相应规则和流程，对福费廷的理

① 余培、谢道新：《背对背信用证中的福费廷融资》，载《中国外汇》2016年第8期。

② 李金泽：《关于商业银行开展福费廷业务的法律思考》，载《金融论坛》2003年第1期。

解也有细微的差异，现在已逐渐趋同。国内福费廷多出现在国际贸易中，仅依赖银行信用，跟信用证、远期汇票紧密结合。具体过程如图1所示：

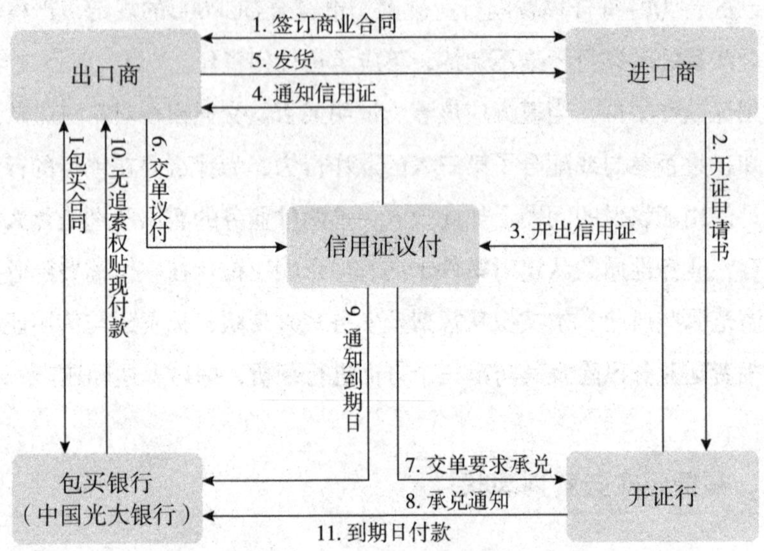

图1 跟单信用证项下福费廷业务流程

出口方首先与进口方签订买卖合同，同时与包买行（福费廷行）签订福费廷协议（包买合同）。随后进口方在自己的开户行开立以出口方为受益人的不可撤销跟单远期信用证，并指定议付行（自由议付除外）。开证行通知出口方银行（提示行，有时候可能就是包买行）卖方已开证，买方即开始备货装船，取得装船单据后，和自己开出的、以自己为受益人、卖方为付款人的远期汇票一并交提示行/包买行，包买行提示开证行，开证行在获得买方“无论何种情况下都绝对保证付款”的书面承诺后对票据通过SWIFT电文或背书的形式予以承兑。包买行/议付行即根据福费廷协议向出口方贴现汇票/信用证。在该流程中，信用证开立、汇票买卖、信用证议付相交织，提示行、包买行、议付行职能也可能相混同，这就形成了福费廷与信用证议付的竞合和冲突。

（二）福费廷实务裁判现状

截至目前，中国裁判文书网上公布的与福费廷有关的各类案件共286起，其中与信用证有关的民事案件275起。这些案件呈现的特点有：一是案涉标的额巨大，标的额动辄千万美元。法院审级高，许多案件二审、再审到高级人民法院或最高人民法院。二是案件错综复杂。案件法律关系复杂，涉及刑事、行政、商事几类法律关系，时间跨度久远，利害关系人众多，影响极广。案件参与的企业众多，各自扮演着“托盘手”“二传手”等各种角色。[①]三是多为系列案件，多与信用证欺诈有关。犯罪嫌疑人利用实际控制的数家公司以及在海外设立的多家离岸公司实施信用证欺诈，尝到甜头，越做越大，肆无忌惮。在（2018）浙民终321号案中，汪某利用实际控制的三家境内公司和三家海外离岸公司，在2005—2014年的十年间，实施信用证诈骗多起，非法所得1亿8000多万元，涉嫌信用证诈骗罪、合同诈骗罪、贷款诈骗罪、诈骗罪、职务侵占罪等多种犯罪。许多企业被骗得血本无归，社会危害极大。四是案件多出现在2010年以后，而且这类案件正处于快速增长时期。

法院对这类案件审判的历程，就是国内立法、司法系统能否尊重银行形式审查理念的历史。1996年《票据法》生效以后，部分实务人员对票据知识陌生，对票据的无因性难以理解，司法实践不尽一致，基本上以银行对票据审查为形式审查的观点为主。但2000年《最高人民法院关于审理票据纠纷案件若干问题的规定》（以下简称《票据规定》）第69条的规定，“使付款人及其代理付款人的审查义务从形式审查义务变成了实质审查义务，从而与我国票据法的规定及票据法的一般理论、交易习惯形成了直接对立的现象”[②]。后来随着证件验证技术的升级，该条实质审查的色彩才逐渐淡化。始于1930年的《跟单信用证统一惯例》（UCP）历经修改，一直坚持银行形式审查的原则；2005年《最高人民法院关于审理信用证纠纷案件若干问题的规定》（以下简称《信用证规定》）吸纳了UCP的理念，体现了国际贸易中对银行信用的保护。2013年发布的《国家外汇管理局关于完善银行贸易融资业务外汇管理有关问

---

① 王富博：《企业间融资性买卖的认定与责任裁量》，载《人民司法》2015年第13期。

② 余鹏举、甘治琦：《票据付款人的审查责任——由一件银行汇票付款纠纷案说起》，载《西华大学学报（哲学社会科学版）》2004年第6期。

题的通知》（以下简称《通知》）要求银行要了解客户、了解客户的业务，又给银行的审查抹上实质审查的色彩。有关部门一直在保护银行利益、信誉和反信用证欺诈中寻求平衡，致使相关判决产生摇摆现象。[①]

三、福费廷业务与议付的关系

信用证议付是远期跟单信用证兑现的一个环节。信用证开证行指定出口商所在地、与出口商关系密切的银行为议付行，由议付行按其指令，将经过承兑行承兑的远期跟单信用证贴现给持票人或受益人。议付行在单据到期日提示开证行付款遭拒后，有权向被贴现方追偿。UCP600第2条第11款规定信用证议付是"指定银行在相符交单下，在它应获得开证行偿付的那天或以前向受益人预付或同意预付并购买汇票及或单据的行为"[②]。理论上讲，福费廷比信用证议付范围宽，二者的关系如图2所示，其外延可以有部分重叠。在国际融资领域，二者购买对象多为远期跟单信用证（或其项下的远期汇票）。当开证行指定的议付行和汇票受益人签署了福费廷协议时，议付行同时也就是福费廷行。[③]

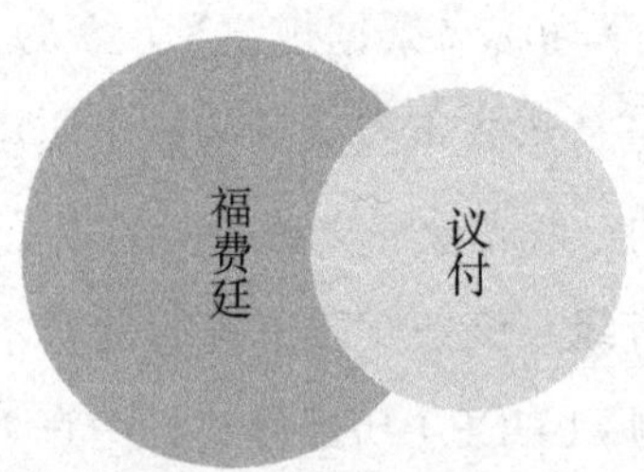

图2　福费廷与信用证议付关系

---

① 朱鑫鹏、朱倩：《票据、信用证业务中的法律风险及经典案例》，立信会计出版社2018年版，第16页。

② 该款原文为："Negotiation means the purchase by the nominated bank of drafts and/or documents under a complying presentation，by advancing or agreeing to advance funds to the beneficiary on or before the banking day on which reimbursement is due to the nominated bank."

③ 常雪莲：《福费廷业务风险及法律适用》，载《中国外汇》2014年第12期。

关于福费廷与信用证议付的关系，尚有以下问题需要澄清：

（一）对“追索权”的正确理解

福费廷行向出口方贴现单证时，后者会在其上背书“无追索权”字样。该“追索权”仅指票据上的追索权，即福费廷行向开证行或议付行提示付款时遭拒，向出口方追偿的权利。信用证、汇票议付情形下贴现行都有这种权利，福费廷行没有。但并非任何情况下，福费廷行都绝对丧失对出口方的追索权。“福费廷下包买商没有追索权，但欺诈例外。”[①]福费廷融资，本质上是基于贸易项下对应收账款的“付款请求”衍生出来的产品，而此请求必须是基于真实的货物流。[②]福费廷行较之票据、信用证关系银行，还承担着对基础交易真实性的审查义务，如果基础交易虚假，出口方涉嫌欺诈等，福费廷行可以向出口方索赔。只是在被开证行、议付行拒付后，没有针对出口方的追索权。

（二）将二者关系理解为“买账”与“买单”有失偏颇

福费廷案中，常有当事人或其代理人认为，福费廷与议付的购买对象不同，前者是应收账款，后者是信用证单据。该观点失之片面。二者均需要交付一定的单据作为到期日提示付款的凭证。福费廷除贴现汇票、信用证，还涉及其他应收账款。涉及信用证时，信用证正本一直保留在开证行，到福费廷行依开证行的通知，在到期日前向开证行提示付款，信用证才在付款后转交给福费廷行。所以信用证只交付一次，而信用证项下的汇票却是随交易而易手的。不能因为福费廷可以凭SWIFT系统通知付款就是单纯的“买账”，无须交付相关单据。

（三）信用证已议付，叙作福费廷是否还有必要?

在信用证付款的国际买方市场中，许多信用证项下有远期汇票，多数信

---

① 宋扬、闫夏：《福费廷风险实例剖析》，载《中国外汇》2017年第22期。

② 谢道星：《国际福费廷的突破路径》，载《中国外汇》2018年第20期。

用证可以自由议付。为了分散风险，便利收款，开证行一般要指定议付行。议付行和提示行都有可能已事先与出口方签订了福费廷协议。福费廷如针对的基础产品是远期议付信用证，融资行又是信用证下的指定银行，则可以视同议付行并受UCP的保护。[①]在兴业公司诉交行案中，交行以福费廷形式进行议付的观点也得到两级法院的支持。为什么在有议付存在的情况下，还需要福费廷呢？就出口方而言，可以尽早从包买行处获得融资且无须担心被追索，也不占用授信额，对资金紧张的出口方颇具诱惑；虽然兑现折扣较低，但如果有获利丰厚的投资项目，也是值得的；对于即将上市的出口方，能够获得很好的账面效果；而且出口方还能尽快取得出口退税。就包买行而言，尽管福费廷没有追索权，但可以据此抬高风险率，压低贴现率；尽管信用证、票据具有无因性，福费廷的基础交易却须真实，否则包买行享有例外追索权；而且福费廷协议在包买行和出口商之间，除了UCP600外，又形成了一道保障。所以出口商和包买行都愿意以福费廷形式叙作信用证议付，或者在议付之外，再做福费廷业务。国际金融市场，议付行从事福费廷、代理福费廷（二级融资市场）的也并不鲜见。[②]

（四）福费廷抑或议付的认定对案件裁判之影响

福费廷案司法实务中，包买行往往坚称自己做的是信用证议付，而出口方则强调对方的行为是福费廷，因为协议、函件中均为福费廷字眼。福费廷抑或议付的认定对案件裁判结果有何影响，使明明做福费廷业务的银行不愿承认呢？

在跟单远期信用证融资中，福费廷和议付行都需要购买经开证行承兑的远期汇票，汇票到期日，都需要向开证行提示付款。可是二者的规制法律不同：前者在国内受《合同法》《票据法》的约束，具有合同相对性。在国际上须遵守的相关习惯法有《国际福费廷协会指引》《福费廷一级市场介绍》《福

① 夏霖：《福费廷业务的产品创新》，载《中国外汇》2017年第22期。

② 辛伟：《“国内证伪造案”的应对与警示》，载《中国外汇》2017年第17期。

费廷统一规则》(URF800)等；[①]后者受国内《票据法》《票据规定》《信用证规定》等法规、司法解释规制，并受UCP600等国际惯例调整。由于此类案件往往肇始于信用证诈骗，刑事案件发作后，进口商向出口商索赔无望，才咬住包买行不放。案件时间跨度长，欺诈暴露时，议付行可能已经议付。依据《信用证规定》第10条，银行只要善意议付，尽管基础合同存在欺诈，法院不得中止银行付款，银行的利益和信誉得以保护。而福费廷却无类似保障。因此，银行行为是否被认定为议付，对银行信誉的保护至关重要。

四、福费廷业务风险及其防范

（一）遵守银行业务审查中的KYC/KYB原则

2013年国家外汇管理局发布的《通知》中明确要求银行应当遵循"了解你的客户"(KYC)、"了解你客户的业务"(KYB)的原则。《通知》第5条规定："未切实履行贸易融资背景真实性、合规性审查职责，造成企业虚构贸易背景套取银行融资的，银行或企业将受到严厉的处罚直至追究刑事责任"。(2011)浙商外终字第37号案中，银行未能在300多张交单中辨认出重复的94张，被认定存在重大过错。福费廷负有对基础交易真实性的审核义务，不仅要审核单据，也需审核交易，[②]背负的责任更大，银行在具体业务操作过程中要树立较强的合规性意识，严格遵守总行及本行的福费廷规则。福费廷协议签订要把握时间节点，贴现前要取得出口方"任何情况下均依约付款，绝不申请中止付款"的书面承诺，此类细节不容大意。

但同时又要保持福费廷的灵活性和开拓性。福费廷案当事人或律师往往偷梁换柱，把银行内部有关福费廷的"七个步骤"认定为判断福费廷是否存在的"七个条件"，显属不当。违反流程，只有在产生不当后果时才会影响福费廷效力，而如果是成立条件，缺失其一则直接导致福费廷不具效力。福

---

① 谢道星：《国际福费廷：向纵深推进》，载《中国外汇》2018年第2期。

② 常雪莲：《福费廷业务风险及法律适用》，载《中国外汇》2014年第12期。

费廷已发展成为极具灵活性的贸易融资产品，[①]其形式和步骤都在开拓创新中，以适应市场，满足和吸引不同的客户，步骤的缺失并不必然导致失效。

(二)升级监管技术，增强高层的穿透监控

科技是把双刃剑，在给人类生活带来便利的同时，也提升了不法分子的作案手段。银行要有忧患意识，在科研方面不断加大投入，有效应对新型科技金融犯罪、信用证欺诈，确保金融数据的安全。由于银行业务的特殊性，各部门、各业务员条块分割、相对独立。而实务中法院不但会把案件的各个细节综合审视，也会对相关系列案件通盘考量，判断银行对欺诈是否明知、是否参与或配合。如果将银行不同部门、不同业务员获知的信息综合分析，就可能推断出银行对欺诈是“应知”的。(2018)浙民终321号案中，交行员工甲的客户曾是华某公司(汪某为实际控制人)，后甲调至交行国际业务部，做过海某公司的尽职调查。海某公司是汪某的离岸公司，其法定代表人为汪某的妹妹(案发后得知)，其国内代表机构就在华聚公司隔壁。事隔多年，甲不可能记得如此清楚，也不可能把原部门的资料带到国际部，但这个细节被对方律师揪住。幸亏该细节尚不足以推定交行应知华某公司与海某公司的关联关系。此事警示银行高层应适当实施穿透监管，利用发达的大数据、云技术，整合、剖析信息，及时发现问题，发出预警。

(三)说服法官从民事思维切换到商事思维

民事思维强调公平、公正，重在补偿、恢复；商事思维强调自治精神，关注交易效率、交易安全，重视商事传统中积淀而成的习惯和惯例。[②]福费廷法律关系复杂，专业性强，许多法律人比较陌生，习惯于从民法思维考虑问题，尤其是从民庭交换过来的法官，一看信用证欺诈都已判决，银行还要给骗子付款，凭直觉就判终止付款。此时银行及代理律师要讲究技巧和策略，

---

① 谢道星:《国际福费廷：向纵深推进》，载《中国外汇》2018年第2期。

② 《德国商法典》，杜静林、卢谌译，法律出版社2010年版，第211页。

以法官乐于接受的方式说服其由民事思维切换到商事思维。强调国际贸易中银行信誉的重要性，银行信誉与国家外贸休戚相关，同时向法官提交类似的指导性案例、典型案例以及能增强法官心证的背景材料。

（四）发现问题及时整改，不要掩盖或推脱

任何行为，总会留下蛛丝马迹，长达多年的信用证诈骗不可能没有破绽。许多福费廷案件中，银行已经发现了端倪，但是迫于投入的巨额资金无法解套，只能尽量想办法维持目标企业以新贷还旧贷，确保银行业绩，持续到自己升迁或调离，让别人来处理“烫手山芋”。同时心存侥幸，认为银行承担责任的前提是明知或重大过失，主张方举证会很难。司法实务中面临的挑战错综复杂，防不胜防。一些案件中，当事人为搜集证据，先后采取举报、投诉、报案、行政复议等手段，甚至将银监会、证监会告上法庭，拿到想要的证据。银行务必由合法思维转化到合规思维，严格遵守操作规程，即使违规操作没有严重到被追究刑事、民事责任的程度，但也可能受到国家外汇管理局、银监会、证监会等监管部门的行政处罚。国家外汇管理局今年5月的通报展现出中华人民共和国成立以来最严的外汇监管态势。同时，银行监管层发现问题及时处理，绝不包脓养疮，使事态失控。

（五）福费廷业务员需要掌握金融、外贸基础知识

随着社会、经济的快速发展，复合型人才备受青睐，福费廷也不例外。在讲求效率的国际贸易中，不可能凡事都求教于专家，福费廷人员应能快速分辨出信用证种类，其项下是否有远期汇票，能否作福费廷。信用证具备42a、42c款，表明伴有汇票；若42c写明“at sight”则为即期汇票，不适合作福费廷。41a款会载明付款方式。[①]若41a款载明“AVAILABLE WITH...BY...：ANY BANK BY NEGOTIATIOM”，表示是自由议付信用证。如果是指定行议付，会

---

① 付款方式一般有5种：BY PAYMENT，即期付款；BY ACCEPTANCE，远期承兑；BY NEGOTIATION，议付；BY DEF PAYMENT，迟期付款；BY MIXED PAYMENT，混合付款。

在41d款中载明银行名；也需要掌握基本的融资常识，不会被“福费廷一级市场不能与信用证议付兼容，福费廷二级市场才可以与之兼容”“福费廷与议付就是买账与买单的区别”等宏论砸蒙；还要清晰福费廷、信用证的流程等。

五、余论

为了更好地保护自身利益，银行可以选择以福费廷形式进行信用证议付，获得UCP600的保护。新形势下，各大银行需继续坚持开拓福费廷服务渠道和手段创新，坚持福费廷为中国企业“走出去”服务的同时，肩负起“反洗钱”等新使命。[①]福费廷案件中，银行被指控“洗钱罪”的风险增大。同时银行面临外汇融资成本日益升高、国际金融玩家掌握高新科技等诸多新型挑战，需要增强风险防范意识，争取福费廷国际化多层次、多组合、多维度发展。

① 谢道星、陈昊嘉：《国际福费廷：稳步迈进》，载《中国外汇》2019年第2期。

电子民事诉讼启动规则研究

余　歌*

摘　要：电子民事诉讼的启动是法院运用在线方式审理民事案件的开端，电子民事诉讼启动规则是判断案件是否采用在线方式进行的重要依据，其重要性不言而喻。然而，通过裁判文书分析与实地调研，电子民事诉讼启动规则在实践中的运行不尽如人意，主要存在救济措施缺位、规则融贯性不足以及规则粗放笼统三个问题。针对电子民事诉讼启动规则存在的问题，在尊重当事人程序选择的基础上保障法官的诉讼指挥权、细化法官与当事人的交涉程序以及构建以当事人异议程序为核心的诉讼保障机制，是完善现有电子民事诉讼启动规则的三个可能方向。

关键词：电子诉讼；民事诉讼；启动规则

电子民事诉讼启动规则主要用来确定法院在什么情况下、对什么样的案件运用在线方式处理。[①]电子民事诉讼启动规则作为开启电子民事诉讼的“钥

---

* 余歌，安徽师范大学法学院讲师、法学博士，研究方向为民事诉讼法学。本文为2022年度安徽师范大学博士科研启动经费研究项目《电子民事诉讼规则研究》(903/752210)研究成果。

① 世界范围内，电子民事诉讼启动规则主要有“当事人选择适用模式”和“法定适用模式”两种。“当事人选择适用模式”主要有如下两种立法样态：一是必须双方当事人达成合意才能启动电子民事诉讼，采用这一立法例的典型国家是韩国。二是允许一方当事人在另一方当事人不同意的情况下单方选择适用电子民事诉讼，由法院完成线上诉讼与线下诉讼的衔接以保证民事诉讼的顺畅进行，目前我国采用了这种模式。“法定适用模式”则主要有三种立法样态：一是直接划定适用电子民事诉讼的案件范围，如2018年颁布的最高人民法院《关于互联网法院审理案件若干问题的规定》第2条就是对互联网法院适用在线诉讼的案件进行了直接规定。(转下页)

匙”，直接关系到当事人诉讼权利的保障与诉讼正义的实现。因此，在考察我国现行电子民事诉讼启动规则运行现状的基础上，发现电子民事诉讼启动规则存在的问题，进一步探讨规则修正的方案具有重要的理论价值与实践意义。

一、电子民事诉讼启动规则运行现状

为准确把握我国电子民事诉讼启动规则的运行现状，本文主要通过实地访谈[①]与裁判文书分析两种方法进行研究。裁判文书作为记录民事审判情况的第一手资料，能直接反映电子民事诉讼启动规则的运行情况。同时，考虑到裁判文书的内容往往集中于实体问题的分析，电子民事诉讼的启动可能不会全面记录。因此，在分析裁判文书之外，辅之一线法官的实地访谈，力求全面把握我国电子民事诉讼启动规则的运行现状。

（一）裁判文书中的电子民事诉讼启动争议

民事诉讼是双方当事人之间的一场“攻防战”。为了胜诉，当事人不会放过发生于诉讼过程中任何对己方有利的程序瑕疵。一旦当事人指出，法官必须作出回应，书记员也必须如实记录。因此，裁判文书是集中体现我国电

(接上页)二是划定特定当事人具有适用电子民事诉讼的义务。例如，德国规定专业人员（官署、公证人员、律师等）有进行电子民事诉讼的义务，同时从2022年1月1日起，以上专业人员只能通过电子途径向法院递交书状；法国的电子诉讼系统主要面向律师，且强制要求上诉采用网上立案，目前该系统尚未对一般当事人开放；韩国则规定行政厅、检察机关、公共机关和地方自治团体等有实施电子诉讼的义务。三是赋予法院依职权命令或许可进行电子诉讼的权力。如2013年修订的《德国民事诉讼法典》第128a条第1款，“法院可以依申请或依职权许可当事人、诉讼代理人和辩护人在言词辩论期间停留在其他地点，并在那里实施程序行为。审理以图像和声音的形式同步向该地点和庭审房间转播”。以上总结参见［韩］郑永焕:《韩国电子诉讼现状及完善方向》，方丽妍译，载齐树洁、张勤主编:《东南司法评论》(2018年卷)，厦门大学出版社2015年版；周翠:《中国民事电子诉讼年度观察报告（2016）》，载《当代法学》2017年第4期，第137—151页；周翠:《德国司法的电子应用方式改革》，载《环球法律评论》2016年第1期。

① 考虑到电子民事诉讼多发生在基层法院，访谈对象主要针对北京、浙江、江苏、湖北和安徽部分基层法院的一线法官。

子民事诉讼启动争议的窗口[①]。在检索时，本研究通过将与电子民事诉讼启动规则有关的法条键入中国裁判文书网进行全文检索的方式以保证检索的有效性[②]，在剔除重复文书、乱码无效文书后，共得到裁判文书32篇。其中，与《人民法院在线诉讼规则》第3条、第4条、第5条、第10条有关的裁判文书3篇，与《最高人民法院关于新冠肺炎疫情防控期间加强和规范在线诉讼工作的通知》第2条有关的文书共29篇。这其中，裁定书共24篇，判决书共5篇，具体分布见表1：

表1 "电子民事诉讼启动规则"的裁判文书检索情况

单位：篇

与《最高人民法院关于新冠肺炎疫情防控期间加强和规范在线诉讼工作的通知》相关		与《人民法院在线诉讼规则》相关	
裁定书	判决书	裁定书	判决书
24	5	2	1

从检索结果看，与《人民法院在线诉讼规则》相关的裁判文书数量很少。这主要是因为该法于2021年6月颁布，在实践中的运行时间还不长。与《人民法院在线诉讼规则》有关的3篇裁判文书中，裁定书2篇，判决书1篇。判决书主要是基于《人民法院在线诉讼规则》第6条，认为当事人已同意适用在线诉讼，但无正当理由不参加在线诉讼活动或不作出相应诉讼行为，也未在合理期限内申请提出转为线下进行，应当依照法律和司法解释的相关规定承担相应的法律后果，在原告及其诉讼代理人均未到庭的情况下缺席审

① 由于疫情防控的要求，2020年以来电子诉讼在实务中得到了长足发展。为了指导疫情期间的在线诉讼工作，电子民事诉讼的法律法规从2020年开始逐步健全。因此，为了保证文书检索的代表性和时效性，本研究将待检索的裁判文书时间范围开始时间限定于"2020年1月1日"。

② 键入的法条主要有《人民法院在线诉讼规则》第3第、第4条、第5条、第10条，以及《最高人民法院关于新冠肺炎疫情防控期间加强和规范在线诉讼工作的通知》（法〔2020〕49号）第2条，最后检索日期2021年11月2日。互联网法院的相关规定由于不具有典型性，因此在检索时排除了相关裁判文书的研究。

判。[①]裁定书中，有1篇基于《人民法院在线诉讼规则》第6条的规定，对上诉人在同意适用在线诉讼的背景下，无正当理由不参加在线诉讼活动，也未在合理期限内申请提出转为线下进行的行为做“自动撤回上诉”处理。[②]另外1篇裁定书则是在一方当事人要求使用在线诉讼、另一方当事人不同意的情况下，依据《人民法院在线诉讼规则》第4条，认为本案不适用在线诉讼，并对要求使用在线诉讼的原告无正当理由不参与线下诉讼的情况按“自动撤诉”处理。[③]

与《最高人民法院关于新冠肺炎疫情防控期间加强和规范在线诉讼工作的通知》第2条有关的裁判文书中，24篇为裁定书，5篇为判决书。裁定书中，大部分都是在当事人一方或双方不同意进行在线诉讼时，基于《最高人民法院关于新冠肺炎疫情防控期间加强和规范在线诉讼工作的通知》第2条中“当事人不同意案件在线办理，依法申请延期审理的，人民法院应当准许，不得强制适用在线诉讼”，以及“案件符合诉讼法律关于中止审理有关规定的，人民法院可以中止诉讼”的规定，裁定“中止诉讼”或“延期审理”。除此之外，实务中也存在一方当事人不同意在线诉讼而法院强制使用的情况，并且在当事人以此为理由申请再审时，法院认为“再审申请人主张其不同意网络审理，但法官却用微信审理本案，不属于重大程序错误，本院不予支持”并裁定驳回再审，[④]或者法院在裁定书中并未对当事人的这部分诉求进行回应而直接裁定驳回再审。[⑤]

在判决书中，是否使用在线诉讼往往不是案件争议的核心内容。大部分情况下，不同意使用在线诉讼但却未能阻止法院使用在线诉讼的一方当事人会以“法院违法使用在线诉讼”作为原审法院程序违法的理由，并希望能够

① 广东省广州市中级人民法院（2021）粤01民终10739号民事判决书。

② 山东省烟台市中级人民法院（2021）鲁06民终5384号民事裁定书。

③ 鞍山市立山区人民法院（2021）辽0304民初2074号民事裁定书。

④ 山东省高级人民法院（2020）鲁06民申692号民事裁定书。

⑤ 北京市高级人民法院（2020）京民申4617号民事裁定书；北京市高级人民法院（2020）京民申2472号民事裁定书。

撤销原判或启动再审。然而，这种愿望大部分时候都会落空。从判决书反映的情况看，法官要么在裁判主文中不予回应[①]，要么认为法院的行为不构成程序违法或不能成为撤销原判或启动再审的理由。当然，实践中也存在当事人要求进行电子民事诉讼而法院不允许的情况。此时当事人往往认为法院程序违法，但这一诉求大部分时候也得不到支持。[②]

（二）电子民事诉讼启动规则实践情况

通过访谈发现，与司法解释中规定的法官在启动民事诉讼中占绝对主导不同，现实中是否启动电子民事诉讼往往带有明显的“当事人主导”特点。尤其在基层法院，法官的主导地位往往让位于当事人的程序选择权，甚至出现法官诉讼指挥权被虚化的现象。[③]

首先，法官主动启动电子民事诉讼的情况不多，绝大多数由当事人主动提起。这主要是因为电子民事诉讼仪式感和在场性的缺乏，加上非物理性的诉讼方式削弱了法官对审判工作的掌控力，导致不少法官在电子民事诉讼和线上民事诉讼中更偏好传统民事诉讼。因此，在现有规定没有对适用电子民事诉讼的案件类型做出强制规定的情况下，法官在大部分时候不会主动建议当事人以在线方式进行民事诉讼。根据调研，基层法院的法官只可能在如下几种情况下主动建议当事人进行电子诉讼：一是其中一方或双方当事人身处外地，并在短期内无法回到一审法院所在地参与诉讼；二是根据疫情防控情况，一旦当事人身处疫情高风险区，则会考虑启动电子民事诉讼以配合疫情防控。

其次，当事人做出的“是否进行电子民事诉讼”的意思表示在实践中不

---

① 山东省高级人民法院（2020）鲁民终1855号民事判决书。

② 四川省德阳市中级人民法院（2020）川06民终744号民事判决书。

③ 实践中，法官在电子民事诉讼的启动上不仅表现得十分被动，又因为电子民事诉讼涉及软件的学习和新技术的运用，加上现有技术可能存在的技术障碍，导致法官对电子民事诉讼的运用缺乏信任。调研发现，不少法官对运用在线方式进行民事审判工作较为排斥。这些情况在承担大量一审民事工作的基层法院表现得尤为突出。

受“禁反言”原则的限制。实践中，当事人往往能随意突破我国现行法关于当事人撤回或反悔适用在线诉讼的规定，并得到法官的支持。[①]这背后的原因主要有两个：一是基层法院民事案件数量多，法官疲于追求工作效率。在基层法院一审民事案件数量庞大的情况下，法官的工作重心在于“高效结案”，民事程序问题只要不影响案件的实体处理往往面临着被“简省”的风险。有基层法官表示：“在基层法院巨大的审判压力下，比起法院寻找逃避、躲避当事人所花费的时间以及随之而来的无法按期结案的风险，当事人只要愿意参加诉讼，不论是以在线方式还是线下方式进行诉讼一般都会允许。”二是在现行法律规定下，电子民事诉讼在程序法上的意义和价值还没能深入法官与当事人的内心。调研发现，虽然数量不多，但基层法院仍有一定比例的军转干部和非法学学科背景的法官。这些法官虽然有着较为丰富的审判经验，但在一线民事审判工作中也更容易出现“重实体、轻程序”的倾向。同时，基层法院面对的民事诉讼当事人往往不具有丰富的法律知识，程序问题远远无法和个人实体诉求的满足相提并论。

总之，电子民事诉讼的启动规则虽然赋予了法官开启电子民事诉讼的主导地位，但现实中法官却趋于保守，将主动权让渡给了当事人——只要不影响案件实体处理，法官往往会突破《人民法院在线诉讼规则》的规定进行变通。此外，电子诉讼的法律规定在基层法院的普及度、熟悉度还不够高，这也是导致实践中电子民事诉讼启动规则的适用较为随意的一个重要原因。

---

① 根据《人民法院在线诉讼规则》第5条的规定，“当事人已同意对相应诉讼环节适用在线诉讼，但诉讼过程中又反悔的，应当在开展相应诉讼活动前的合理期限内提出”，只有在“人民法院认为不存在故意拖延诉讼等不当情形”的情况下才可以把相应诉讼环节转移到线下。但在调研中发现，现实中尤其是基层法院的民事诉讼当事人，在做出以在线方式进行民事诉讼的意思表示后又转变态度想要进行线下诉讼，或是在同意线下诉讼后又转而决定进行在线诉讼的情况并不少见。基层法官面对当事人在诉讼方式上的“反言”往往都会默许，因为对基层法院的法官来说，当事人的反悔虽然违反程序法的规定，但只要当事人能够到“庭”参与诉讼，“法庭”到底是物理的还是虚拟的并不重要。

二、电子民事诉讼启动规则存在的问题

通过对运行现状的考察不难发现，无论是裁判文书中反映出的争议，还是实践中电子民事诉讼启动的随意性，都与电子民事诉讼启动规则的不完善息息相关。虽然2021年6月出台的《人民法院在线诉讼规则》就是为了解决法院在有关电子诉讼的问题上“无法可依”的问题。但由于规则制定得较为粗放，导致在电子民事诉讼的启动问题上除从法律层面确认了“法官启动电子民事诉讼”的合法性外，无法在实务中给出更多的指引。[①]通过分析发现，现行电子民事诉讼的启动规则至少存在三个方面的问题。

（一）救济程序缺位

电子民事诉讼启动规则缺乏救济措施。无救济则无权利，现行法虽然规定了法院或当事人启动电子民事诉讼的权利，却没有规定当该权利的行使不合法时要如何救济，这将不可避免地导致电子民事诉讼启动规则无法落实的风险。实践中，电子民事诉讼启动规则救济措施的缺位主要表现为“两种情况”下的程序缺位。

一是在案件进入在线办理之前，当事人认为案件不适宜以在线方式进行的，当事人该以何种程序表达异议。这里的“当事人认为不适宜以在线诉讼方式进行”包括当事人对“自己做出的适用在线诉讼的意思表示反悔”，以及对“对方当事人决定适用在线诉讼表示反对”两个方面。根据现行规则，当事人有关在线诉讼的一系列异议只能通过与主审法官的交涉来完成。由于缺乏刚性规定，这种交涉最多以谈话笔录的方式进入案卷，更不会出现在裁判文书中，因此很难得到审查和救济。

---

① 根据现行法，目前我国电子民事诉讼启动规则主要规定了如下内容：在线诉讼的适用范围、在线诉讼的启动条件也就是法院许可加上当事人同意、法院许可的条件为综合全案考虑、当事人表达同意的方式、当事人意思表示的效力范围以及在线诉讼的程序转化。

此外，在异议期限和异议成立的条件上现行法也没有做出明文规定。一方面，现有规则只规定了当事人在同意使用在线诉讼后又反悔的，需要在相应环节开始前的“合理期限”内提出。另一方面，关于异议成立的条件仅给出了案情疑难复杂、需证人现场作证、有必要线下举证质证和陈述辩论等情形作为参照，赋予法官在这些情形下“可以”认为当事人异议成立，并将相应诉讼环节转为线下进行的权利。可见，现行法没有完整构建当事人有关在线诉讼启动的异议程序，这意味着当事人提出的异议可能流于形式。这导致实务中无法保证当事人意见的充分表达，也无法保证启动程序的完整性。同时，“异议标准不明”也意味着对电子民事诉讼的启动无法进行有效监督。

二是电子民事诉讼启动程序不合法时该如何救济的问题。换言之，就是“电子民事诉讼启动程序不合法”是否可以成为二审法院推翻原审判决或启动再审的理由。从裁判文书反映的情况看，由于现行法没有明文规定，导致实践中当事人虽然会以“电子民事诉讼启动不合法”为理由申请再审，或在二审中提出这一问题，但再审申请往往不会得到上级法院的批准，二审法院也不会支持上诉人的诉求。此外，部分判决书既没有记录被上诉人对这一问题的答辩也没有记录主审法官对这一问题的最终裁决，“在线诉讼启动不合法”这一问题在提出后就从判决书中消失了。

总之，法律没有对电子民事诉讼启动的救济措施进行规定，电子民事诉讼启动程序违法也没有规定其后果。这意味着即便法官发现问题了，也无法在现有制度中找到对应的处理结果。反过来说，法官即便不进行判断也不是“错误”或“失职”的行为。这些问题足以说明在电子民事诉讼启动规则救济程序缺位的情况下，电子民事诉讼的启动和运行完全游离于现行民事诉讼法规定的救济程序之外。

（二）规则融贯性不足

主要表现为，电子民事诉讼启动规则与民事诉讼特定环节的在线启动规则缺乏体系化的融贯性。一般来说，电子民事诉讼的启动规则在民事诉讼各个环节的在线启动规则中具有原则性、概括性的地位，代表了现有制度对在线诉讼及其各个环节如何启动的一般性态度。[①]然而，电子民事诉讼启动规则却与民事诉讼部分环节的在线启动规则存在矛盾，缺乏体系化的融贯性，这导致电子民事诉讼的启动规则与民事诉讼特定环节的在线启动存在理解上的矛盾。

其中，最突出的矛盾表现在在线庭审一方当事人不同意使用在线诉讼的时候。根据《人民法院在线诉讼规则》中的规定，一方当事人不同意进行在线诉讼的意思表示不及于另一方当事人。因此，在一方当事人同意进行在线诉讼而另一方当事人不同意的情况下，可采用一方当事人线上而另一方当事人线下的方式开展诉讼。同时，《人民法院在线诉讼规则》中规定"各方当事人均明确表示不同意，或者一方当事人表示不同意且有正当理由的"不宜适用在线庭审。由于"正当理由"没有进行细化规定，且《人民法院在线诉讼规则》中明文规定了"一方当事人线上一方当事人线下"的在线诉讼模式。因此，在一方当事人不同意进行线上诉讼时究竟该如何处理并不明确。

实践中，在一方当事人不同意在线诉讼时是否开展在线诉讼各地法院的处理情况并不一致。实践中，有的法官就是以"当事人一方不同意进行在线诉讼"作为进行线下庭审的法定理由而不要求当事人不同意在线庭审的意思表示基于正当理由。相对地，实践中也存在一方当事人不同意在线庭审时，法官命令不同意在线庭审的当事人到法院审判庭，采用"一方当事人线上一方当事人线下"的方式完成庭审的。

（三）规则粗放笼统

电子民事诉讼启动规则粗放笼统，缺乏细化规定导致在现实中难以平稳

---

① 在我国，电子民事诉讼不是全流程的，根据审判实践与最高人民法院的司法政策，部分诉讼环节的电子化也被称作电子诉讼。这导致了现实中电子民事诉讼启动的双重含义：一是判断某一案件是否采用电子方式进行，这往往预示着后续多个环节均倾向于采用在线方式完成；二是特定诉讼环节的在线形式启动，如电子送达、在线庭审等，往往需要当事人和法院再行同意与启动。当然，从法律的融贯性与规则的逻辑性出发，电子民事诉讼启动规则作为开启电子诉讼的钥匙，往往具有统领作用，各个具体诉讼环节的启动需要在启动模式上与其尽可能保持一致。

落实。总的来说，现有电子民事诉讼启动规则较为笼统，只是对法院与当事人有资格启动电子民事诉讼的确认，很多细节没有规定。这导致现有启动程序更类似于权利宣誓，也造成了实践中电子民事诉讼的启动趋向随意，现行法的立法初衷难以贯彻。

现行电子民事诉讼启动规则缺少的细节性规定至少表现在如下两方面：一是当事人与法官之间进行的有关在线诉讼启动的初次交涉应当以何种程序进行。这里包括：法官对当事人是否运用在线诉讼的询问和释明应以何种方式做出，以及是否要遵守相应的时间限制；双方当事人需要以何种方式、在何种期限内进行答复；等等。二是在一方当事人不同意进行在线诉讼的情况下，法官需要在何时决定是否进行在线诉讼并通知到当事人以保证当事人的异议权，当事人又应当在什么时间内提出自己的异议，法官又要如何审查当事人的异议是否成立等。此外，现有电子民事诉讼的启动规则可能还存在如下两方面的制度疏漏：一是在审理过程中发现案情简单时，当事人要求转为线上进行的，法官是否允许；二是在线诉讼审理过程中发现不适宜在线处理而转为线下诉讼时，已经进行的程序，如证据的在线核对、当事人的在线交涉等是否要重新开始等。

三、电子民事诉讼启动规则的修正与完善

民事诉讼程序的运作是在法官和当事人之间展开，有学者指出："法官具有程序运作的诉讼指挥权，彼此对抗的双方当事人同样对程序的运行具有重要的推动作用。一方当事人对于法官和对方当事人关于程序事项的处理可以提出异议，要求纠正或者改变其法律效果。"[①]在电子民事诉讼的启动规则中，法官和双方当事人仍拥有这种合力——是否选择启动电子民事诉讼作为双方纠纷解决的方式，法官、原告和被告都享有选择权。基于此，针对上文提到的电子民事诉讼启动规则存在的问题，至少有如下几种修正和完善方向。

---

① 王亚新:《对抗与判定——日本民事诉讼的基本结构》，清华大学出版社2010年版，第126—127页。

（一）尊重当事人程序选择基础上的诉讼指挥权

考虑到“数字鸿沟”以及电子诉讼可能存在的技术风险，充分尊重当事人的程序选择权仍是第一原则。然而，民事诉讼“以当事人为中心”并不意味着法官放弃诉讼指挥权以当事人作为主导，否则民事诉讼将无法抵抗“当事人主义”诉讼模式的弊端。实际上，基层法院出现的电子民事诉讼启动的“随意化”，正是因为法官放弃了本该行使的对电子民事诉讼启动的主导权。因此，在是否启动电子民事诉讼的问题上法官依然要坚持诉讼指挥权，在充分尊重当事人程序选择权的前提下，对当事人可能出现的程序滥用进行限制。这种做法也是为了保障原被告双方诉讼地位的实质平等，尽力避免因为一方当事人滥用电子民事诉讼启动权而对另一方当事人造成不良影响。

此外，现行规则中的“一方当事人线上一方当事人线下”的电子民事诉讼模式是否适用于电子民事诉讼的全部环节是值得思考的。民事诉讼中的单方诉讼行为只需要当事人个人同意是不会影响原被告双方诉讼权利的行使的。[①]此时，自然可以在民事送达中坚持“一方当事人线上一方当事人线下”的电子化启动方式。但是，在需要多方当事人共同进行的交互性诉讼行为中，比如庭审、庭前准备等是否还能以“一方当事人线上一方当事人线下”的模式进行则是需要考虑的。

本文认为，在双方当事人交互的诉讼模式中，如果允许实行“一方当事人线上一方当事人线下”的在线诉讼模式，则必须充分尊重当事人的合意，如果一方当事人不同意则应当转为线下进行。这是因为无论是庭审还是庭前准备都是在双方当事人充分配合之下开展的诉讼活动，由于在线诉讼与传统诉讼相比无法直接感知对方的表情、声音，在质证环节也存在证据真实性无法辨认的问题等，“一方当事人线上一方当事人线下”的诉讼模式将直接影响双方当事人攻击防御的有效开展。因此，这种线上线下相结合的模式必须经

---

① 比如，电子民事诉讼中法院给一方当事人电子送达，而给另一方当事人邮寄送达或直接送达，并不会十分影响双方当事人的诉讼权利。

过双方当事人的充分合意。这也意味着在交互式的民事诉讼行为中，一方当事人对在线诉讼的否定是决定性的，而不需要基于合理理由。

(二)细化法官与当事人的交涉程序

可以看出，现有规则只是对法官与当事人的交涉进行了原则性的规定，但对于具体交涉的方式、时间、期限、答复方式等均无明确规定。实际上，法院可以在初次接收当事人起诉状或初次向当事人送达起诉状副本时，完成对当事人是否同意适用在线诉讼的询问。由于电子民事诉讼的启动是以当事人同意为前提的，同时现行法已将电子民事诉讼适用的案件范围扩展到了全体民事案件。因此，出于诉讼效率的考虑，可在初次接收当事人起诉状或初次向当事人送达起诉状副本时，完成对当事人是否同意适用在线诉讼的询问。①

如果双方当事人都同意以在线方式进行诉讼，则法官只需确认本案采取在线诉讼不会给审判造成困难，即可在后续诉讼环节中进一步询问当事人是否同意以在线方式完成相应诉讼环节。如果双方当事人明确表示不同意以在线方式开庭，法院则只要着手准备线下庭审而不需要再行考虑本案是否适合以在线方式进行。如果一方当事人同意在线诉讼而另一方当事人不同意，则法官需要及时将这一结果告知不同意进行在线诉讼的一方当事人。此外，还需要尽快对本案是否适合进行在线诉讼进行判断。如果本案适合进行在线诉讼，则需要尽快通知不同意在线诉讼的当事人是否存在异议。

考虑到法官与当事人之间关于“是否启动电子民事诉讼”的初次交涉具有形式性，交流的内容往往也大同小异。因此，法院可以通过制作“询问书”的方式完成此项工作。由于当事人是否进行电子民事诉讼的意思表示基于法官释明权的行使，因此这份“询问书”除了对当事人是否同意进行电子民事诉讼进行询问外，还要包含对电子民事诉讼的介绍、可能存在的风险提示，

① 根据司法解释可以推断，除了法官在认为案件适宜以在线方式进行后，第一次询问当事人是否同意以在线方式参加诉讼时，当事人具有无条件的同意或否决权外，其他时候当事人做出的是否进行在线诉讼的任何意思表示都需要经过法官的最终判断。

并且附上当事人在诉讼平台完成注册的详细方法和流程。由于现实中的电子民事诉讼往往在特定系统中运行，因此，可以当事人在特定时间内登录诉讼平台完成注册作为同意启动电子民事诉讼的方式，而无须当事人再次与法院进行沟通。由于是否启动电子民事诉讼对当事人来说并不涉及复杂的实体问题答复，因此，可以将当事人进行答复的时间定为法官发出询问后的3天，如果超过这一时间节点当事人仍未进行意思表示，则法院只需要进行线下诉讼即可。

（三）构建以当事人异议程序为核心的诉讼保障机制

现行规则虽赋予了当事人一定程度的异议权，但相应规则缺乏全面性与体系性，提出程序异议的主体、方式、期限、范围及审查等问题仍悬而未决。由于现有技术下的电子民事诉讼势必与传统线下诉讼相比存在庭审信息的缺失和技术风险等问题，因此，当事人对在线庭审的异议并不是无足轻重的，反而与案件实体正义的实现息息相关。因此，法院在程序不合法的情况下启动电子民事诉讼理应成为启动再审的事由以及二审中撤销原判的理由之一。

与之相关的制度设计是，法院违背程序法的要求启动电子民事诉讼，已经审理完毕的，当事人可以通过二审或审判监督程序寻求救济。在诉讼过程中，当事人对本案适用电子民事诉讼存在异议的，可向原审法院提出。原审法院驳回异议的，当事人可向上级法院申请复议一次。当然，如果设计了以上异议程序，就直接涉及当事人如何向法院尤其是上级法院提供证据以证明自身主张的问题。这就要求法院在与当事人共同确定本案是否以在线方式运行时，严格遵照法律规定、按照程序进行，交涉过程中的重要证据和材料也要全程留痕归档。

四、结语

电子民事诉讼启动程序在现实运行中存在的随意性与无序性，和电子民事诉讼启动规则的粗放与笼统有很大的关联性。这种规则制定上的粗放与笼统，如救济程序的缺位、交涉程序的缺位、异议程序的缺位和规则融贯性的缺位等，不仅无法给司法实践提供正确的指引，反而影响了电子民事诉讼的合理运行，阻碍了我国电子民事诉讼的推广与发展。针对以上问题，鼓励法官在尊重当事人程序选择权的基础上，积极行使诉讼指挥权，并构建异议程序、救济程序、交涉程序等，进而完善我国的电子民事诉讼启动规则，这对于推动我国民事司法的现代化具有重要意义。

自洗钱犯罪形态在涉毒重罪案件中适用的正当化事由探析

邓仕文　张海鹏*

摘　要：从我国有关法律规定对洗钱罪罪状描述的历史沿革来看，洗钱罪犯罪形态经历了从“他洗钱”到“自洗钱”的嬗变。犯罪形态改变牵涉犯罪构成要件的变更并造成一系列罪名认定方式的更新，也需要司法实践办案理念的共同转变。随着2020年《刑法修正案（十一）》的出台实施，我国《刑法》正式进入对“自洗钱”犯罪形态的规制时代。如何从洗钱罪的历史沿革中理解该罪名犯罪形态变更的法理依据？自洗钱犯罪形态在涉洗钱罪上游犯罪大类，尤其是在涉毒品重罪案件中适用的意义及其正当化事由是什么？这成为自洗钱犯罪形态在毒品重罪司法实践中适用的基础性问题。

关键词：洗钱罪；自洗钱；法律适用；涉毒重罪案件

自1997年洗钱罪罪名入刑以来，无论是其刑法罪状描述还是在司法实践中的具体适用，均体现出该罪名“他洗钱”的典型性质，即构成洗钱罪的，需要在该罪的犯罪构成要件中明确犯罪行为人对洗钱对象的“暗黑”性质存在明知，且洗钱犯罪行为人应当处于协助地位，不存在自洗钱行为构成犯罪的空间，即犯罪行为人在犯罪行为中获得非法资金并实施“自我洗白”的行为与事后不可罚事宜相关联，排除犯罪构成，排斥刑罚介入与调整。同时，洗钱罪被严格限

---

* 邓仕文，成都文理学院文法学院教师、法学硕士，研究方向为刑法学。张海鹏，重庆市巴南区人民检察院二部干警，研究方向为刑法学、犯罪学。本文为2022年度重庆市新型犯罪研究中心项目《自洗钱犯罪形态在涉毒重罪案件中适用的正当化事由研究》（22XXFZ01）研究成果。

定在几大类犯罪行为的下游，预先或者犯罪过程中的自洗钱行为同样被排除在洗钱罪犯罪构成之外，即无论何种预谋方式，包括事前、事中等的谋划洗钱行为，只要与“自我洗白”行为相关联的，均不属于我国刑法中的犯罪类型。直到2020年《刑法修正案（十一）》的出台实施，正式将“自洗钱”行为归入犯罪行为规制，承认了预先或者犯罪过程中的“自己为自己洗钱行为”同样构成洗钱犯罪，不再考察犯罪行为人的主观内容以及主观内容的内涵，[①]只要属于为将犯罪违法所得洗白的行为，即使是“自我洗白”的，也将构成洗钱犯罪。这一立法罪状描述及犯罪构成要件的重大变化造成了该罪在适用事由正当性上的争论，有观点认为，自洗钱犯罪形态本身就是非法的，本质上属于上游犯罪构成的一部分，且具有独立的严重社会危害性。还有观点认为，自洗钱犯罪形态构成犯罪需要结合被洗钱上游犯罪对象造成的具体危害性来评判，不应一概忽视事后不可罚事宜的出罪空间。鉴于上述争议，本文笔者将结合自洗钱犯罪罪名修改的法理依据及其在涉毒品重罪案件中适用的正当化事由进行探析。

一、洗钱罪罪状描述的历史沿革

罪名的创制需要法理依据的支撑，梳理洗钱罪罪名创制及修改的历史沿革能够体现出其法理依据的演变过程及其变更方式，结合刑事司法政策的现实实践，可以得出罪名变更沿革中的诸多启示。这可以发现，经过前后三次刑法修正案的不断修正，洗钱罪这一罪名经历了从“增加洗钱犯罪上游罪名”向“犯罪构成要件内容嬗变”的重大变革，直到自洗钱行为的最终入罪，洗钱罪罪名实现了对洗钱行为的全方位规制。

（一）前两次刑法修正案对洗钱罪的修改并未改变洗钱罪的基本犯罪构成

洗钱罪于1997年正式被载入刑法，在罪状描述上经历了两次扩增洗钱罪

① 主观内容最终是洗白违法所得，当然属于危害金融安全的行为，需要遵循罪责刑相一致原则。

上游犯罪对象的修正过程。2001年12月29日，洗钱罪罪名经历了第一次修正，在《刑法修正案（三）》第7条中，将“恐怖活动犯罪及其产生的收益”明确加入洗钱罪上游犯罪的类别中。第二次修正发生于2006年，《刑法修正案（六）》进一步将“贪污贿赂犯罪、破坏金融管理秩序犯罪、金融诈骗犯罪的所得及其产生的收益”增加到洗钱罪的上游犯罪中，使得洗钱罪上游犯罪罪名扩展至七大类。虽然洗钱罪罪名经过了两次刑法修正案的修改，但对传统洗钱罪的犯罪构成要件并未产生实质性影响①。在认定洗钱犯罪时，司法实践中的审查重点仍然坚持了主观事先“明知”上游犯罪所得为非法性质以及在上游犯罪之后客观上实施“协助”洗钱行为的主客观构罪要件相结合的认定标准。两次刑法修正案的修改只是增加了洗钱犯罪所规制的上游犯罪的种类及数量，并未触及该罪基本犯罪构成要件具体内容的变更，此时，该罪名遵循严格的客观“协助”及主观明知构罪要件，不存在自洗钱犯罪入罪的丝毫空间。

（二）2020年《刑法修正案（十一）》正式将自洗钱行为纳入构罪要件

《刑法修正案（十一）》于2020年出台实施，正式将“自洗钱”行为纳入洗钱罪规制，扩展了洗钱罪犯罪构成要件的内涵与外延，将传统他洗钱犯罪与自洗钱犯罪形态并列，一体适用。首先，在犯罪主体方面，将犯罪行为人实施洗钱犯罪上游犯罪后，基于各种理由“自己为自己”洗钱的行为纳入打击规制范围并删除了犯罪主观要件中的“明知”和犯罪客观要件中的外部“协助”两个要素，最终为自洗钱行为的入罪扫清了障碍。其次，在洗钱犯罪涉及的资金结算方式中，明确将“转移资金的结算方式”修改为“支付结算方式”，更加简化了洗钱罪客观方面的认定内容，因为网络转账方式的便利化，也从侧面降低了洗钱犯罪行为的入罪门槛。同时，本次修正案还将“协助将资产汇往

---

① 上述关于《刑法修正案》的修改只是增加了洗钱犯罪上游犯罪的种类，并未对洗钱罪的犯罪构成产生影响，但自洗钱犯罪行为入罪则对洗钱罪的犯罪构成产生了影响，本质上改变了洗钱犯罪的传统构罪要件。

境外”的要求修改为“跨境转移资产”，表明无论是协助转移资产还是自己为自己转移资产的，只要出现跨境资产转移的情形，均属于洗钱罪的客观行为方式，更加扩展了洗钱犯罪的打击范围。最后，在有关罚金的规定方面，明确删除了罚金数额的上下限制，进一步破除了罚金刑的数额要求，彰显出加大对洗钱犯罪的经济惩罚力度。上述《刑法修正案（十一）》对洗钱罪的修改，无论从犯罪构成要件还是刑罚处罚方面均有较大突破，删除“明知”和“协助”的犯罪构成要件，本质上改变了洗钱罪的犯罪构成，洗钱罪犯罪构成不再局限于“第三者”视角，犯罪行为人为自己非法利益考量的洗钱行为同样将受到洗钱罪罪名的规制，这也需要司法实践案件办理理念的进一步转变，包括实践办案中对新的犯罪构成要件证据收集形式及内容的变更与完善。

（三）2020年《刑法修正案（十一）》将自洗钱行为入罪带来的司法实践冲击

2020年《刑法修正案（十一）》出台前后，关于洗钱犯罪的修改条款引起了司法实务界以及学术界的诸多讨论与争议，基于不同立场的理论和实践对洗钱罪的认定结果截然不同。《刑法修正案（十一）》出台前，司法实践在认定洗钱罪犯罪客观方面的犯罪构成要件时，主要围绕提供资金账户、协助资金转换、转移以及将资金汇往境外等法条用语的客观语义，而在犯罪主观方面，则要求犯罪行为人对来自上游的犯罪所得及其产生的收益的违法性质具有明确主观认知，即知道或者至少应当知道其协助“洗白”的资金系上游犯罪的非法所得或者其产生的非法收益，基于主客观相符合的犯罪构成要件齐备洗钱犯罪才能成立。但在《刑法修正案（十一）》出台后，无论是客观行为还是主观方面均不再做出上述要求，客观犯罪构成不再要求齐备协助、帮助性客观行为，主观犯罪要件不再要求对上游犯罪所得及其产生的收益的非法性质的明知，而将实施上游犯罪①的犯罪分子自身作出的“自己帮助自己

① 上游犯罪即洗钱罪规定的七大类犯罪行为，分别是毒品犯罪、黑社会性质的组织犯罪、恐怖活动犯罪、走私犯罪、贪污贿赂犯罪、破坏金融管理秩序犯罪、金融诈骗犯罪。

的洗钱行为”规定为洗钱罪规制对象。至此，《刑法修正案（十一）》删除了洗钱罪条款中的“协助”“明知”等语义限制后，洗钱罪规制的犯罪对象及犯罪主体范围得到了极大扩展，可以说在涉及资金周转往来的整个犯罪链条中，构成洗钱罪的人员范围从犯罪帮助犯等从犯扩展到了包括犯罪者实施主体在内的全体成员，无论是对于司法实践罪名认定还是证据收集形式与内容均提出了较大挑战。总之，2020年自洗钱行为的入罪为洗钱罪犯罪构成要件的廓清带来较大冲击，在给刑法思维转变增添新内容的同时，也为洗钱罪在涉毒品重罪上游犯罪案件中的适用带来了正当化理由[①]的急切需求。

二、自洗钱行为入罪的依据及理由

自洗钱行为入罪的必要性及其在涉毒品重罪案件中适用的正当化事由需要各层面依据的支撑，主要包括立法层面的实践性理由、法理层面的理论依据以及防治上游毒品重罪案件危害性等几个方面。

（一）自洗钱行为入罪的立法层面理由

自洗钱行为入罪的立法理由和法理依据之间存在一体两面的关系，充分的立法理由需要法理依据的支撑，法理依据的实现需要立法层面的具体落实。立法层面的理由主要应立足于立法者将自洗钱行为入罪的功能、效用考量，也就是实践性需要，即立法者将自洗钱行为入罪进而运用刑罚予以规制的必要性、合理性以及借此应当实现的调整目的等。一方面，洗钱犯罪活动有成为危害国家安全隐患的可能性。党的二十大报告指出，国家安全是民族复兴的根基，社会稳定是国家强盛的前提。尤其是在金融安全领域，由于我国经济社会发展迅猛，伴随各类经济活动的犯罪行为或者犯罪行为关涉的经济活动，均会影响我国的金融安全和国家安全。早在2017年，党中央、国务院就将完善反洗钱、

---

① 此处的正当化理由主要是指自洗钱犯罪行为在毒品重罪案件中适用的依据，包括犯罪构成的自恰性、必要性等。

恐怖活动融资、反逃税监管体制机制作为了深化改革的重要任务之一，而上述深化改革的任务均与金融安全相关。同时，国务院为了落实三反机制，相应出台了《国务院办公厅关于完善反洗钱、反恐怖融资和反逃税监管体制机制的意见》，进一步强化了金融安全监管。其中，提出了要尊重国际公约的相关要求，逐步扩大洗钱罪的上游犯罪范围，将上游犯罪本犯纳入洗钱罪主体，对本犯的洗钱行为一体打击。总之，为了维护国家金融安全，维护经济社会稳定发展，面对实践中的各类洗钱犯罪，应当将上游犯罪本犯纳入洗钱罪犯罪主体。另一方面，从我国的司法实践观察，司法实务中对洗钱罪罪名的认定、适用和判决数量稀少，这一司法实践结果与洗钱罪犯罪活动猖獗的实际状况形成鲜明对比，表明了我国刑法规定的洗钱犯罪在实际运用中存在空转的情况。同时，自洗钱犯罪行为与事后具备掩饰、隐瞒特征的他洗钱犯罪行为相比，在犯罪隐蔽性、犯罪行为人主观恶性等方面均具有更为严重的社会危害性，存在刑法打击的必要性。我国刑法未将自洗钱行为入罪，客观上存在刑罚处罚的漏洞和空缺，不利于我国反洗钱犯罪活动和国际公约规定的反洗钱义务。另外，《刑法修正案（十一）》出台前，对于洗钱罪主观明知的证据证明标准要求较高，这也是导致该类案件审判定罪数量稀少的原因之一，删除主观明知的高标准要求，有利于我国的反洗钱犯罪活动和对反洗钱国际义务的承担。

（二）自洗钱行为入罪的法理层面依据

自洗钱行为入罪的法理依据与立法理由存在重叠之处，二者之间相互依存、互为支撑。在关于自洗钱犯罪的法理争议中，对于自洗钱行为入罪较大的争议之处在于自洗钱行为是否属于事后不可罚行为或者将自洗钱行为认定为犯罪是否属于自证其罪。①一种观点认为，自洗钱行为是上游犯罪分子自己为了实施犯罪行为而帮助自己的行为，该行为属于上游犯罪行为本身的组成部分，应为上游犯罪行为吸收或牵连，直接整体处罚其具体实施的上游犯罪即可，无必要将自己为自己洗钱的行为规定为犯罪，该种立法例违反了刑法

① 我国刑事案件的证据证明责任在检察机关，刑法明确规定了不得自证其罪的基本原则。

理论中的吸收犯、牵连犯处断原则。笔者认为，首先，在洗钱犯罪中，犯罪行为人为了达成其所实施的上游犯罪既遂的目的，往往需要为犯罪的实施做好各项准备，其中尤以经济物质条件为最重要的支撑条件，准备钱财、转移转换物资的行为有其独立危害性，往往不单纯依附于上游犯罪，故涉及洗钱犯罪的案件并非一定与上游犯罪具有牵连或者吸收关系。其次，洗钱类犯罪行为与上游犯罪行为相比，除了对上游犯罪的既遂具有辅助帮助作用外，其本身往往还具备侵犯新的社会法益的可能性。例如，自洗钱行为往往具有扰乱金融秩序、危害金融安全等社会危害性，金融安全领域的社会法益与上游犯罪的保护法益往往是不同的。同时，在上游犯罪与自洗钱犯罪行为分离的情形下，无法通过对上游犯罪的惩处一并惩罚自洗钱犯罪行为，[①]这势必造成刑法评价、惩处的偏颇。最后，由于上述洗钱类犯罪的危害性具有一定的独立性，因此，将其与上游犯罪采取吸收或者牵连后整体定罪的做法一定程度上难以发挥相应的刑罚惩罚性，故将上游犯罪中的自洗钱行为作为事后不可罚的行为存在而忽视客观事实的弊端，也不利于对洗钱犯罪行为进行刑罚打击。另外，判断某个行为是否属于“不可罚的事后行为”存在一个判断标准，即事前的状态犯所通常包含的、引起新的法益侵害的行为。具体到自洗钱犯罪行为而言，对于上游犯罪一罪的处罚不能达到“以状态犯之构成要件加以评价即为已足”的效果。因此，在司法问题上，不应该参照传统赃物犯罪研究并适用“不可罚的事后行为”理论，[②]亦即对上游犯罪的评价不必然能够涵盖所有的下游洗钱犯罪，以上游犯罪状态的评价不必然涵盖下游洗钱犯罪的危害，故应当将违法犯罪所得的“自我洗白”行为纳入洗钱罪规制[③]。

（三）自洗钱行为入罪在上游重罪案件中适用的正当性

根据《刑法》第191条的规定，毒品犯罪、黑社会性质的组织犯罪、恐怖

---

① 王新、冯春江、王亚兰:《自洗钱行为立法的争议、理论与实践依据》，载《当代金融研究》2020年第2期。

② 陈梦婷:《从“不可罚的事后行为”看我国自洗钱成罪问题》，载《法制博览》2017年第21期。

③ 至少从社会危害性上来说，对上游犯罪的评价不能涵盖下游洗钱犯罪的危害性。

活动犯罪、走私犯罪、贪污贿赂犯罪、破坏金融管理秩序犯罪、金融诈骗犯罪这七种类型的犯罪均为洗钱罪的上游犯罪。上述犯罪类型无论是大宗毒品贩卖、黑社会性质组织犯罪、恐怖活动犯罪还是走私、金融诈骗等犯罪活动均会对社会法益造成严重损害。同时，该几大类犯罪大部分具有组织性、趋财性的共同特征，无论是大宗毒品贩卖活动还是金融诈骗类犯罪行为，犯罪行为人在实施犯罪过程中的终极目的多数为求财，则伴随其犯罪客观行为的实施不可避免地将产生大量非法资金、资产的流动、转移与积累过程。大量资金的转移、转换甚至跨境流动在给金融监管和金融秩序带来冲击的同时，也会附带产生故意伤害、故意杀人、抢劫等恶性犯罪案件。恶性有组织犯罪活动与犯罪资产、资金密切相关，两者之间互为表里、互为支撑，斩断犯罪资金链条对于打击恶性有组织犯罪意义重大，而洗钱犯罪规制主体的扩充，为全面打击洗钱犯罪奠定了基础。同时，由于七大类上游犯罪具有组织性、严密性的特点，其为实施上游犯罪而经手资金或者犯罪财物的过程往往控制于犯罪组织或者犯罪集团内部，故自洗钱行为入罪，不要求构罪要件限于“外部协助”的形式，对于那些“非外部协助”的洗钱行为规制具有重要作用，自洗钱形式的洗钱犯罪在上游重罪案件中的适用具有极强的正当性，能够使侦查机关开拓更为宽广的侦查空间，至少在洗钱犯罪的侦查路径中拓展思路。

三、自洗钱行为入罪对上游毒品重罪规制的正当性理由

自洗钱行为入罪，将会对洗钱罪七类上游犯罪类型起到较大的规制作用，尤其是在毒品重罪案件中，自洗钱行为入刑有助于抽离毒品重罪实施的经济基础。笔者认为，对于自洗钱行为在涉毒品重罪案件中适用的正当化理由，可以从自洗钱行为的入刑依据、司法实践意义以及其刑法价值等几个方面进行探讨。

（一）自洗钱行为不单纯依附于上游犯罪并具有一定的独立性

一种客观存在的社会现象是否应当纳入刑法规制，最根本的要素在于其

是否具有社会法益的严重侵犯性，严重的社会侵害性是一行为成为犯罪的最基本要素之一，只有另一具备更大价值的社会法益被该行为所侵害，并且其他法律法规又无法对该类行为进行有效调整时，一行为的入刑立罪才具有充分的法理基础，这也是罪刑法定及保障法原则的基本要求。一种观点认为，自洗钱犯罪行为处于洗钱罪上游犯罪的前端或者在洗钱罪上游犯罪的实施过程中，其行为方式伴随上游犯罪的整个实施过程，应当依附于上游犯罪并被上游犯罪所吸收，且不存在新的社会法益的侵犯。因此，自洗钱犯罪行为缺乏刑罚规制的正当化理由，不应当单独入罪，对上游犯罪的评价足以使犯罪行为人获得应有的惩罚，另外成立所谓的自洗钱犯罪，违反了一事一罚原则。[①]笔者认为，自洗钱行为的实施过程侵犯了新的社会法益，客观上其并非完全依附或者吸收于上游犯罪，其自身具有一定的独立性、危害性，并具有刑法处罚的必要。例如，在涉毒品重罪案件中，作为上游犯罪的大宗毒品犯罪行为本身会给他人的人身健康、社会管理秩序甚至政治稳定带来危害，但伴随大宗毒品交易的洗钱行为同样具有侵犯社会法益的独立性，两者之间互为表里但却不能完全吸收。另外有观点认为，大宗毒品交易的资金数额普遍较大，大量资金通过非法渠道在金融体系内的流动与转移，客观上也会对国家的金融管理秩序造成危害。因此，无论是实施毒品重罪犯罪行为之前的洗钱行为还是实施毒品重罪犯罪行为之后的洗钱行为，其本身均具有侵犯社会金融管理秩序的独立性，而该类金融秩序法益无法被毒品罪保护的社会法益吸收或牵连，[②]故自洗钱行为具有独立入罪的正当化理由。再者，由于严重的社会危害性是一行为应受刑法处罚的依据，因此，下游洗钱行为的社会危害值得科处另一刑罚，并非违反了一事不再罚原则，也回应了需要严厉打击洗钱犯罪，保障金融安全的司法实践需要。

---

① 还有观点认为，自洗钱行为被上游犯罪行为吸收，根本不存在独立成罪的基础。该观点忽视了上游犯罪与洗钱犯罪的界限，至少在社会危害性上，如果依照上游犯罪的评价难以涵盖全部犯罪行为的危害性。

② 两类法益之间具有各自的独立性，毒品犯罪保护的是人的身体健康和社会管理秩序，而洗钱罪更多保护的是国家的金融管理秩序，二者不存在吸收关系，否则他洗钱犯罪也无法成立。

(二)自洗钱行为侵害性

将自洗钱行为纳入刑罚规制，在于其具备严重的社会危害性。一种观点认为，自洗钱行为是犯罪行为人自身对赃款、赃物的转移、隐瞒行为，其社会危害性涵盖在行为人为上游犯罪行为服务的范围内，对社会的危害有限，至少不应单独入罪。还有观点认为，与吸毒罪和洗钱罪各自保护法益存在区别的性质相同，社会危害也不应在不同法益之下存在重叠，自洗钱行为不作为犯罪处理，则只定毒品类犯罪罪名无法全面评价社会危害。笔者认为，自洗钱行为与传统赃物犯罪具有较大区别，传统赃物犯罪是在上游犯罪之后对上游犯罪行为的所得和收益进行物理转化或隐藏的行为，本质上属于上游犯罪的自然延伸，二者不存在能够做出刑法负面评价的界限，赃物获得与隐蔽赃物属于完成赃物犯罪的整体，难以分割并分别做出评价。例如，在涉毒品重罪案件中，犯罪行为人将实施贩卖、运输、走私毒品行为后产生的收益和违法所得进行转移或者隐瞒的，本质上属于事后的物理转化行为，认定为洗钱罪或者其他掩饰、隐瞒犯罪所得罪等不存在任何障碍。但是在事先或者在犯罪行为实施过程中，犯罪行为人实施的自洗钱行为本身却往往并非局限于物理层面的掩饰、隐瞒行为，其实施的资金漂白过程往往牵连毒品犯罪上、下家一系列犯罪链条，①该自洗钱行为已经超出了传统赃物犯罪行为的范畴，并非上游毒品犯罪的自然延伸行为，所造成的法益侵害也更为重大，所"自我洗白"的资金也往往涉及故意杀人、故意伤害等其他犯罪行为，危害较大。无论从刑法处罚规制角度，还是从打击洗钱犯罪保护社会法益的实际需要出发，洗钱犯罪的主体都应当包括上游犯罪的本犯，②只有将上游犯罪的本犯纳入洗钱犯罪规制，才能全面评价本犯的所有犯罪行为，这也是自洗钱行为入罪的又一正当化理由。

---

① 在实施大宗毒品犯罪过程中，行为人为了交易的顺利、安全进行，往往会出于保护资金链，包庇上、下家毒贩的目的采取极端手段，滋生其他恶性犯罪结果。

② 叶建勋:《洗钱犯罪中的上游犯罪和自洗钱研究》，载《清华法治论衡》2010年第1期。

（三）司法实践需要加大对洗钱罪的打击力度

在我国的司法实践中，洗钱罪犯罪案件的侦破、起诉数量较少。一方面，传统司法实践对洗钱罪的认定偏向于“事后行为”。同时，修改前的《刑法》第191条在洗钱罪刑法条款中也明确规定，构成洗钱罪需要在客观行为上满足“协助”要求且主观上要“明知”上游犯罪收益及所得来源非法。该规定的要求虽然符合主客观相一致的犯罪认定标准，但在证据印证方面却要求过高，难以达到有效打击犯罪的目的。由于传统观点将自洗钱行为视为上游犯罪的附属行为，因而侦查查处的重点往往是上游犯罪本身而非自洗钱行为，以致大量赃款无法追回，即使缴获了犯罪赃款的，也仅作为上游犯罪的量刑情节予以考虑，造成了处罚普遍过于轻缓的状况。同时，诸多案例表明，自洗钱行为热衷于向境外非法转移违法所得，且数额巨大，然而由于立法上的依据不足，也导致了司法实践查处中的困难。[①]另一方面，金融行动特别行动工作组（FAFT）于2019年发布的《中国反洗钱和反恐怖融资互评估报告》也指出，我国在打击洗钱犯罪过程中存在轻洗钱犯罪侦查、重上游犯罪打击的问题，未将自洗钱行为入刑的做法也不符合国际惯例。洗钱罪刑事法规制的调整，表明了我国积极履行国际公约义务，力求达到FATF评估标准，维护国家安全的努力。另外，在涉毒品重罪犯罪案件中，涉毒资金对毒品犯罪既遂具有重要作用，将自洗钱犯罪行为入刑，可从上游毒品犯罪行为实施、发展与既遂的整个链条中切断资金运行通道，剥离毒品重罪案件实施的经济基础，更好地打击毒品重罪案件。

四、结语

《刑法修正案（十一）》将自洗钱行为入罪，涉及洗钱罪犯罪构成要件、规制理念、法理依据的变更及嬗变，体现出我国在反洗钱犯罪法制理念上的

---

① 刘宏、华查宏、李庆：《“自洗钱”独立入罪问题研究》，载《清华金融评论》2020年第10期。

与时俱进，是我国反洗钱犯罪立法规制的一大进步，回应了维护国家安全及金融安全稳定的现实需要。但在现实的司法实践中，还需要从实际出发合理地把握自洗钱犯罪案件的犯罪构成及认定条件，在合理回应FATF评估标准的同时，还应当围绕犯罪构成要件构建适合司法实践的证据体系，审慎把握出罪、入罪标准，为毒品重罪案件洗钱犯罪的办理提供坚实的理论基础。

典型案例评析

论滴滴被罚80.26亿元事件中的事理与法理

王宇松　宫红玉*

一、基本信息

国别/地区：中国

案例类别：行政处罚案例

案例名称：滴滴全球股份有限公司被罚80.26亿元①

作出行政处罚决定时间：2022年

行政机关：国家互联网信息办公室

二、基本事实

2021年7月，为防范国家数据安全风险，维护国家安全，保障公共利益，

---

* 王宇松，安徽师范大学法学院副教授、法学博士、硕士生导师，安徽师范大学经济法研究所所长，研究方向为经济法学。官红玉，安徽师范大学法学院2021级民商法学硕士研究生，研究方向为经济法学。本文为2020年度安徽省高等学校人文社会科学重点项目《徽商精神复兴制度保障研究》（SK2020A0079）研究成果。

① 案件的相关资料主要来自于“中华人民共和国国家互联网办公室”官网公告《国家互联网信息办公室对滴滴全球股份有限公司依法作出网络安全审查相关行政处罚的决定》，访问网址https://www.cac.gov.cn/2022-07/21/c_1660021534306352.htm，以及处罚单位有关负责人的答记者问《国家互联网信息办公室有关负责人就对滴滴全球股份有限公司依法作出网络安全审查相关行政处罚的决定答记者问》，访问网址https://www.cac.gov.cn/2022-07/21/c_1660021534364976.htm，最后访问时间：2024年6月16日。

依据《中华人民共和国国家安全法》(以下简称《国家安全法》)、《中华人民共和国网络安全法》(以下简称《网络安全法》),网络安全审查办公室按照《网络安全审查办法》对滴滴公司实施网络安全审查。

根据网络安全审查结论及发现的问题和线索,国家互联网信息办公室(以下简称网信办)依法对滴滴公司涉嫌违法行为进行立案调查。其间,网信办进行了调查询问、技术取证,责令滴滴公司提交了相关证据材料,对本案证据材料深入核查分析,并充分听取滴滴公司意见,保障滴滴公司合法权利。经查明,滴滴公司共存在16项违法事实,归纳起来主要是8个方面:一是违法收集用户手机相册中的截图信息1196.39万条;二是过度收集用户剪切板信息、应用列表信息83.23亿条;三是过度收集乘客人脸识别信息1.07亿条、年龄段信息5350.92万条、职业信息1633.56万条、亲情关系信息138.29万条、"家"和"公司"打车地址信息1.53亿条;四是过度收集乘客评价代驾服务时、App后台运行时、手机连接桔视记录仪设备时的精准位置(经纬度)信息1.67亿条;五是过度收集司机学历信息14.29万条,以明文形式存储司机身份证号信息5780.26万条;六是在未明确告知乘客的情况下分析乘客出行意图信息539.76亿条、常驻城市信息15.38亿条、异地商务及异地旅游信息3.04亿条;七是在乘客使用顺风车服务时频繁索取无关的"电话权限";八是未准确、清晰说明用户设备信息等19项个人信息处理目的。

经查实,滴滴公司违反《网络安全法》、《中华人民共和国数据安全法》(以下简称《数据安全法》)、《中华人民共和国个人信息保护法》(以下简称《个人信息保护法》)的违法违规行为事实清楚、证据确凿、情节严重、性质恶劣,应当从严从重处罚。一是从违法行为的性质看,滴滴公司未按照相关法律法规规定和监管部门要求,履行网络安全、数据安全、个人信息保护义务,置国家网络安全、数据安全于不顾,给国家网络安全、数据安全带来严重的风险隐患,且在监管部门责令改正情况下,仍未进行全面深入整改,性质极为恶劣。二是从违法行为的持续时间看,滴滴公司相关违法行为最早开始于2015年6月,持续至今,持续违反2017年6月实施的《网络安全法》、2021年9月实施的《数据安全法》和2021年11月实施的《个人信息保护法》,长达7年时间。三是从违法行为的危害看，滴滴公司通过违法手段收集用户剪切板信息、相册中的截图信息、亲情关系信息等个人信息，严重侵犯用户隐私、个人信息权益等。四是从违法处理个人信息的数量看，滴滴公司违法处理个人信息达647.09亿条，数量巨大，其中包括人脸识别信息、精准位置信息、身份证号等多类敏感个人信息。五是从违法处理个人信息的情形看，滴滴公司违法行为涉及多个App，涵盖过度收集个人信息、强制收集敏感个人信息、App频繁索权、未尽个人信息处理告知义务、未尽网络安全数据安全保护义务等多种情形。

2022年7月，网信办依据《网络安全法》《数据安全法》《个人信息保护法》《行政处罚法》等法律法规，对滴滴全球股份有限公司处人民币80.26亿元罚款，对滴滴全球股份有限公司董事长兼CEO程维、总裁柳青各处人民币100万元罚款。

三、简要评析

本评析以网信办对滴滴全球股份有限公司违法事实的八项总结归纳为基础，通过分析其主要违法行为中显现出的问题，深度挖掘滴滴违法行为事件背后存在的事理和法律问题。

（一）违反“告知—同意”规则，超范围索取用户权限和信息

滴滴的主要违法事实之一是在乘客使用App的过程中，未对乘客履行相应的告知义务，并存在超范围索取用户权限的行为。即在乘客使用滴滴App过程中，滴滴不仅没有履行“告知—同意”程序，还通过其收集的信息过度分析乘客出行意图、常驻城市、异地商务及异地旅游等信息，且未对用户说明获取其个人信息的目的。同时，滴滴在向用户索取正常运营所需权限时，超范围索取了其他无关权限，比如用户的电话权限。

《个人信息保护法》在对一般性处理公民个人信息的规定中，确立以“告知—同意”规则作为基本前提，在被处理信息的内容和范围发生变化时，公民个人可以不再同意其已经授权的信息处理活动，还可以对已经同意授权的

事项行使撤回权。域外也有学者对于“告知—同意”规则进行研究，比如努鲁尔·穆明（Momen N），马吉德·哈塔米安（Hatamian M）和罗萨·弗里奇（Fritsch L）（2019）通过研究欧盟《一般数据保护条例》（General Data Protection Regulation，GDPR）实施前后的隐私保护状况认为，只有严格的“告知—同意”规则才能有效保护个人信息权益。①这给予了公民更多合理行使自己个人信息权的空间，让公民在大数据时代中能够真正实现其个人信息的控制权、主宰权，保护其合法权益不受侵害。②依据《个人信息保护法》相关规定，滴滴平台在收集其运营所需合法范围内的公民个人信息时，应当告知公民其需要收集的信息范围，以及该收集行为有可能带来的后果，并由公民个人来决定是否同意其采集自己的信息。③但是在实际运营中，滴滴并未履行告知义务，这就导致公民个人极有可能没有意识到，或者无法意识到自己的个人信息已经被收集，从而导致个人信息泄露。同时，滴滴还对其收集到的个人信息进行不合理的过度分析，牟取非法利益。

在用户使用滴滴过程中，滴滴除向用户索取提供正常运营服务所需的权限外，还滥用“告知—同意”规则索取了用户的电话权限，但获取电话权限与用户使用滴滴之间毫无关联，不存在合理索取的情况，超出了其合法索取的范围。在互联网时代下，公民基于便利，往往会选择通过互联网办理相关业务，包括日常购物、出行。在利用互联网办理这些业务时，公民一旦输入个人信息，其对该信息的控制能力就会被无限弱化，导致公民个人无法控制该信息的后续重复利用以及超出授权外的使用，后续的信息控制者可以非常轻松地获取到大量个人信息，在没有得到用户个人授权的情形下，对数据进行二次分析利用，侵犯公民的个人信息权益。④由于这些信息的收集、流转与

---

① Momen N，Hatamian M，Fritsch L，“Did app privacy improve after the GDPR？”，IEEE Security and Privacy，2019.

② 万方:《个人信息处理中的“同意”与“同意撤回”》，载《中国法学》2021年第1期。

③ 邓矜婷:《论大数据产业中个人信息自决权的有效性限制》，载《江苏行政学院学报》2020年第4期。

④ 秦月岩:《浅谈大数据时代个人信息保护的困境与出路探索》，载《河北企业》2022年第7期。

利用可以创造无限的价值，越来越成为一个企业十分有价值的资产，激活了企业违法违规收集这些信息的无限冲动，如果不通过法律加以强力保护，公民个人的信息权益必将受到越来越多的侵害。

（二）违法收集用户个人信息，侵犯公民个人信息安全

在用户使用滴滴的过程中，滴滴不仅违法过度收集用户个人信息，还违法收集用户个人隐私信息，该隐私信息包括乘客人脸识别信息、年龄段信息、职业信息、打车地址信息、精准位置信息等隐私内容。

目前，学界对于个人信息的理论定性主要存在可识别性和关联性两种不同的学术观点。可识别性观点认为，个人信息主要是指能够通过一定的表现形式具体定位到公民个人并识别到个人身份的信息，比如通信住址、身份证号码、银行卡账号及密码、住院病历、个人生物识别信息、指纹等类似信息。[①]此观点个人信息概念的内涵和外延就涉及个人信息与隐私权的区别，虽然个人信息与隐私权关系紧密，但实际上是两种不同属性的内容，隐私权更加强调的是“隐”和“私”两个方面，即不被人知的个人私密活动，这些活动主要是公民个人不想被别人知道的内容，比如公民个人没有进行公开并且不会主动公开的个人生活情况等。而个人信息主要是指能够识别自然人个人身份的各种信息，这些信息不一定以具有私密性作为基本要素，可以是已经公开的或者未被公开的信息，并且公开这些信息也不一定涉及公民个人的私人生活问题，因此这些信息的泄露通常不会造成公民个人心理上的压抑或者不适。[②]大多数人容易将“个人信息”理解为隐私信息，进而容易将对个人信息的保护归为对隐私权保护的一种表现形式。[③]

在滴滴的违法行为中，其过度收集的用户个人信息不仅包含了能够识别

---

① 彭诚信：《数据利用的根本矛盾何以消除——基于隐私、信息与数据的法理厘清》，载《探索与争鸣》2022年第2期。

② 何培瑞、唐炜钧、雷歆怡：《大数据时代个人信息保护的法律思考》，载《网络安全技术与应用》2022年第8期。

③ 郑维炜：《个人信息权的权利属性、法理基础与保护路径》，载《法制与社会发展》2020年第6期。

自然人个人身份的信息，还包括了应当归属于隐私权的个人信息，应对两者做出区分，并加以不同保护，不可一概而论。对于涉及的用户个人身份信息，因不具有私密性，只需按照一般的个人信息进行保护。对于个人信息中涉及的隐私信息，则应当以保护隐私权的方式进行保护。在当前的信息社会中，个人信息的安全保护不仅影响到个人财产安全的保护，还涉及个人人身安全的保护，家庭生活的安宁，工作、学习的安宁，乃至社会的稳定和国家的信息安全，必须给予有力保护，对侵害个人信息的违法者给予严厉惩罚。网信办对滴滴做出的处罚决定中，80多亿元的罚款引起社会热议，80多亿元的数额在行政处罚中确实少见，但此举也反映出国家对个人信息保护的重要意义认识深刻，对于个人信息保护的重视程度大幅上升。

（三）违法收集用户手机个人数据，危及公众和国家数据安全

滴滴过度收集用户个人数据这一违法行为，“过度”一词就显示出其不仅收集用户使用滴滴App时所需的数据信息，还收集与使用该App无关的个人信息，比如用户手机相册中的截图信息、用户剪切板信息、应用列表信息等。此外，滴滴手中还掌握了大量的车辆GPS数据，这些数据都是基于真实坐标形成的，不仅包含大量道路信息，甚至还涉及军事机密，而这些信息一旦泄露，将对国家安全造成极大威胁。①

网信办的处罚决定显示出了该违法行为的严重性，80.26亿元的罚款约占滴滴2021年总收入的4.6%，这不仅是对滴滴为获取不法利益而非法获取、利用用户个人数据行为的警示，更是对滴滴的违法行为已经给国家安全造成极大隐患的警示。作为企业，参与市场竞争追求收益最大化是无可争议的，但不得侵害消费者权益，更不得危害国家安全，否则必须承受严重的不利后果，得不偿失。80.26亿元的罚款不仅会对滴滴企业内部的资金流动产生较大影响，还将导致滴滴的企业形象评价下降，②其他企业务必引以为戒。

---

① 陈秀娟:《滴滴被罚80亿元》，载《汽车观察》2022年第7期。

② 陈秀娟:《滴滴被罚80亿元》，载《汽车观察》2022年第7期。

在互联网大数据时代下，与传统的企业相比，以网络平台为支撑的企业的正常运营更需要数据信息的支持，数据本身具备的价值以及其所能够带来的利益都逐渐得到认可[①]。在滴滴的主要违法行为中，其过度收集用户手机信息可以给它带来非常可观的利益。由于用户手机信息能够直观反映用户日常生活轨迹，因此收集此类信息使得滴滴能够更为准确地判断该用户的喜好以及需求，从而使得滴滴能够较为精准地判断该用户是否使用滴滴以及使用滴滴的频率，由此对市场需求做出进一步的精确判断。[②]在此过程中，滴滴还可以及时向该用户推送相应的广告以及活动消息，以确保不断获得稳定的乘客流量、可观的收益。滴滴将数据信息的收集作为增加自已利益收入的手段后，在其将过度收集的用户个人信息用于牟利过程中，就会面临着一个不可回避的问题：给用户个人、社会乃至国家带来诸多安全风险。例如，滴滴公司或其员工将个人信息进行非法买卖，就可能使个人陷入各种电信诈骗风险之中。也就是说滴滴的违法行为带来的远远不止限于增加滴滴的不合理收入，而是直接影响到大数据时代下的个人、社会和国家的数据信息安全。随着个人、社会、国家越来越主动或被动地陷入网络“包围”环境之中，由此带来的各种安全风险也将呈指数倍上升，因而与以往相比，数据安全治理的重视程度也就需要大大提升[③]，上升到前所未有的高度。

四、对滴滴违法行为的原因分析

（一）对违反“告知—同意”规则并超范围索取用户权限行为的原因分析

“告知—同意”规则是个人信息处理规则的核心，对个人信息保护具有

① 王利明：《数据共享与个人信息保护》，载《现代法学》2019年第1期。

② 李淮男：《数字化转型背景下个人信息利用与保护的平衡与优化》，载《信息安全研究》2022年第8期。

③ 李严、杨向东：《数据收集活动中个人信息保护问题的研究》，载《网络安全技术与应用》2022年第9期。

举足轻重的作用，可以称为个人信息保护领域的帝王规则。其具体是指个人信息处理者在对个人信息进行收集时，应当充分告知公民其个人信息被收集、处理以及利用的情况，并且信息处理者对个人信息的处理必须以公民个人明确同意为前提。[①]该原则包含两方面：一是“告知”，即个人信息处理者在处理个人信息之前，应当将个人信息的处理目的、处理方式、收集的个人信息种类和保存期限等内容充分告知公民个人；二是“同意”，Maccarthy在《隐私的新方向：披露、不公平和外部性》（*New directions in privacy: Disclosure, unfairness and externalities*）一文中提出，公民个人同意应当成为信息处理以及信息利用的前提或者合法基础，[②]即在公民个人没有自愿、明确做出同意意思表示前，任何个人信息处理者都不得收集、存储、使用、加工、传输、提供、公开、删除信息主体的个人信息。

但是，在市场经济活动中，由于市场经济地位的差距而出现了不同的市场主体，他们对信息的掌控程度是不同的。实力较雄厚的市场经济主体不仅在经济活动中处于优势地位，其对于信息的掌控、利用程度较个人也都处于绝对优势地位。市场主体提供的隐私协议往往是其专家团队深思熟虑制定出的一揽子格式合同，不仅冗长复杂，而且用户除了“同意”或“拒绝”，并没有其他选择余地。[③]相比之下，公民个人对于个人信息的保护则处于被动或者劣势的地位，常常发生个人信息在不知情下被商业利用或另作他用。面对冗长复杂的条款，极少用户愿意耗费时间仔细阅读，即使愿意阅读，也未必能理解条款的内容。面对网络服务提供商不同意就放弃使用的要求，用户即使不希望自己的个人信息被用于其他非必须使用的功能，或不希望授权将自己的个人信息提供给第三方信息处理者进行信息处理，也只能无奈做出一揽子

---

① 张新宝:《个人信息收集：告知同意原则适用的限制》，载《比较法研究》2019年第6期。

② Maccarthy，“New directions in privacy:Disclosure,unfairness and externalities”，Journal of Law and Policy for the information Society，2011.

③ 韩旭至:《个人信息保护中告知同意的困境与出路——兼论〈个人信息保护法（草案）〉相关条款》，载《经贸法律评论》2021年第1期。

的同意授权或拒绝的意思表示。[①]在滴滴的违法行为中，其违反“告知—同意”规则并超范围索取用户权限，原因就在于滴滴全球股份有限公司相较于公民个人而言，在市场经济中处于优势地位，致使个人使用滴滴App时，存在“告知—同意”的不真实性、不自主性。

（二）对违法收集用户个人信息行为的原因分析

对于违法收集用户个人信息的原因剖析主要阐述以下四点：

第一，违法成本低，收益高。侵犯个人信息安全的违法行为隐蔽性较强，并且大多危害行为都发生于虚拟的网络世界中，交易过程隐秘、迅速，点对面的传播方式使侵权后果以几何倍数递增，危害巨大，且不易被发现，举证也困难。即使被认定违法了，也大多采用警告、责令整改等形式。这些都使得进行违法违规操作的App所有者只需承担较低的违法风险和违法成本。与之相对的是侵犯个人信息安全的违法行为却能够获得巨额的经济利益。[②]

第二，执法监管力度不强。对于App违规收集、利用个人信息的执法主体主要有网信办、工业和信息化部、公安部、市场监管总局以及各行业主管部门等，但由于我国目前并未成立统一的执法机构，对于App违规行为的执法机构处于多个部门联合执法的状态，对违法违规收集行为的惩治也主要采用联合执法的方式，这就容易产生多部门之间互相推诿的情况，使得对App违法违规行为的处理较为不便[③]。而且执法部门对App运营者信息收集行为的事前监督力度并不强，App上架的准入门槛较低，对于即将上架的App以及已上架的App也没有统一的机构对其进行管理。

第三，经营者守法意识较弱。经营者是市场经济活动的主要主体，在守法意识不够坚定的情况下，不乏为了追逐高额利益而实施违法违规行为的可能。特别是在立法、执法不够完善，违法风险和违法成本不高，市场竞争又

---

① 张新宝：《个人信息收集：告知同意原则适用的限制》，载《比较法研究》2019年第6期。

② 党振兴：《大数据时代个人信息安全现状与保护》，载《重庆交通大学学报》2022年第4期。

③ 侯水平：《大数据时代数据信息收集的法律规制》，载《党政研究》2018年第2期。

比较激烈的情形下，经营者为了生存下去，追逐更高利润，在其应用App的过程中，就更容易产生利用违法违规行为获取非法利益的冲动，将依法守规经营放置一边。

第四，用户个人缺乏自我保护意识。用户个人虽同经营者一样，均是市场经济活动中的主体，但是其相较于经营者而言在市场经济活动中处于劣势地位，用户个人对于个人信息的保护意识更是有待加强。大多数用户对于法律法规的认知主要通过社区宣传、网络平台普法等形式获取，但由于法律法规繁多且普法方式受限，用户并不能在有限的时间内获取足够的法律知识，来增强自我保护意识。这种自我保护意识的不足，也间接降低了经营者的违法风险和违法成本，放纵和鼓励了经营者实现违法行为，对用户个人信息以及数据进行大肆超范围获取、利用。[①]

(三)对违法收集用户手机个人数据行为的原因分析

数据与上述个人信息不同，数据是承载信息的载体，是一种新型生产要素，其作为当前市场经济数字化、网络化、智能化的基础，已经融入生产、分配、流通、消费和社会服务管理等各环节，同时也正在深刻改变着当代人类的生产方式、生活方式和社会治理方式。[②]2017年中央政治局第二次集体学习中，习近平总书记也强调要“加快建设数字中国”“要制定数据资源确权、开放、流通、交易相关制度，完善数据产权保护制度”[③]。《数据安全法》第7条规定：“国家保护个人、组织与数据有关的权益，鼓励数据依法合理有效利用，保障数据依法有序自由流动，促进以数据为关键要素的数字经济发展。”数据包括个人数据、企业数据、公共数据等种类，其作为一种财产，自然应当被所有者拥有。相比于保护个人数据所有权，目前的观点更倾向于保护企业数据所有权，原因在于企业在整体的市场经济中能够将数据的价值充分挖

---

① 林凯:《2018网络安全执法分析报告》，载《犯罪研究》2019年第6期。

② 张新宝:《论作为新型财产权的数据财产权》，载《中国社会科学》2023年第4期。

③ 新华社:《习近平：实施国家大数据战略，加快建设数字中国》，http://www.xinhuanet.com/politics/2017-12/09/c_1122084706.htm，最后访问时间：2023年12月1日。

掘，促进市场经济稳步发展，但这不得以影响到公众安全和国家安全为前提。

滴滴违法收集用户个人数据的原因，主要在于以下几点：一是相关法律法规不够完善。数据财产权在目前来讲是一种新型的财产权益，而法律法规的滞后性就必然导致对于新兴事物的规制存在缺陷。目前，对于数据的处理方面仅有《民法典》《个人信息保护法》《数据安全法》《消费者权益保护法》予以相关规定，数据保护方面的法律法规更是少之又少，这也就间接增加了平台违法行为的发生。[①]二是执法部门缺乏经验。执法部门对于违法违规收集、利用个人数据行为的惩处以及监管方面均缺乏相应的经验，没有与其相契合的监督管理方式，导致数据财产拥有者较容易突破道德线，从而进行违法操作。[②]三是惩罚力度不够。《数据安全法》中对于数据处理活动中的违法行为，大多以责令改正、停业整顿、吊销相关业务许可证、吊销营业执照、警告、罚款等方式对违法者予以处罚，对于构成犯罪的则依法予以追究刑事责任。显而易见，与进行违法行为受到的处罚相比，数据处理者获得的非法利益更为可观，违法成本较小，这也直接成为促进违法行为发生的原因之一。

五、相关完善建议

（一）完善法律法规

我国现有规范侵犯个人信息安全行为的法律依据，多见于《民法典》《网络安全法》《个人信息保护法》《消费者权益保护法》《数据安全法》等法律规范和司法解释中，但普遍存在保护范围较窄、处罚模式单一、惩戒力度不够等问题。比如，《民法典》在人格权编规定了需要对隐私权和个人信息进行保护，但对违法侵害行为如何处罚并没有具体规定。又如，《刑法》规定了侵犯公民个人信息罪，但有较高的入罪要求和举证标准，最高刑罚为有期徒刑三年以上

---

① 高富平：《个人信息使用的合法性基础——数据上利益分析视角》，载《比较法研究》2019年第2期。

② 罗克研：《十大典型案例“守护消费”暨打击侵害消费者个人信息违法行为专项执法行动》，载《中国质量万里行》2019年第12期。

七年以下，也难以对潜在的侵害个人信息的犯罪行为形成有效抑制，[①]因而需要加强这方面的立法保护。一是要尽快完善相关的法律法规，建立系统性的个人信息保护行为规范体系，有法可依。二是要建立和完善个人信息侵权的责任制度体系，不仅在《个人信息保护法》中规定相应的责任条款，还应在其他相关法律法规中完善相应责任条款，以建立起包括民事责任、行政责任，乃至刑事责任的完整责任制度体系。其中，赔偿制度的设置尤为重要，它是最直接和有效的权利救济方式，能最大限度弥补个人损失，也能使侵权者付出对等补偿，甚至是惩罚性代价。[②]在行政责任中采取惩罚性赔偿，应建立相应的惩罚性数额标准，通过损害赔偿和惩罚性赔偿规则的设置，以用户个人请求赔偿和国家机关依法惩罚相结合的方式，来加强对侵犯个人信息行为的打击力度，增加侵权行为人的违法成本，以期更好地保障个人信息安全不受侵犯。

（二）健全监管机制

《个人信息保护法》规定，"国家网信部门负责统筹协调个人信息保护工作和相关监督管理工作。国务院有关部门依照本法和有关法律、行政法规的规定，在各自职责范围内负责个人信息保护和监督管理工作"。我国没有设置专职的个人数据保护管理部门。有学者认为，通过各职能部门进行分别管理，不仅有利于各职能部门了解各行业现状，快速做出正确处置，还可以针对各行业特点进行个人信息保护的宣传教育，提升个人、企业机构和政府部门的个人信息保护意识。[③]但这种分散式监管模式也有诸多先天不足之处，如过于松散，缺少协调统筹，导致监管效率低下。此外，还存在负有监管职责的单位和个人尽心尽职履行监管职责的动力不足，导致监管的缺位、错位等问题。

基于以上问题的存在，为健全我国个人信息保护的监管机制，首先应建立和完善各监管部门的联动机制。在明确各监管部门按其职责专长有效分工的基

---

① 程雷:《刑事司法中的公民个人信息保护》，载《中国人民大学学报》2019年第3期。

② 党振兴:《大数据时代个人信息安全现状与保护》，载《重庆交通大学学报》2022年第4期。

③ 李严、杨向东:《数据收集活动中个人信息保护问题的研究》，载《网络安全技术与应用》2022年第9期。

础上，协调各监管部门实现优势互补、信息共享、联动一体。要求各监管部门对自己职责范围内的工作不得推诿，对不属于自身监管范围内的事项应当及时转给其他相关部门，最大限度地避免个人信息监管真空和监管重复。[①]为更加有效地发挥联动机制的协调作用，可充分利用互联网技术，将互联网作为联动监管的神经传输系统，构建“互联网+监管”的联动监管机制。这不仅可以提升联动监管效率，还可以利用“以网管网”来促进公正监管、强化信用监管、实现精准监管、探索智慧监管、落实包容审慎监管。此外，还可以通过加强数据分析比对，开展网络监测、在线证据保全，提高智能识别能力，增强对行业风险和违法违规线索的“早发现、早识别、早预警、早处理”的能力，在实现不同监管部门联动监管的同时，也实现了线上线下的一体化监管。

其次应建立和完善政府监管部门与行业自律组织及平台企业的监管联动机制。在明确政府监管部门与行业自律组织及平台企业监管分工的基础上，作为政府监管部门，要指导和协助行业自律组织及平台企业提升监管能力，放手让行业自律组织及平台企业充分发挥其自身优势，加强行业自身监管，弥补政府监管的不足和漏洞。相较于政府部门而言，平台企业能够更加方便监督在本平台上进行的交易行为，更加清楚在平台上进行交易企业的运作并对其行为进行相应的控制，适度将监管权限委托给网络平台企业，让其“自我监管”，可有效缓解行政监管的缺陷和不足，[②]实现以最低的成本防范违法行为的发生。而且那些利用网络的平台企业的自我监管处于政府管制和纯粹的市场机制之间，处于电子商务的信息枢纽地位，能够更加及时、有效地接收与处理市场信息，让政府监管工具和监管目标得到更为有效的落实。例如，支付宝的交易安全规则、微信红包的防洗钱控制、网络搜索领域的隐私权保护等，都有赖于平台企业提供的交易规则和控制技术，[③]借助这些平台交易规则和控制技术的实施，政府监管工具和监管目标也就更加容易实现。

---

① 齐爱民、张哲：《共享经济发展中的法律问题研究》，载《求是学刊》2018年第2期。

② 韩其峰、王赛骞：《新常态下网络经济的市场监管分析及政府对策建议》，载《天津法学》2021年第1期。

③ 王邦宇：《网络平台监管的反思与改进措施》，载《长江技术经济》2020年第5期。

最后还要强化对监管部门的监督机制，同时加大监管部门和个人错位、缺位、越位时的责任。没有有效的监管监督机制，没有相应的责任机制，政府各监管部门及其工作人员难免会懈怠、有私心，出现错位、缺位、越位的问题。为保障监管部门及其工作人员的尽职尽责，各监管部门应当在监督机制、责任机制上有所作为，建立便于公民监督的简便渠道和程序，成立受理公民监督的专门机构，公布便于公民投诉的真实有效的渠道，及时受理对监管部门及其工作人员处理个人信息侵权行为不力的投诉，并且尽量明确受理期限，在期限内给予公民有效的解决方案以及相应的救济措施。对于那些因监管部门的错位、缺位、越位，导致受理不及时，造成公民进一步遭受损失或者损失扩大的，应当明确政府部门以及具体责任人员应承担的法律责任，[①]特别是对公民的必要补偿责任。

（三）增强公民数字素养

公民个人信息保护，还依赖于公民个人对信息保护的警觉性，需要在完善法律法规和健全监管机制的同时，不断提升公民的自我保护意识、自我保护能力。首先，政府部门应当加强个人信息保护的普法宣传，以人们喜闻乐见的方式向公民宣传与个人信息保护相关的法律法规，特别是个人信息会以什么样的方式泄露，以及泄露信息带来的危害方面内容的宣传，培养公民坚持“先核再用，非必要不提供”的良好习惯。在日常生活中，通过短信、微信等各种方式提醒公民，不在陌生电子设备上登录个人账号或信息，不轻易点击各种转发链接，不轻易扫描来源不明的二维码等。公民需要仔细阅读平台出示的隐私协议等条款，在平台需要公民授权获取信息时，公民应当准确了解平台处理个人信息的理由，以及提供个人信息的必要性。在平时生活中，尽量不在接入互联网的电子设备上填写或存储个人信息，对于必须在互联网

---

① 李淮男:《数字化转型背景下个人信息利用与保护的平衡与优化》，载《信息安全研究》2022年第8期。

上提交的信息，应当尽量采取最小化原则填写。[1]

其次，引导公民学以致用，在自我保护实践中提升数字素养，以此减少、杜绝个人信息泄露的发生。比如，在日常生活中，引导和培育公民及时销毁可能被他人滥用的带有个人信息的凭证和资料信息，向别人提供的一些带有个人敏感信息的电子数据（如证件照片），应当做到用完即删或者采用加密方式进行储存。对于长时间不使用的App，应当及时卸载并清除数据，避免造成个人信息泄露。鼓励公民在个人信息受到侵害时，积极维权，在维权中提升自己的数字素养。当个人信息权益受到网络违法犯罪行为的侵害或者发现平台存在违法处理公民个人信息行为时，应当保持沉着冷静，妥善收集好违法线索和相关凭证，[2]并依照法律的相关规定，在第一时间及时主动地向相关部门（如公安部门）举报、投诉，并配合相关部门做好调查取证工作，同时及时联系相关互联网企业单位采取补救措施，防止造成更大损失。

六、结语

当今时代是数字经济时代，互联网作为平台已经渗入公民生活的方方面面，滴滴出行只是体现在公众利用互联网平台进行日常出行这一方面，但互联网平台对于公众生活的渗入已经远不止于出行、购物、娱乐，甚至投诉、信访等都不同程度地依赖于网络平台。在此过程中，公众都会以明显的方式或隐藏的方式输入信息或者同意授权，进而可能导致信息的泄露。为了保障数据安全与个人信息安全，不仅需要制定一系列法律法规，还需要监管部门完善监管机制，提升民众的数字素养，避免个人信息的泄露。让企业获取合法收入，让公民个人权益得到保护，让经济社会实现稳定有序发展，让国家不断富强繁荣。

---

① 何培瑞、唐炜钧、雷歆怡：《大数据时代个人信息保护的法律思考》，载《网络安全技术与应用》2022年第8期。

② 解万永、姜霞：《大数据时代下用户个人信息保护的思考》，载《网络安全技术与应用》2022年第10期。

船舶产权登记不实与司法裁判之利益衡平

——基于“666666”轮执行异议之诉的实证分析

周　新*

一、基本信息

国别/地区： 中国

案例类别： 案外人执行异议之诉

案例名称： 原告刘某祥、刘某宝与被告吴某清、汪某、丁某华、同某公司案外人执行异议案①

判决时间： 2020年12月8日

文书编号：（2020）鄂72民初628号

审判法院： 中华人民共和国武汉海事法院

争议问题： 船舶实际所有人与登记所有人不一致，登记所有人的债权人能否有效保全（准执行程序）债务人名下船舶？

---

* 周新，安徽师范大学法学院副教授、法学博士、硕士生导师，研究方向为国际民商事法律事务、海事海商法律事务。

① 为保护当事人隐私以及涉案企业的商誉，本文对相关主体以及争议标的物等具体信息做了必要的变通处理。

二、案件事实

2020年4月21日，武汉海事法院立案受理原告吴某清与被告汪某、丁某华、同某公司船舶营运借款合同纠纷一案；吴某清于6月4日向该院提出财产保全申请；6月5日，法院作出（2020）鄂72民初281号民事裁定，冻结汪某、丁某华、同某公司银行存款480万元或查封、扣押、冻结等值的其他财产，并据此查封丁某华名下的“666666”轮。案外人刘某祥、刘某宝于2020年7月8日向该院提出书面执行异议；7月20日，法院作出（2020）鄂72执异28号执行裁定，驳回刘某祥、刘某宝的异议申请。刘某祥、刘某宝不服驳回异议裁定，委托律师向武汉海事法院提起执行异议之诉。

法院经审理查明：

2019年5月30日，刘某宝与吴某玉签订《船舶交易合同》，约定刘某宝以7058000元价格购买“5729”轮，预付定金258000元，2019年6月30日支付260万元，余款于2019年9月30日付清，款清交船。当天，刘某宝妻子杨某荣向赵某（吴某玉合伙人）支付258000元。6月21日，杨某荣向吴某玉分别支付50万元、60万元；刘某祥向吴某玉支付150万元。9月18日，刘某祥向吴某玉支付248600元。

2019年9月9日，刘某祥、刘某宝与丁某华、台连公司签订《船舶产权归属及贷款协议书》，各方就“666666”轮（曾用名“5729”轮）产权登记和贷款达成协议，约定：1.实际产权人系刘某祥、刘某宝，分别占90%份额和10%份额；2.产权登记人系丁某华，经营人系台连公司；3.以丁某华名义办理船舶贷款，实际产权人必须保证按照银行还款计划归还银行本息，如有违约，一切后果由实际产权人承担。

2019年9月16日，丁某华与芜湖金盛农商行签订《个人借款合同》，约定丁某华向金盛农商行借款380万元，由台某公司作为保证人，提供连带责任保证担保；由丁某华作为抵押人，与金盛农商行签订抵押合同，还款方式为按季结息、到期一次性还本。9月17日，丁某华、刘某祥授权金盛农商行向汪某飞发放贷款380万元，用途为购买“666666”轮。9月18日，汪某飞向吴某玉支付购船款3997400元。

2019年12月19日，杨某荣向《个人借款合同》指定还款账户存入267600元。2020年3月16日，杨某荣向还款账户存入77600元；6月19日，杨某荣向还款账户存入264500元。

法院另查明：登记号码为“281519000491”的船舶所有权登记证书显示，船名为“666666”轮，曾用名为“5729”轮，所有人为丁某华，取得所有权日期为2019年7月22日，2019年8月7日登记租赁人为芜湖同某公司，2019年8月30日登记租赁人为台某公司，2019年9月16日登记抵押权人为金盛农商行。“5729”轮内河船舶检验证书簿记载该轮所有人及经营人均为宣城元某公司。2019年7月9日，明某公司作为买方、元某公司作为卖方而出具的“5729”轮发票，记载成交金额为706万元。7月22日，丁某华与明某公司签订“666666”轮《船舶交易合同》及船舶交接证明，丁某华作为买方、明某公司作为卖方而开具的“666666”轮发票，记载成交金额为635万元。

庭后，刘某祥、刘某宝向法院补充提交元通公司出具的证明，记载“5729”轮实际所有人系赵某、吴某玉，直至该船舶出售止，船舶挂靠元某公司名下。

三、争议问题

本案系案外人在执行程序下提出执行异议被驳，为诉诸法律救济，而提起执行异议之诉后的一审普通程序案件，核心的争点有二：其一，原告作为案外人能否成功证明其为案涉执行标的“666666”轮的实际所有人；其二，如果原告确系执行标的船的实际所有人，该未经登记的船舶产权能否排除针对债务人名下的执行标的船所采取的强制执行措施。以下结合案件事实尤其是相关证据材料，对上述争议问题展开讨论。①

① 以下讨论内容，再现了办案过程中提交给法院《代理词》的核心观点与事实依据。

（一）原告（案外人）刘某祥、刘某宝系执行标的“666666”轮实际所有人

1.案涉船舶曾用名“5729”，原属吴某玉、赵某实际所有，并挂靠于元某公司

吴某玉与赵某是案涉船舶原所有人，挂靠于元某公司。相关事实有2019年5月30日《船舶交易合同》、“5729”《内河船舶检验证书簿》以及赵某、吴某玉接收购船款（含定金）的银行流水、元某公司《证明》为证，并可与吴某玉本人核实。被告当庭对此事实亦不持异议；被告持有不同意见的，不在于案涉船舶原属吴某玉所有且挂靠于元某公司，而在于购船后的实际船主范围——被告认为“不排除”汪某飞和丁某华也属于实际船主。[①]

2.原告与案涉船舶原船主签署《船舶交易合同》

2019年5月30日，原告刘某宝作为购方代表、吴某玉作为售方代表共同签署“5729”轮《船舶交易合同》。相关事实有2019年5月30日《船舶交易合同》以及元某公司《证明》为证。

3.原告按约定支付购船定金与首付款

《船舶交易合同》约定：船舶总售价人民币7058000元，其中，定金258000元，签约当日支付；2019年6月30日再付2600000元，销户过户。

实际履行情况：2019年5月30日，原告通过刘某宝妻子杨某荣账户向吴某玉指定的收款账户（赵某尾数8870的账户）支付购船定金258000元。2019年6月21日，原告通过杨某荣账户向吴某玉账户（尾号6215）分别转款500000元、600000元；同日，原告通过刘某祥账户向吴某玉上述尾号为6215的账户转款1500000元。截至2019年6月21日，原告刘某祥、刘某宝向案涉船舶原所有人吴某玉、赵某支付船款（含定金）共计2858000元。相关事实有上述日期的银行流水为证。

---

① 只要能确立丁某华为登记船主及实际船主的身份，原告就不能胜诉。

4.原告按约定办理贷款，并将所贷款项加少量另借款项足额支付给案涉船舶原船主，完成船款支付

芜湖本地船舶贷款的实际情况：具有内河、沿海等营运资质的航运公司除了经营自有船舶外，另接受个体船东的船舶（新建或二手买卖）挂靠。在船舶挂靠过程中，个体船东多有融资需求。以航运公司名义或航运公司指定的本地自然人名义，向银行办理船舶抵押贷款，是当地银行普遍接受的抵押贷款融资模式。在此模式下，代表众多实际船东的航运公司通常具有集体议价优势，有机会获得优惠利率等贷款条件；银行也较少担心船舶资料的真实性以及借款人的履约能力。个体船东若单独、直接与银行洽商贷款，银行对船舶资料的真实性、还款可靠性等多有顾虑，融资成功率也低。

本案中，原告为履行合同（四、八）关于余款（4200000元）主要通过办理贷款解决并在9月30日前付清的约定，经同某公司法定代表人汪某与金盛农商行沟通，谈妥抵押贷款事宜。具体操作中，汪某提出以丁某华为名义借款人与银行签订《个人借款合同》，并以丁某华为名义所有人办理船舶所有权登记和船舶抵押登记；然后，名义借款人与实际借款人共同委托银行将所贷款项支付到同某公司大股东汪某飞（持股80%，是汪某的亲哥）个人账户上；贷款办妥后，实际借款人向名义借款人支付2万元手续费（好处费）。上述事实有《个人借款合同》（合同编号尾数0084）、《委托支付授权书》（2019年9月17日）为证。汪某于9月22日代刘某宝向丁某华微信转账2万元手续费，10月6日汪某向刘某宝转发转款给丁某华的微信截图，刘某宝微信口头回复确认，并于当日还款2万元给汪某（见刘某宝尾号8819的农行卡20191006交易明细清单）。

2019年9月18日，汪某飞受原告委托，将金盛农商行出借的3800000元另加自行（实为代同某公司）出借的197400元共计3997400元船舶尾款，支付至吴某玉尾号为6755的另一账户上。

2019年9月18日，原告刘某祥向吴某玉上述尾号为6215的账户转款248600元。截至2019年9月18日，原告共计向案涉船舶原船东赵某、吴某玉账户支付购船款7104000元（包括购船款7058000元以及船舶交接时存油折价款46000元）。

5.原告按约定与案涉船舶原船东完成船舶交接

根据合同第八条的约定，贷款办下来后，双方在2019年9月30日交接。鉴于原告已经于2019年9月18日支付全部船款，双方遂于9月18日完成实际船舶交接。相关事实有《船舶交易合同》、原告历次银行转款流水为证，并可与原船东之一的吴某玉本人核实。

6.为办理船舶销户与产权变更登记，本次船舶交易的有关方面另行出具了海事部门需要的相关书面文件

正如长江、沿海大多数营运船舶的登记所有人与实际所有人相分离，案涉船舶原为吴某玉、赵某实际所有，但登记在元某公司名下。与原实际船东代表吴某玉和现实际船东代表刘某宝签署《船舶交易合同》相同步，登记所有人之间也在办理销户与过户手续。在原实际船东于2019年6月21日收到定金及首付款共计2858000元后，原登记所有人元某公司与拟入户的明某公司签署了“芜湖市长江船舶交易市场”固定格式版《船舶交易合同》；6月26日，两家航运公司在三山区某船舶中介所的见证下签署了名义上的《船舶交接证明》（原告手机现留存相关照片），供卖方在宣城海事局办理销户与转出手续。在船舶转入芜湖港注册期间，同某公司也曾出面申请船检提前介入办理案涉船舶的入户检验手续（见同某公司7月17日《提前介入申请》）。为办理抵押贷款需要，该轮后改为登记在名义借款人丁某华名下，于是明某公司又与丁某华签署了前述固定格式下的《船舶交易合同》与《船舶交接证明》（日期为2019年7月22日，见被告证据）。7月29日，芜湖市地方海事局签发“666666”《船舶所有权登记证书》，登记所有人为丁某华；8月7日，该轮租赁给同某公司（实际为挂靠，“明挂”，同某公司为经营人）；8月30日，该轮租赁给台某公司（明挂，台某公司为经营人）。以上事实与信息，见被告提供的证据以及原告获准庭后提交的材料。

7.原告作为实际借款人按照《个人借款合同》的约定履行还本付息义务

案涉船舶3800000元贷款，5年期，2019年9月16日至2024年9月16日（《个人借款合同》第四条），固定年利率8.075%，年息306850元，按季结息

（《个人借款合同》第六条），每季度76712.5元（实际付息中会参考合同所附《还款计划表》并与该数字有一点出入）；合同约定还款资金为“经营收入”，还款方式是“自定义还款”（《个人借款合同》第八条），约定每年还本10%，即380000元，每半年还一次即190000元，余款等贷款期满时一次还清。

原告还本付息情况如下：2019年12月19日，原告通过杨某荣账户向还贷指定账户还本付息267600元（含半年本金190000元、利息77600元）；2020年3月16日，原告通过杨某荣账户向还贷指定账户付息77600元；2020年6月19日，原告通过杨某荣账户向还贷指定账户还本付息264500元（含半年本金190000元、利息74500元）；2020年9月14日，原告通过杨某荣账户向还贷指定账户付息78420元。

8.原告已还清同某公司通过汪某飞所出借的197400元

原告通过刘某宝农行卡转账的方式，分次还清了同某公司通过汪某飞账户为原告垫付的197400元购船款。具体还款明细如下：2019年10月19日，原告通过刘某宝前述尾号为8819的农行账户向汪某账户打款50000元；2019年11月6日，原告通过刘某宝尾号为8819的农行账户向汪某账户打款53000元；2019年11月21日，原告通过刘某宝尾号为8819的农行账户向汪某账户打款100000元。以上共计向同某公司打款203000元，归还了同某公司通过汪某飞个人账户所出借的购船款197400元，另外的5600元用于办理贷款所需的材料费、银行看船等杂费。

（二）原告具有足以排除强制执行的民事权益

1.案涉船舶登记在丁某华名下，并非基于真实买卖合意的结果

案涉船舶只是为办理贷款方便而表面登记在丁某华名下；丁某华并未实际支付任何购船款，包括偿付任何一笔贷款本金与利息，更未实际占有与经营案涉船舶；案涉船舶经原登记所有人元某公司名义上转卖给明某公司，明某公司又转卖给丁某华，只是配合实际船主之间的买卖尤其是贷款办理，并不是在此三者间依次达成真实的船舶买卖合意，且未实际发生船舶的交接（6月26日元某公司与明某公司之间的《船舶交接证明》、2019年7月22日明某公司与丁某华之间的《船舶交接证明》具有明显的配合办理手续的意味，真实交易中，直到9月18日全款到账后，实际船东才放船给买方）。

2. 案涉船舶买卖的真实合意与实际交接只存在或发生于原实际船东与原告之间，此后船舶一直由原告实际占有与经营

船舶买卖的真实合意在案涉船舶原实际船东吴某玉（及所代表的另一实际船东赵某）与原告之间达成，双方之间切实发生了定金支付、首付款支付、贷款发放后的购船尾款支付、购船款全部到位后的实际交接；此后，案涉船舶一直由原告对其实际占有与经营。还贷开始后，贷款本金与利息，也一直由原告在依约归还本金、支付利息。

3. 申请执行人（本案被告）吴某清是案涉船舶名义登记所有人丁某华的债权人，不是《物权法》第24条的"善意第三人"

案涉船舶是内河船，不是海船，其物权登记应适用当时有效的《物权法》，该法第24条规定，"船舶、航空器和机动车等物权的设立、变更、转让和消灭，未经登记，不得对抗善意第三人"。被告据此主张其为善意第三人，应当举证证明其为物权请求权人，或者其债权的发生与船舶物权股份变动有关。然而，被告只是登记所有人丁某华的债权人，当然也无法完成前述举证义务。《最高人民法院关于适用〈中华人民共和国物权法〉若干问题的解释（一）》第6条规定，"转让人转移船舶、航空器和机动车等所有权，受让人已经支付对价并取得占有，虽未经登记，但转让人的债权人主张其为物权法第二十四条所称的'善意第三人'的，不予支持，法律另有规定的除外"。因此，相对于丁某华的船舶所有权登记，被告并非适格的"善意第三人"。

综上所述，笔者认为：原告作为吴某清与汪某、丁某华、同某公司船舶营运借款合同纠纷［（2020）鄂72民初281号］一案的案外人，系财产保全执行标的"666666"轮的实际所有人，具有足以排除强制执行的民事权益。根据《物权法》第24条、《最高人民法院关于适用〈中华人民共和国物权法〉若干问题的解释（一）》第6条，并参照《最高人民法院执行局对湖北省高级人民法院〈关于人民法院能否对挂靠且登记在被执行人名下营运的船舶予以强制执行的请示〉的答复》［（2013）执他字第14号］精神，请求法院支持原告的诉讼请求，即确认登记在第三人丁某华名下的“666666”轮属原告刘某祥与刘某宝实际共同所有；判令不得就登记在第三人丁某华名下但属原告刘某祥、刘某宝实际所有的“666666”轮采取查封、冻结所有权等财产保全措施。

四、裁判结论

为更明晰地研讨本案争议的题述主旨问题，在出示法院裁判结论之前，先摘取裁判文书的认定意见。

法院认为：

本案系案外人执行异议之诉。丁某华在海事部门登记为“666666”轮所有人，但办理登记并不是船舶所有权取得的生效要件。当出现名义物权人与真实物权人不一致时，应当以真实物权人为确认排他性权利的依据，而不能仅以名义物权人确定物权归属。船舶所有权的取得包括原始取得和继受取得两种方式，刘某祥、刘某宝主张通过购买的方式取得“666666”轮所有权，应当证明买卖合同依法成立并得以履行。“666666”轮曾用名为“5729”轮，“5729”轮登记所有人元某公司确认赵某、吴某玉系该轮实际所有人，刘某宝与吴某玉签订《船舶交易合同》依法成立并生效。合同约定“5729”轮售价为7058000元，预付定金238000元，2019年6月30日支付260万元，余款于2019年9月30日付清，款清交船。刘某祥、刘某宝提交证据证明已依约支付预付定金238000元和260万元，9月18日支付248600元。2019年9月9日，刘某祥、刘某宝委托丁某华向银行借款；9月16日，丁某华向金盛农商行借款380万元，9月17日，丁某华和刘某祥委托金盛农商行向汪某飞发放贷款380万元用于购买“666666”轮，9月18日，汪某飞向吴某玉支付购船款3997400元。上述事实能够相互关联及印证，在无相反证据情况下，能够证明刘某祥、刘某宝向吴某玉支付购船款3997400元。

综上所述，刘某祥、刘某宝履行了上述《船舶交易合同》约定的付款义务，根据《中华人民共和国合同法》第130条、第132条规定，依法有权取得“666666”轮所有权。另外，刘某祥、刘某宝提交证据证明其偿还上述《个人借款合同》前三个季度的借款本、息，能够印证《船舶产权归属及贷款协议书》的真实性。故，在现有证据情况下，本院认定刘某祥、刘某宝实际购买“666666”轮，系该轮实际所有人。

2019年7月22日，丁某华与明某公司签订“666666”轮《船舶交易合同》及船舶交接证明并开具发票，但该发票金额明显低于7月9日明某公司向元某公司开具的发票金额，显然不合情理，本院对其相关待证事实均不予采信。

《中华人民共和国物权法》第24条规定：“船舶、航空器和机动车等物权的设立、变更、转让和消灭，未经登记，不得对抗善意第三人。”刘某祥、刘某宝在登记为“666666”轮所有人之前，其对该轮享有的上述权利不得对抗善意第三人。

财产所有权是物权中最重要也最完全的一种权利，具有绝对性、排他性等基本法律特征。《最高人民法院关于适用〈中华人民共和国民事诉讼法〉的解释》第312条规定，案外人就执行标的享有足以排除强制执行的民事权益的，判决不得执行该执行标的。刘某祥、刘某宝所有的“666666”轮不能作为丁某华所有的财产成为被执行和查封标的。吴某清在“666666”轮上不享有足以对抗物权的权利，刘某祥、刘某宝依法享有足以排除吴某清执行的民事权益，有权请求停止执行“666666”轮。

本案纠纷系因刘某祥、刘某宝与丁某华合意将“666666”轮登记在丁某华名下所致，其对因此产生的风险应有所预见，对该风险产生的法律后果应由其自行承担，故本案诉讼费用应由刘某祥、刘某宝自行负担。

综上，依照《中华人民共和国合同法》第130条，《中华人民共和国物权》第23条、第24条，《中华人民共和国民事诉讼法》第144条、第227条，《最高人民法院关于适用〈中华人民共和国民事诉讼法〉的解释》第312条规定，判决[①]如下：

一、确认原告刘某祥、刘某宝系“666666”轮所有人，但在原告刘某祥、刘某宝依法登记为该轮所有人之前，上述确认不得对抗善意第三人；

---

① 一审判决之后，对方当事人没有上诉。一审判决直接生效。

二、在本案中不得执行和查封“666666”轮。

五、案件评析

（一）在船舶登记产权与实际产权不一致的情况下，法律如何平衡船舶登记下善意第三人的信赖利益和实际产权人的财产利益？

因存在船舶融资、经营资质或财产匿藏等方面的需求，内河、沿海营运船舶产权登记所有人与实际所有人错位现象普遍。因信赖船舶登记簿关于船舶所有人的记载而与之交易，或将其名下登记的船舶列为执行标的，是否应受到法律保护、得到法院支持?

本案属执行异议之诉的普通程序，相较于此前的执行异议程序，法院的裁判意见并不一致。

（2020）鄂72执异28号《执行裁定书》认为，刘某祥、刘某宝虽提交《船舶交易合同》《船舶产权归属及贷款协议书》等证据以证明其购买“666666”轮并实际所有，但两人未办理所有权登记手续，根据《最高人民法院关于人民法院办理执行异议和复议案件若干问题的规定》第25条第1款第2项之规定，已登记的机动车、船舶、航空器等特定动产，按照相关管理部门的登记判断，可知刘某祥、刘某宝并非“666666”轮船舶所有人及相关权利人。据此，该院认为，其（2020）鄂72民初281号民事裁定书及据此对“666666”轮的查封符合法律规定，刘某祥、刘某宝要求排除法院对“666666”轮的执行，不予支持。

而在此后的执行异议之诉普通程序下，该院详尽地审查了原告提交的购买案涉船舶、偿还该船抵押贷款等一系列证据，认定刘某祥、刘某宝实际购买“666666”轮，系该轮实际所有人，并认定案外人刘某祥、刘某宝就执行标的享有足以排除强制执行的民事权益的，判决不得执行该执行标的。

不同的裁判取向，体现了船舶登记产权与实际产权不一致的情况下（尤其是船舶挂靠经营中），在如何对待船舶登记下善意第三人的信赖利益和实际产权人的财产利益方面的不同司法实践。

第一种观点，秉持交付为船舶所有权变动生效要件、登记为对抗要件的理念，及非有正当充分理由不得剥夺所有权的理念，[①]强调财产所有权是物权中最重要也最完全的一种权利，具有绝对性、排他性等基本法律特征，并在此基础上适用民诉法司法解释关于案外人就执行标的享有足以排除强制执行的民事权益的，判决不得执行该执行标的的规定，支持实际所有人的异议主张。

第二种观点与第一种观点相反，认为应以船舶登记所载所有人信息来判断船舶所有人，登记所有人的债权人据此就船舶申请财产保全或申请执行的，应予支持。前述《最高人民法院关于人民法院办理执行异议和复议案件若干问题的规定》第25条第1款第2项则是这一做法的典型代表。

第三种观点相对折中，但又偏向于保护船舶登记所有人的债权人利益，认为实际所有人的船舶所有权不能当然地对抗一般债权人。对于船舶挂靠经营这一海事行政违法行为，尤其是由此带来的“一物两权”，有必要反思船舶登记对抗主义下关于“第三人”的主流认识——与该船舶存在物权系争关系的人，是“具有船舶物权或类似权利的人”[②]“物权关系相对人”[③]，而应将被挂靠者的一般债权人纳入未经登记不得对抗的善意第三人的范围。[④]这样做是对善意第三人之于船舶登记内容所生信赖利益的应有保护，可以将法律风险归于不诚信的挂靠者，促使其在决定是否将船舶挂靠时，认真分析与衡量船舶挂靠所增加的成本与风险，抑制其通过挂靠逃避监管的动机，从根本上杜绝船舶挂靠经营的利益空间，这与国家依法取缔船舶挂靠，规范水路运输市场的目的相吻合。而对于本案这样的为融资便利而不得已将船舶产权登记到他人名下所产生的实际产权人与登记所有人相分离的局面，这种观点也接受保护实际产权人的利益。笔者本人更倾向于第三种观点。

---

① 杨世民：《船舶实际所有人可排除登记所有人的债权人》，载《人民司法》2019年第7期。

② 司玉琢：《海商法专论》，中国人民大学出版社2018年版，第36—38页。

③ 胡康生主编：《中华人民共和国物权法释义》，法律出版社2007年版，第69页。

④ 王玉飞、罗春、林晓彬：《论实际所有人对挂靠船舶提出执行异议的认定——兼评船舶所有权未经登记不得对抗善意第三人的范围》，载《中国海商法研究》2019年第2期。

(二)执行程序下的执行异议与普通程序下的执行异议之诉，法院审查的范围与基本理念有何不同?

目前，执行程序下的执行异议审查，直接依据是最高人民法院于2015年出台(2020年修正)的《关于人民法院办理执行异议和复议案件若干问题的规定》，该规定确立了“形式审查为主，实质审查为辅”的审查原则，强调案外人异议程序侧重效率的价值取向。①

执行异议之诉，则应当坚持实质审查原则，以纠正民事执行机构因“表面权利判断规则”可能带来的执行错误，充分保障案外人作为实际权利人的合法权益。②也就是说，执行异议之诉案件的审理直接关系到被执行主体、执行标的财产的确定以及执行程序的顺利推进，其审理原则更多追求实质公正，在此基础上兼顾效率。③

六、结语和建议

本案涉及的是船舶营运借款合同纠纷下案涉船舶登记所有人债权人能否有效保全(准执行程序)债务人名下船舶的问题。保全程序下的驳回案外人(案涉船舶实际所有人)执行异议的民事裁定，与执行异议之诉普通程序下的民事判决，很好地体现了两者在审查重点与价值取向上的各自特色。前者重在形式审查基础上的效率优先，后者重在实质审查基础上的公正追求。

对于航运实践中普遍存在的船舶登记所有人与实际所有人相分离、“一船二主”的现象，执行异议、执行异议之诉虽然给实际财产权利人提供了必要的权利救济途径，但由此带来的额外司法资源耗费也着实不可忽视。建议

---

① 江必新、刘贵祥主编:《最高人民法院〈关于人民法院办理执行异议和复议案件若干问题规定〉理解与适用》，人民法院出版社2015年版，第346—348页。

② 王毓莹、翟如意:《执行异议之诉中排除执行的民事权利类型化研究》，载《人民司法》2019年第28期。

③ 江苏省高级人民法院:《执行异议及执行异议之诉案件办理工作指引(一)》，http://www.jsfy.gov.cn/article/93531.html，最后访问时间:2022年11月8日。

船舶实际产权人在船舶登记簿署名过程中认真评估“一船二主”带来的实体利益风险——并非每一起案外人执行异议之诉都能幸运地收集到全面、连贯、有说服力的证据以证明自己对案涉船舶的实际产权，而法院也并非总是应该坚持实质公正优先而淡化对包括船舶登记所有人、债权人在内的“第三人”之信赖利益保护，尤其是在已然违法的船舶挂靠经营过程中。

关联企业实质合并破产规则的思辨与创建

——以178件关联企业实质合并破产案件为基础的实证分析

冯韵东[*]

摘　要：现行《破产法》及司法解释对关联企业实质合并破产规则并未规定。基于现实需要不少法院引入实质合并破产规则处理了不少关联企业破产案件。本文从案例入手，归纳现行关联企业实质合并破产案件审理的混乱样态与不足，从立法缺位、概念模糊、理念分歧三个角度探析实践混乱之主客观因素。从法理基础、功能实现、价值内涵三个维度对关联企业实质合并破产规则进行证成。制度建构上，从认定要素和范围两方面对关联企业进行了界定，从类别标准和行为标准两个角度建立了司法审查的立体双层实质性判断标准并将其要素化，结合实践和国情建立了“多并一”和“先带后”启动程序模式，同时对申请主体和举证责任进行了概要性设计，从而建立了较为完备的审理程序。

关键词：破产法；实质合并破产；法人人格否认

引　言

组建企业集团，形成关联企业能够优化企业分工，提高生产效率，分散经营风险，实现优化资源分配目的。[①]关联企业已成为经济社会中的常态化的

---

* 冯韵东，安徽省芜湖市鸠江区人民法院审管办（研究室）主任、审判委员会委员。

① 赵旭东：《企业与公司法纵论》，法律出版社2003年版，第435页。

经济实体，但由于其独特的内部结构及运作模式，在营运中经常忽视成员企业的单独利益而追求企业集团或某些核心企业利益的最大化，在这个过程中通常伴随欺诈性财产及债务转移、资产及经营混同、设立空壳公司等损害债权人权益的情形。《破产法》在立法时主要是为解决企业单体破产问题，对关联企业实质合并破产并未作规定，最高人民法院及一些地方高院早期对此均持排斥态度，[①]后基于实践所需，一些地方法院进行了尝试，并得到了最高人民法院的支持，[②]最高人民法院曾于2012年至2013年拟就此制定司法解释，虽征求意见达六稿，但未最终实施，[③]2016年、2018年最高人民法院以典型案例形式对关联企业实质合并进行了认可[④]，2018年3月4日，最高人民法院发布了《全国法院破产审判工作会议纪要》(以下简称《会议纪要》)，其第六部分第33条至第39条就关联企业破产的实质审查及相关程序作了简要性规定。

基于实践所需，不少地方法院已先行先试审理了不少关联企业破产案件，且在近年来呈不断增长趋势。但由于缺乏明确法源，实质合并规则的合法性、操作的规范性以及适用的前提等问题都不甚清晰，各地法院审理案件时裁判标准不统一、做法存在差异。企业形式的进化和法律的滞后性在破产法审判中日益突出，最高院已将关联企业实质合并破产列为“破产审判工作必须重点把握的十大问题”之一。[⑤]故构建科学的关联企业实质合并破产规则是亟待解决的问题。

---

① 《最高人民法院关于审理企业破产案件若干规定》[法释(2002)23号]第79条，广东高院《关于审理破产案件若干问题指导意见》[粤高法(2003)200号]，青海省高级人民法院《关于规范审理企业破产案件的实施意见》[青高法(2003)181号]等，禁止以任何理由将具有独立法人资格的关联企业或下属企业及其财产列入破产范围连带破产。

② 深圳中院审理的南方证券(2007年)及关联企业破产案，汉唐证券公司及关联企业破产案(2008年)，两案例被载入最高院《全国法院证券公司破产案件工作座谈会上的总结》。

③ 最高人民法院曾于2012年主持制定《关于适用实体合并规则审理关联企业破产清算案件的若干规定》，修改达五稿，2013年又修改了一稿，但最终并未通过。《民二庭召开企业破产法相关司法解释讨论会》，http://www.court.gov.cn/shenpan-xiangqing-4606.html，最后访问时间：2021年5月3日。

④ 2016年4月8日发布的《最高人民法院发布十起依法平等保护非公有制经济典型案例》，2016年6月15日发布的《最高人民法院发布10起关于依法审理破产案件、推进供给侧结构性改革典型案例》。

⑤ 杜万华：《当前破产审判工作必须重点把握的十个问题》，载《人民法院报》2018年4月4日，第5版。

一、实证考察：关联企业实质合并破产问题分析

(一)审理概况

本文在中国裁判文书网、法信、全国企业破产重整案件平台、最高院及各地高院公布的破产案例中，检索自2007年《破产法》实施到2021年6月30日止的关联企业实质合并破产案件，共搜集到案例178例。这些案例呈现的一个共同特点是关联企业所涉企业数量普遍偏多，最多的达83家。[①]鉴于案例的类同性、区域性特点，对初选样本进行了甄别、筛选后，笔者重点选取了48个典型裁判文书样本。

经过统计分析，该案件受理数呈不断增长趋势(详见图1)，特别是在2018年案件达到了30件。这与同年3月4日最高人民法院出台《会议纪要》指导关联企业实质合并破产有关。实证反映当前关联企业实质合并破产在现实需要的推动下，在走向实践的过程中，遭遇了法源缺位与实务双重挑战。

(二)实践困境

1.启动模式混乱

如何启动关联企业合并破产，当前未有任何规定进行明确，分析关联企业合并破产案件，启动程序较为混乱。对其从启动顺序、启动主体进行分类、归纳，当前主要有四种类型(详见表1)：

四种模式的存在及占比不均从侧面反映了关联企业合并破产启动模式处于无序状态(见图2)。在审理时，到底该采取何种模式，在无法可依的情况下是法官非常纠结的一个问题，也是司法实践中的一个难点问题。

---

① 辽宁省沈阳市中级人民法院(2018)辽01破中42-1号辽宁辉山乳业集团有限公司等民事裁定书。

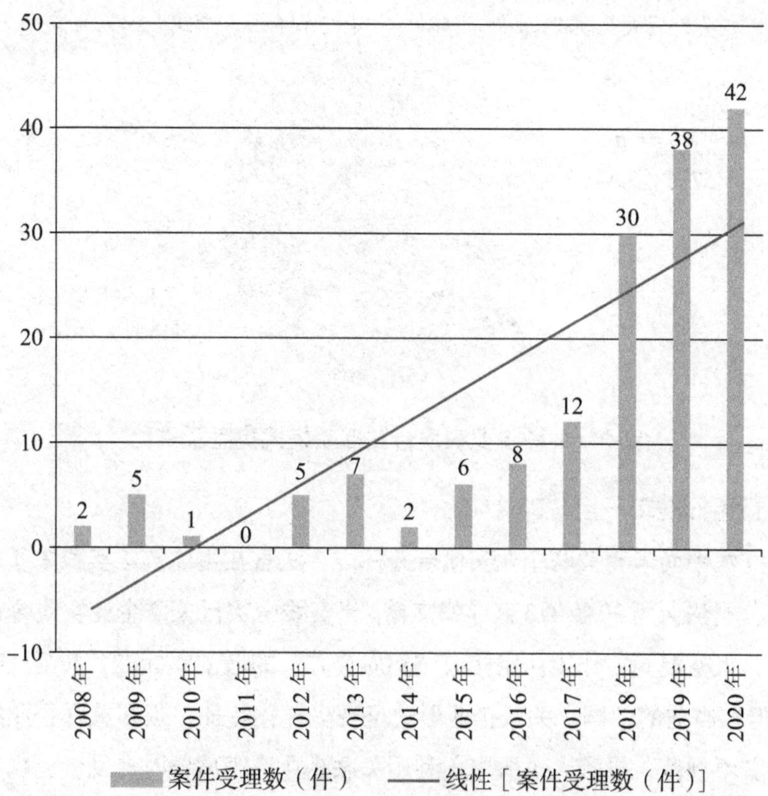

图1　关联企业合并破产受理案件趋势

表1　关联企业合并破产启动模式类型及特征

启动模式类型	实践中表现的特征
"多并一"模式	各关联企业先分别启动破产程序，再申请实质合并。该种模式在司法实践中占比最大，与现行破产法最不抵触，是实践中使用最多的模式。例（2018）鲁05破28-55号案
"先带后"模式	部分企业已启动破产，其他关联企业再以申请实质合并破产直接进入的模式，该模式的最大特点是后申请实质并入的企业不重新立案，共用先进入破产的案号，在实践中有较多采用。例（2020）皖01破申5号案
"先并后破"模式	关联企业先行合并成一个主体，再进入破产程序。该种模式在实践中较少见，仅搜集到一例。例2008年沈阳中院审理的沈阳欧亚集团破产清算案
"依职权合并"模式	法院在审理破产案件中，依职权主动启动实质合并破产。该种模式也较少见，只搜集到两例。例（2019）苏1283破9号裁定书

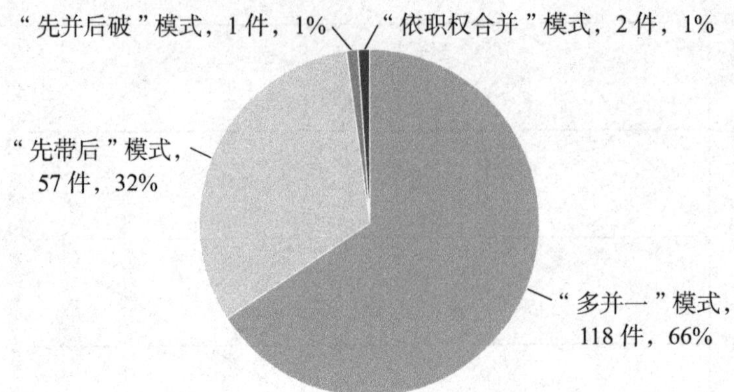

图2 关联企业实质合并启动模式类型及占比

2.适用标准单一且"碎片化"

因立法中尚未有关联企业实质合并标准，法官在当前司法实践中通过类推适用《公司法》第20条第3款寻找支撑。①实践中实行关联企业实质合并的案件均将"人格混同"作为认定构成"实质合并"的最主要标准，甚至是唯一标准。②但在当前的中国，关联企业形式呈现多样化特征，很多关联企业的治理结构极其不规范，投资人（股东）利用关联企业逃废债务时有发生，现有实践中的标准，在有些关联企业破产的案件中明显无法适用。另梳理样本案件，各地方法院对于"人格混同"的认定要素存在较大差异，③对要素认定达到的程度也存在较大的差异。要素适用呈"碎片化"模式，毫无逻辑性。笔者对搜集

---

① 徐工集团工程机械股份有限公司诉成都川交工贸有限责任公司等买卖合同纠纷案，《最高人民法院关于发布第四批指导性案件的通知》（法〔2013〕24号）。关于类推适用的质疑，陈洁：《关联公司间法人人格否认规则的适用机理》，http://iolaw.cssn.cn/zxzp/201712/t20171205_4655027.shtml，最后访问时间：2021年6月2日。

② 《会议纪要》出台后的案件增加了"区分关联企业财产成本过高、严重损害债权人公平清偿利益因素的标准"。

③ 有的法院认定人格混同的因素包含财务混同；股权结构雷同；高管人员、内部机构和经营场所混同；经营决策受制于集团公司，各关联公司无自主决策权和管理自由；资产混同；关联公司资本显著不足；集团公司、关联公司之间存在贷款担保关系。还有法院认定人格混同的主要因素是资本、财务及人员的混同。人格混同的认定要素也处于无序状态，不仅法院之间存在差异，同一法院的不同法官的认定亦存在差异。

到的案件进行提炼，经“合并同类项”统计认定要素达16种之多（见图3）。

人格混合认定要素

1. 成员企业各自的财产权属界限不清（经营性财产，货币资产、固定资产等难以区分）。
2. 利润难以明确地划归至某一个或某几个成员企业。
3. 内部随意转移资产或调拨资金。
4. 交叉融资担保关系，互相投资参股，股权结构雷同。
5. 融资与使用的不当分离；资产和负债进行分离的难度大。
6. 相关费用随意摊派。
7. 成员企业的资本不足。
8. 会计凭证、财务账簿、财务报表、银行账户等混合使用或同一，无法区分。
9. 同一自然人在多家成员企业任职，而高管及核心工作人员交叉任职、身份交织。
10. 不履行法定必要程序，直接指定成员企业的法定代表人或高级管理人员。
11. 经营范围相同或相似。
12. 生产、购销、储存、物流、售后等方面存在相通性或关联性，使得一个成员企业的内部机构可以覆盖多个其他成员企业的业务需求，导致成员企业无视各自的独立法人地位及经营范围，越位开展业务活动。
13. 同一经营场所往往存在两个以上的成员甚至所有企业，或者同一成员企业出现在不同的经营场所内。
14. 使用同一办公设施。
15. 区分关联企业财产成本过高。
16. 严重损害债权人公平清偿利益因素。

图3　人格混合认定要素

3.举证责任过度依赖管理人

采取实质合并破产规则必将涉及关联企业法定人格独立问题的判定，从而对证据的要求提出了严苛的标准。因当前实践中以管理人及债务人提出合并申请占多，依据“谁主张、谁举证”的举证规则，实践中普遍采取管理人提供证据。这对债权人申请启动颇为不利。债权人启动的举证责任，仍需要探索。

4.到上级法院复议率高

对178例关联企业实质合并破产裁定书从一审和二审复议的角度进行分析，一审裁定书占99件，二审裁定书占79件，到上级法院复议率高，达到了73%。笔者对复议案件进行分析，复议案件基本上都是裁定驳回了申请，复议驳回率达100%。复议率高的原因为：认定事实无法律依据，程序不适当；

判断说理不充分，依据不足。

（三）问题成因

1.立法缺位：现实无奈下的艰难选择

破产法受立法时代所限，系单体企业破产法，对关联企业实质合并破产并没有做出规定。实质合并破产规则只粗略规定在《会议纪要》,《会议纪要》系司法文件，效力层级较低，非裁判法源。故“于法无据”成为异议债权人反对实质合并的重要理由，这促使上级法院以隐含的方式承认《会议纪要》可作为裁判依据。[①]

2.概念模糊：缺乏关联企业明确界定

关联企业作为关联实质合并破产的适用主体与前提，剖析178件合并破产案件裁定书发现：法院在认定关联企业时的说理均较简单，着墨不多，往往是一笔带过。判断的因素主要为股权的控制和实际控制。认定关联企业的说理表述存在的部分也不一致，部分在查明事实里进行直接认定，部分在查明事实里进行陈述，在说理部分简单界定或隐含认定（详见表2）。

表2　司法实践对关联企业的判断分析

审理法院及案号	查明事实相关表述	裁定书说理相关表述
安徽合肥中院 文某电子公司等19家单位合并重整案 （2019）皖01破申37号	谢某贵及配偶成立文某电子公司，以其为母公司，与文某科贸公司等3家成员单位成立文某集团，而剩余15家单位大多数集团成员单位作为直接或间接股东对外投资设立，并以文某集团为核心控制企业进行统一管理	各单位整体上是由谢某贵为实际控制人，以文某集团为核心控制企业，形成了教育、园林建设、投融资等一系列的产业机构

① （2019）鲁11破监5号裁定，复议申请人主张初审法院以《全国法院破产会议审判工作纪要》为裁判依据属于法律适用错误，受理合并重整缺乏法律依据。而二审法院认为“在《破产法》及相关司法解释均未对关联企业合并破产程序作出规定的情形下，该会议纪要对审判实践具有指导意义”，因此认为初审法院依据《全国法院破产会议审判工作纪要》作出裁判不违反法律规定。

续表

审理法院及案号	查明事实相关表述	裁定书说理相关表述
辽宁沈阳中院 五某发展等三家公司合并破产案 （2021）辽01破终2号	五某发展实际持有五某春天、五某物业100%股权，五某发展为五某春天、五某物业的实际控制人	被申请人三家公司存在关联关系，三家公司人格高度混同
上海市高级人民法院 九某银行公司与上海华某集团财务公司等申请破产清算案 （2020）沪破监1号	中国华某、上海华某、海南华某、华某财务系关联公司。上海华某股东为中国华某（持股比例54.14%），海南华某股东为上海华某（持股比例100%），华某财务股东为中国华某（持股比例99.01%）、上海华某（持股比例0.99%）	在查明事实部分进行认定，说理部分未有表述
江苏苏州中院 五某置业系列公司合并破产案 （2019）苏05破终8号	五某置业公司、五某商管公司均由同一股东全资控股，法定代表人及公司高管人员相同，系被同一控制人控制	五某置业、五某商管公司虽形式上为独立法人，但实质上均为同一股东控制的关联企业
广东省惠州中院 惠某区财政局对哈某饼业、安某食品公司实质合并破产清算案 （2019）粤13破申1号	股东相同，生效的（2007）惠某法民二初字第123号民事判决，已认定哈奇饼业公司、安吉食品公司为同一经济实体	申请人以此为由申请对哈某饼业公司、安某食品公司进行关联企业实质合并破产清算，有事实和法律依据
杭州富阳区法院 恒某公司等四系列公司合并破产案 （2020）浙0111破31、33、34号	恒某公司对利某公司、恒某公司具有实质控制权	未有相关表述认定，只论述实质合并破产的条件

对适用主体和前提简单处理，难以服判息讼，仅以控股权或实际控制来定义关联企业太过片面，且无法应对复杂的实践。因对关联企业缺乏明确界定，实践中如何确定关联企业破产的范围成为一个非常困惑的问题。法官在审理关联企业破产案件时，几乎都会遇到这个问题，是把所有法人人格混同的集团性关联企业成员均纳入关联破产，还是仅将已经申请进入破产程序和

已具备破产条件的关联企业成员纳入关联破产?司法实践中已经有债权人以适用实质合并规则不当为由提出损害赔偿要求,例如著名的管理人不当履职第一案。[①]

3.理念分歧:对制度本身的价值定位认识不足

关联实质合并引入我国并在实践中运用,但无论在实务界还是理论界对此均有反对声音,对制度本身的独立价值存在异议。理论界有观点认为,适用实质合并原则会违反法人人格独立的基本原则,引入实质合并原则对破产实体进行统一破产,不仅违背了企业集团设立之初“责任分流”“风险分担”的多层次结构存在目的,也会使投资者的热情大大消退,破坏了有限责任制度。不少学者认为我国现行单体破产的办案习惯与经验已经足够应付企业集团破产案件。“合并破产”是违反程序和实体法规定的。[②]本文对24名承办实质合并企业破产案件的法官进行电话调研,承办法官均表示在承办实质合并企业破产案件时,在案件合议或讨论是否实质合并破产时,合议庭、专业法官会议及审委会均有不同意见,反对的意见均是有违法人独立原则,现行法没有规定。这从另一个侧面反映,法官这个群体对实质合并破产制度本身存在分歧。

二、价值透视:关联企业实质合并破产的理论思辨

关联企业实质合并破产已在“先行先试”的案件处理效果中得到了验证。但法官基本上是带着否定疑惑的态度在进行司法操作。故必须厘清制度规则背后的法理、功能及价值。

---

① 管理人在清理破产资产和债务的过程中,发现金某房地产开发有限公司与开封市金某置业有限公司两家符合适用实质合并破产规则,申请对两家企业进行合并重整。问题的关键在于两家破产企业虽然在一个案号下,但法院并未做出实质合并重整裁定。因此债务较少的一方企业债权人提出异议之诉,认为管理人的做法不当,严重损害其利益。

② 李永军:《重整程序开始的条件及司法审查——对“合并重整”的质疑》,载《北京航空航天大学学报(社会科学版)》2013年第26卷第6期。

（一）法理证成：企业主体理论VS实体分离理论

人对真理的认识和把握的过程，是实践、认识、再实践、再认识，循环往复不断深化的过程，是从相对真理到绝对真理的过程，[①]关联企业实质合并破产理论亦如是，其滥觞于美国，是通过一系列判例逐步发展并完善而确立的一项制度，现得到了大多数实行关联企业实质合并国家的认可和运用。

1.无法应对企业新发展形式的传统理论：实体法理论（Entity Law）

实体法理论，即分离实体理论，由菲利普·布鲁门伯格教授提出，是指处理关联企业破产问题时不考虑各企业间在经济上的紧密联系，只要从法律上考察关联企业中的各公司是独立的，就按照传统单体企业来处理债权债务。[②]实体法理论基于公司有限责任理论更多注重公司存在的形式意义，而忽略其本质内容，在公司集团化经营的今天，无法公平高效解决关联企业破产的新问题。比如，公司A是公司B的关联控制公司，两公司的投资人相同。公司A为了支持公司B的发展，长期通过提供远低于市场价的原材料、知识产权、设备的方法，向公司B转移利益。如两公司皆因资不抵债而破产，在分别破产清算的情况下，公司B债权清偿率达70%，而公司A债权清偿率仅为3%。若此，对公司A的债权人就极不公平。因为公司A债权清偿率低是基于控制关系而将资产利益转移到公司B造成的。在这种情况下，如果仍固守实体法理论，坚持单体破产，会造成不公平。可见恪守成规的实体法理论，不能解决形式多样的关联企业破产在法律上的独立性与经济上的统一性之间的关键矛盾问题。

2.应运而生的新理论：企业主体理论（Enterprise Entity Doctrine）

实质合并原则理论以1947 年哥伦比亚大学阿道夫·伯利（Adolph Berle）教授创立的"企业主体"理论为基础，该说以企业主体的观念代替公司主体

① 陈先达、杨耕编著:《马克思主义哲学原理》，中国人民大学出版社2019年版，第166页。

② See Philip I. Blumberg: "The Law of Corporate Groups—Problems in the Bankruptcy orReorganization of Parent and Subsidiary Corporations, Including the Law of CorporateGuaranties" ,Little，Brown and Company, Boston and Toronto, 1985,p.703.

的观念。[①]企业主体观点即整体责任论，是指如果在法律上相互独立的公司的经济联系足够密切，就可以将它们作为一个整体来处理。该理论认为判断一个公司是否为独立的法律主体，应看其公司事实(Corporate Fact)是否符合企业事实(Enterprise Fact)，所谓公司事实即法律事实，所谓企业事实即经济事实。[②]依主体理论，便能公平解决上述公司A和公司B的破产问题。

法律作为上层建筑，经济层面是其源泉和诞生地。关联企业作为现代企业组织高度发展的产物，由于关联企业的权力结构中体现的是控制企业的意志，从根本上动摇了以单体企业为基础的公司法制度和破产法律制度，“摧毁了既有的法律传统”[③]。企业主体理论与企业实体理论观点相左，但与现今企业发展的形式的实际情况符合，揭示了关联企业“经济一体化和法律主体分散独立”的对立统一本质，解决了关联企业在法律上的独立性与经济上的统一性之间的关键矛盾，是在实践中总结，并经实践检验的正确理论。引入该理论将使得我国司法实践找到理论依据。

(二)功能证成：实质合并破产特有功能之实现

现行破产法上已有的基础性法律制度不具备完全解决关联企业实质合并破产的功能。

1.破产撤销权和破产无效制度功能范围狭窄

《破产法》规定的破产撤销权制度、破产无效制度[④]是针对因欺诈而减少破产财产的行为所设制度，系破产领域基础性法律制度。在关联企业存在可撤销和破产无效的行为时，亦可适用，但关联企业因为关联关系，其减少财

---

① Berle，the Theory of enterprise Entity，47 Colum. L. Rev，1947，p.343.

② Berle，the Theory of enterprise Entity，47 Colum. L. Rev，1947，p.344.

③ 伍柏麟主编:《中国关联企业论》，复旦大学出版社，第194页。

④《企业破产法》第32条规定:“人民法院受理破产申请前六个月内，债务人有本法第二条第一款规定的情形，仍对个别债权人进行清偿的，管理人有权请求人民法院予以撤销……”第33条规定:“涉及债务人财产的下列行为无效:(一)为逃避债务而隐匿、转移财产的;(二)虚构债务或者承认不真实的债务的。”

产性的欺诈行为变得极其复杂，亦可能过了法律规定的时效，因其极深的隐蔽性，外部债权人亦很难知晓或很难举证，故撤销或无效制度功能有限。另法律规定破产撤销权和破产无效的提起均要采取诉讼之形式，关联企业成员相互诉讼将耗费大量时间和金钱成本，且很难达到预期效果。而实质合并破产制度不纠结于区分各企业成员内部是否存在不当行为整体打包处理形式，避免了企业成员之间的诉讼。

2.公司"法人人格否认"仅适用于个案

公司法上的"法人人格否认"，实际上是以股东"逃避债务"作为适用条件，是使违规股东承担公司债务的连带责任。并未规定公司或股东与子公司不当交易，向子公司转移财产，为欺诈并非为商业目的设立子公司等可以适用；也未规定集团公司横向各层次关联公司之间存在不当交易、相互转移财产等可以人格否认。大多数公司法学者经研究后认为，公司法上的"法人人格否认"制度只能个案适用，不能代替关联企业实质合并破产规则。[①]故公司"法人人格否认"仅是对股东特定行为的否认，是个别交易的处理，是在公司正常经营期间的否认，作为个别债权人权利的保护手段，是纠正个别行为的不公正，无法在破产程序中保证对集团公司整体债权人的公平清偿。

（三）价值证成：公平与效率价值之平衡

公平和效率是破产法追求的两大价值。[②]在关联企业破产中，实质合并规则能兼顾效率与公正。

1.关联企业实质合并破产具有矫正的公平价值

破产法所要解决的主要矛盾是多数债权人之间因债务人有限财产不足以

---

① 徐阳光：《论关联企业实质合并破产》，载《中外法学》2017年第3期；王欣新：《关联企业实质合并破产标准研究》，载《法律适用》2017年第8期；彭插三：《实质合并规定与公司法人人格否认制度比较研究》，载《北京工商大学学报（社会科学版）》2010年第3期；李永军：《民法总论》，中国政法大学出版社2015年版，第122—129页；朱慈蕴：《公司法人格否认：从法条跃入实践》，载《清华法学》2007年第2期。

② 王欣新：《关联企业的实质合并破产程序》，载《人民司法（应用）》2016年第8期。

清偿全部债权而发生的相互冲突。公平是其基本原则和考虑的最重要因素。[①]关联实质合并，考虑其不正当的人格混同，打破了各关联成员的法律主体独立性，将资产与负债进行“打捆”合并，矫正了各内部企业成员不公正的权利义务分配，实现了公正。另外，关联企业部分成员企业的设立本身就是为了逃避债务，损害了众多善意债权人的利益。破产时将高度混同的关联企业视为一个企业，对各关联企业成员间的资产、负债合并处理，消除各关联企业成员间的债权债务和担保关系，将合并后的破产财产分配给关联企业的全体债权人，以弥补不当关联关系对各企业债权人的利益损害，实现了矫正的公平正义。

2. 关联企业实质合并破产具有高效之价值

企业破产制度本质是商事制度，效益最大化是商事制度的本质要求。在集团企业常态化的背景下，关联企业实质合并破产比单个单体破产更具高效价值。不当关联企业，其各成员之间由于内部不规范操作，资产负债严重混同，若单体破产，势必造成区分成本超过现有资产或者花费大量成本亦不能区分清楚，导致案件僵局，法律效果和社会效果均差。而实行“打捆”关联实质破产，则可减免关联企业成员内部的整理流程，减少破产成本，缩短破产审理周期，有利于各关联企业成员的债权实现，优化社会资源配置。

三、进路探寻：关联企业实质合并破产规则之初步设计

要解决实践中的问题，必须构建关联企业实质合并破产规则。在该规则的建构过程中，法院更应有所担当，要在多次的个案探索中抽象出一般规律。

（一）先决基点：关联企业之界定及要素标准

上文分析对于何谓关联企业缺乏统一之界定，造成实务中存在难以把握关联企业范围的问题，故应对其进行明确界定。

---

① 王欣新著:《破产法》，中国人民大学出版社2007年版，第5页。

1.关联企业之界定

其一，在我国现有法律框架下仅有税法和财会法对关联企业进行了定义，公司法对企业的关联关系进行了一些具体规定，现梳理如下（详见表3）。

表3　现有法律对关联企业规定之梳理

法　律	具体规定
《中华人民共和国税收征收管理法实施细则（2016修订）》第51条	关联企业是指在资金、经营、购销等方面存在直接或者间接的拥有或者控制关系，或直接或者间接地同为第三者所拥有或者控制，或在利益上具有相关联的其他关系的公司、企业和其他经济组织
《中华人民共和国公司法》第265条第4项	关联关系是指公司控股股东、实际控制人、董事、监事、高级管理人员与其直接或者间接控制的企业之间的关系，以及可能导致公司利益转移的其他关系
《企业会计准则第36号——关联方披露》第4条	采用列举的方式列明了十种情形下的企业为“关联方”，包括子公司、合营企业、联营企业、对该企业实施共同控制的投资方、对该企业施加重大影响的投资方等，对“关联关系”的企业从会计角度即资产关系方面作了进一步明确

《税收管理法实施细则》主要是从“税收征管”角度对关联企业进行的定义，出发点是防止企业通过关联方交易逃避国家税收，不能作为破产法上的定义。《公司法》从正确调整公司内部关系的角度对关联关系作出界定，亦不能适用于关联企业破产领域。

其二，实质合并适用中的关联企业认定。实行实质合并，必须明确其适用对象。鉴于实质合并破产制度在我国处于初步创立阶段，其内涵的确定和外延范围尚需要司法实践的积累。提炼裁定关联实质破产的案件，关联企业具有以下要素：（1）从关联的目的来看，均是为了特定的经济目的而进行的联合，利益一体化；（2）从主体资格来看，各成员均是独立的法人；（3）从关联管理关系来看，表现为持续稳定的控制关系，均有一个核心企业，具有统一控制权；（4）从关联表现方式来看，大多表现为股权投资，协议控制形式。

2.关联企业破产的认定范围

在审理关联企业实质合并破产时，因成员企业众多，对于如何划定实质破产成员范围，司法裁量应侧重于考虑关联企业之间是否存在人格高度混同或非商业成立目的，不能因单体判断不具备破产条件，就不纳入实质合并范围。有的企业成员从单体判断不符合破产条件，但是若该企业的成立本身具有逃债或其他不正当目的，或该企业与其他关联企业之间资产和负债存在高度混同，则应当纳入关联实质合并破产范围。

（二）实质性审查判断标准之双层建构

实质性判断标准是关联企业合并破产司法审查最为关键的问题。本文为建构之方便，将实质性审查判断标准类型区分为适用情况种类的类别性标准与确认每一种类中具体构成的行为性标准。[①]先类别化，后具体行为化，建构双层判断标准（见图4），以解决实践中的标准单一和“碎片化”问题。

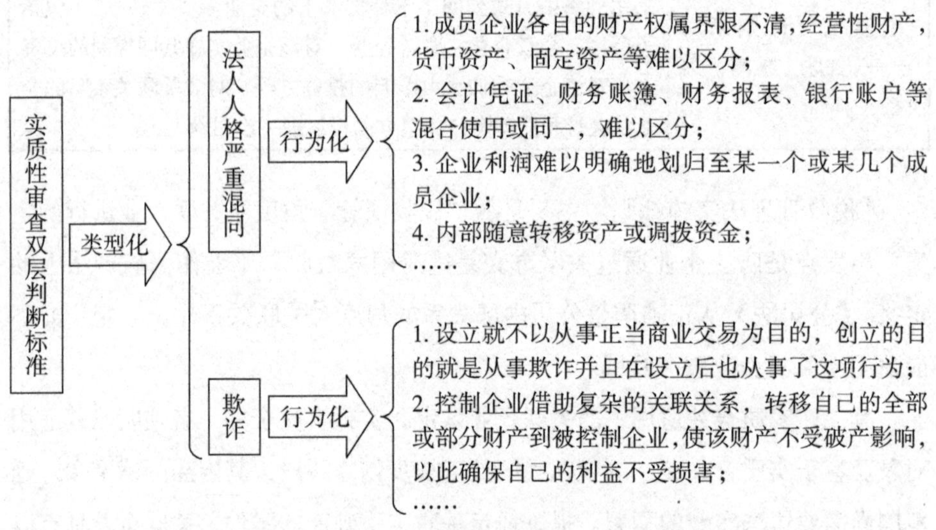

图4 实质性的审查双层判断标准简示

① 本文对审查标准的分类借鉴了王欣新教授的观点，参见王欣新：《关联企业实质合并破产标准研究》，载《法律适用》2017年第8期。

1.类型标准之确定与建构

梳理权威司法文件①和理论界对实质性的判断条件类型标准的讨论，主要有五类，这些标准的科学性和可操作性需进一步检讨，现综合分析如下（见表4）。

表4　实质合并的现有分类标准之梳理与检讨

标　准	来　源	争议焦点	本文观点
法人人格混同	司法文件、学者	是否为唯一标准？是否能概括所有实质合并的类别情况	是当前世界各国普遍适用的标准，也是当前实践中通常采用的标准，并不能概括所有实质合并的类别情况，仅以此为标准过窄
区分成本过高，损害债权人公平清偿利益	《全国法院破产审判工作会议纪要》	能否作为一个独立的标准？是否本身便为法人人格混同的结果	该标准本身为法人人格混同的一个结果，纳入法人人格混同标准评价，不应成为独立类别标准
欺诈或毫无正当商业目的	《实体合并若干规定（征求意见稿）》《破产企业集团对待办法》	有没有独立的类别价值功能，是否可以纳入法人人格混同标准评价	欺诈行为与法人人格混同完全不相干，完全不依赖于其他任何条件而存在，也是世界上普遍适用的标准
增加企业重整的可能性	学者主张	尚未进入重整，何有重整可能？如何防止在实践中泛化？能否作为单独的类别标准	尚未进入重整，重整可能性难以判断，在实践中容易泛化，不能作为单独的类别标准。债权人收益作为辅助标准的适用主要体现在重整程序中
债权人信赖	学者主张	如何判断债权人将公司作为集团整体来信赖？是否本身就为关联公司法人人格混同的表象？表象能否作为合并标准？主观信赖何以客观化	债权人将公司作为集团整体来信赖本身就为关联企业法人人格混同的表象，是关联企业的一个特征，主观信赖也难以客观化，没有独立的类别价值功能，不能作为类别标准

① 主要有：《全国法院破产审判工作会议纪要》、最高人民法院2012年制定的《关于适用实体合并规则审理关联企业破产清算案件的若干规定（征求意见稿）》（虽未实施，但有参考价值）、联合国贸易法委员会制定的“破产法立法指南第三部分”《破产企业集团对待办法》。

从表4分析可知：区分成本过高，损害债权人清偿利益，为法人人格混同之结果；增加重整可能性，在实践中容易泛化；债权人信赖难以客观化，不能单独作为类型标准。故实质性的判断条件类型标准只有两个：一是法人人格高度混同；二是欺诈。

2.类型标准之行为化建构

（1）关联企业间人格高度混同的行为化

《会议纪要》第33条仅提及成员企业资产混同的程度及其持续时间，但混同表现形式复杂多样，法官个体对其认识与理解存在偏差。虽然经过这些年的实践，并无统一的行为标准，个案裁判文书中说理差异较大甚至对立，但形成了比较详细的考察因素。法人人格混同按主观意志和责任承担可区分为严重丧失法人意志独立性和严重丧失法人财产独立性两方面。[①]现将收集的178件案件按照上述两方面，进行类型化提炼和检讨（见表5）。

表5 现行法人人格混同具体行为标准之梳理与检讨

人格混同类型	裁定书具体行为标准的提炼	评析与检讨
严重丧失财产独立性	资产负债混同：成员企业各自的财产权属界限不清（经营性财产，货币资产、固定资产等难以区分）；利润难以明确地划归至某一个或某几个成员企业；内部随意转移资产或调拨资金。交叉融资担保关系，互相投资参股，股权结构雷同；融资与使用的不当分离；资产和负债进行分离的难度大。相关费用随意摊派。成员企业的资本不足。 财务混同：会计凭证、财务账簿、财务报表、银行账户等混合使用或同一，无法区分	法院在做出实质性合并时，审查了各种因素，但认定为法人人格混同的重点指标不够突出，未抓住本质。在认定法人人格混同要件以及该要件与实质合并的关系上所要求的行为混合程度很难量化，不同法院表述不同：有的称混合程度使得实际上不可能分开；有的称涉及的混合程度使分清集团成员的相互关系和资产的所有权所需的时间和费用与结果不相称，所需的时间和费用危及债权人净资产的变现

① 最高人民法院关于实质合并破产的司法解释第五稿中，将关联企业法人人格的高度混同分为严重丧失法人财产独立性和严重丧失法人意志独立性两种情况。这种区分有一定的科学性。

续表

人格混同类型	裁定书具体行为标准的提炼	评析与检讨
严重丧失意志独立性	人事关系混同：同一自然人在多家成员企业任职，而高管及核心工作人员交叉任职、身份交织。不履行法定必要程序，直接指定成员企业的法定代表人或高级管理人员。 内部机构混同：经营范围相同或相似。生产、购销、储存、物流、售后等方面存在相通性或关联性，使得一个成员企业的内部机构可以覆盖多个其他成员企业的业务需求，导致成员企业无视各自的独立法人地位及经营范围，越位开展业务活动。 经营场所混同：同一经营场所往往存在两个以上的成员甚至所有企业，或者同一成员企业出现在不同的经营场所内。使用同一办公设施	相较一般企业，关联企业之间本来就具有更为紧密的联系。有些混同形式反而是关联企业不可避免的特征。将一些在关联企业运营中普遍存在的具有中性的行为或现象列为法人人格混同的表现，如相互担保或交叉持股，董事、监事或高级管理人员交叉兼职等，在定性上不够精准

表5分析反映了当前实质合并对法人人格混同的认定，囿于公司法上的“揭开公司面纱”和单体破产理念，仍处于“盲人摸象”抓表象和初步原因的粗浅认识阶段，未抓住实质合并法人人格混同认定的本质。实质合并制度的价值和经济逻辑为，当关联企业不当利用关联关系经营导致“资产与负债”混同，单体分别破产会产生高昂的成本或分别破产无法进行下去，实质合并有利于破产程序进行和债权人整体受清偿。“法人人格混同”的标准最核心的就是关联企业间资产与负债的混同程度。[①]而表5所列除关联企业本身控制和管理的其他法人人格混同各项具体行为标准外，均是直接或间接围绕“资产与负债混同”的具体表象、后果、程度及初步原因等。其标准均不具有结论性，所有

① 王欣新教授也持类似观点。参见王欣新：《关联企业的实质合并破产程序》，载《人民司法（应用）》2016年第8期。

标准在每个具体案件中也不是都存在。判断实质合并破产意义的“法人人格混同”标准应在两方面考量：一是定量分析混同本身达到的程度，在判定混同程度时，表5中影响法人人格独立的各项具体行为标准都可以作为加权因素；二是区分资产与负债的成本高昂或不可区分。本文将表4剔除关联企业本身控制和管理的行为因素，将各项定量分析的行为标准提炼如下（见表6），以供实践参考。

表6　实质合并法人人格混同具体行为参考适用标准

人格混同类型	司法参考适用标准
严重丧失财产独立性	1.成员企业各自的财产权属界限不清，货币资产、固定资产等主要经营性财产难以区分； 2.会计凭证、财务账簿、财务报表、银行账户等混合使用或同一，难以区分； 3.企业利润难以明确地划归至某一个或某几个成员企业； 4.内部随意转移资产或调拨资金
严重丧失意志独立性	1.主要经营业务相同或相似，成员企业无视各自的独立法人地位及经营范围，越位开展业务活动； 2.受同一实际控制人控制，关联企业成员对人事任免、经营管理等重大决策事项不履行必要程序的

（2）关联企业欺诈标准之行为化

破产法领域的欺诈不同于普通民法的欺诈。联合国贸易法委员会总结世界各国立法经验的破产法立法指南中关于欺诈的定义概括得较为准确，得到了广泛的认可和采用，本文也借用其定义。“欺诈并不是指经济主体在进行单项交易活动时发生的欺骗相对方以获得经济利益的行为，而是指经济主体的设立目的就不是从事正常的经济行为，其一开始设立就不以从事正当商业交易为目的，创立的目的就是从事欺诈并且在设立后也从事了这项行为。”[①] 我国虽无相关司法文件规定欺诈可作为实质合并破产标准，但笔者经梳理，也发

① 联合国国际贸易法委员会《破产法立法指南》第三部分《破产企业集团对待办法》，联合国维也纳办事处英文、出版和图书馆科，2012年8月，第56页。

现实践中出现了两则案例，一例发生在20世纪90年代，以欺诈为标准进行实质合并，另一例则实质为欺诈，是名义上以法人人格混同为标准进行的实质合并。为具体化关联企业欺诈标准，现列举如下：

案例一：哈尔滨百货采购供应站申请破产一案①

最高人民法院曾在1995年发布的《最高人民法院关于哈尔滨百货采购供应站申请破产一案的复函》中，以个案批复的形式允许黑龙江省高级人民法院在欺诈设立的情形下，实质合并破产债务人与新设公司的全部财产和债务。

哈尔滨百货采购站（以下简称供应站）在“负债累累”的情况下，利用“部分注册资金”开办哈尔滨康安批发市场（以下简称批发市场）。在这之后，供应站申请破产。最高人民法院认为这一行为虽然未发生在法院受理破产前六个月，但是其目的是逃避债务。应当根据《民法通则》中的诚实信用原则，追回供应站开办批发市场投入的2217.3万元以及该场所所得的盈利。在具体处理方式上，最高人民法院提出三项建议：可采取整体转让批发市场或以债权人的债权作为股份，依照我国公司法的规定，组成规范化的公司，以避免批发市场与供应站同时倒闭。如上述两种具体处理方式均不可行，则可将批发市场的现有全部财产及其债务纳入供应站破产清偿范围之内。

案例二：汉唐证券公司及其46家空壳公司合并破产清算案②

2007年9月7日，深圳市中级人民法院裁定受理汉唐证券有限责任公司（以下简称汉唐证券）破产清算一案，并于2007年12月26日宣告汉唐证券进入破产清算程序。清算过程中法院查明，汉唐证券共设立了广州宝丰投资咨询有限公司（以下简称广州宝丰公司）等46家空壳公司。以上46家公司没有独立的

---

① 《最高人民法院关于哈尔滨百货采购供应站申请破产一案的复函》（法函〔1995〕48号）。

② 深圳市中级人民法院（2007）深中法民7字第16—88号民事裁定书。

办公场所，其工作人员也都是汉唐证券的员工，同时这46家公司的印章、账户等均由汉唐证券相关部门控制支配，由此可见，这46家公司实际上是汉唐证券违法开展自营业务的操作工具。深圳市中级人民法院审计后认为：这46家公司虽然表面上具有主体资格，但实际上均是由汉唐证券主导设立并绝对控制的空壳公司。并且其成立后并没有开展独立的经营活动，只是作为汉唐证券违法开展业务的操作工具。由于46家公司和汉唐证券在人员结构、经营管理、财务会计等方面高度混同，而且清算程序复杂烦琐，为了保护汉唐证券及46家公司债权人的合法权益，提高破产效率，故最终决定汉唐证券与其46家公司合并破产。

在关联破产领域，欺诈一般有两种类型，其中一种具有典型性，易于区分，不会与法人人格混同标准相混淆；而另一种与法人人格混同类似，不易区分，如将资产进行转移、利用企业集团的形式逃避法定义务。[①]两者的本质区别在于主观上是否具有恶意。

抽象提炼案例，借鉴联合国国际贸易法委员会制定的《破产法立法指南》第三部分《破产企业集团对待办法》关于欺诈之规定，破产欺诈中常见的行为标准有：设立就不以从事正当商业交易为目的，创立的目的就是从事欺诈并且在设立后也从事了这项行为；控制企业借助复杂的关联关系，转移自己的全部或部分财产到被控制企业，使该财产不受破产影响，以此确保自己的利益不受损害；控制企业为将自身摘除在债权债务关系之外，故意唆使受控企业对外举债，以方便自己逃避债务；控制企业利用其主导地位，故意让受控企业去做一些高风险、低收益的经营行为，以此规避自己的投资风险；等等。

（三）启动程序：规范操作之设计

《企业破产法》规定了单体破产案件审理流程，但关联实质合并破产具有复杂性，不能完全适用其规定，实质合并破产程序性需要重新梳理和规定。

---

① 王欣新：《关联企业的实质合并破产程序》，载《人民司法（应用）》2016年第8期。

1. 申请主体

在司法实践中，实质合并破产的启动主体出现的有破产管理人、债务人（关联企业中部分企业成员）、债权人以及受理破产案件的法院（见图5）。

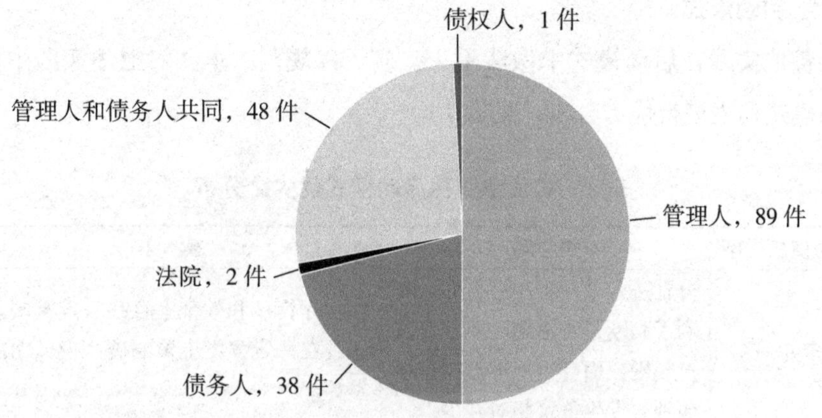

图5 关联实质申请启动主体占比

从案例统计分析可以看出，实践中破产管理人申请启动合并破产程序最多。这主要是因为管理人在企业进入破产程序后最清楚关联企业的不当关联情况，若不进行实质合并，有时破产程序无法推进下去。基于现实需要，实践中出现了2例①由受理法院依职权启动关联实质合并的情况，本文认为，受理法院依职权启动模式不能作为关联企业实质合并破产的模式。一者，破产法本质上是商法和私法，应遵循当事人意思自治，公权力不可干涉；二者，我国破产法吸收"申请主义"理论对破产的启动规定的是"依申请启动"，与现行法和形成的惯常做法相悖。实践中还出现了债权人申请启动的案例，但数量较少，仅发现了1例，②还是地方财政局作为债权人提出。之所以债权人启动较少，一者，关联实质合并破产还未有法律规定，知道者少；二者，基于关联企业不当关联关系的隐秘性，债权人知之者甚少，即使知道一些情况，但举证难度大。但关联实质合并破产直接关系到债权人的清偿比例，具有根

---

① （2019）苏1283破9号裁定书；2008年沈阳中院审理的沈阳欧亚集团破产清算案。

② 广东省惠州中院（2019）粤13破申1号裁定书。

本利益，是当然的有权申请的启动主体。

故关联企业成员、关联企业成员的各债权人、已进入单体破产程序的关联企业成员的管理人均可作为启动实质合并的申请主体。

2.启动模式

各地实践在启动模式中做法不一，应予以规范。本文对上述实践中四种启动模式列表进行优劣分析（见表7）。

表7　实践中四种启动模式优劣之分析

启动模式类型	优　势	劣　势
多并一	分别进入破产程序后合并，有利于判断是否适用实质合并破产规则，而且也能够遵循审慎原则。发生争议相对较少	在程序衔接和效率上存在一定弊端。可能会在一定程度上影响破产挽救功能的发挥
先带后	省去资产与债务剥离这一耗时耗资耗力的工作，直接将关联企业财产合并，统一清偿，极大提升了破产审理的效率	可能因实质合并的适用而将从外观上看未发生破产原因的关联企业直接纳入破产程序。在无明确法律规定的情况下，易引起异议
先并后破	通过对关联企业困境提前介入，及时发现和评估各关联企业的状况及是否符合实质合并破产的标准	在破产程序外进行实质合并，要遵循公司法的规则，法院需要先作出对各关联企业“揭开公司面纱”实质合并的判决，才能将实质合并的效力延续至破产程序。但在公司法上作出企业实质合并裁判的法律依据、应遵循何种程序、如何保障各方当事人的诉讼权利、能否适用上诉程序等均无法律依据
依职权合并	法院直接将关联企业财产合并，统一清偿，效率极高	与我国企业破产法对破产程序的启动采取“申请主义”不符，有既做裁判员，又做运动员之嫌疑，极易造成当事人反对

综上，实质合并破产程序的启动模式各有利弊，因“先并后破”和“依职权合并”与我国现行法律背景明显不符，不宜继续采用。本文考证认为，“多并一”审理相对而言最为稳妥，适合当前破产实务发展的水平，应作为基础启动模式。但是基于个案间影响判定能否适用实质合并情况各有不同，有

的案件较为明显，有的案件可能需要进入破产程序后通过管理人的细致调查才能发现该案符合适用实质合并的标准，因此“先带后”审理模式也应作为一个基本的审理模式。故应以司法解释的形式将这两种模式予以确定。

（四）举证责任之设计

举证责任在关联企业实质合并破产中更显关键，特别是对于关联企业外部的债权人。对于如何确定举证责任，有不同观点。有的认为应当适用“谁主张谁举证”，有的认为应当适用“举证责任倒置”，也有观点认为“举证责任倒置”大大减轻了申请人的证明责任，容易导致实体合并的滥用。

在关联企业实质合并破产中既不能偏左，绝对适用“谁主张谁举证”规则；也不能偏右，一概适用“举证责任倒置”规则。应根据证据的远近和举证的难度来分配举证责任。对于关联企业成员和已进入单体破产程序的关联企业成员的管理人来说，其离证据较近，举证相对容易，承担“谁主张谁举证”的举证责任。但对于债权人来说，由于关联企业间的不当关联行为多是在合法行为的掩盖下进行的，债权人作为局外人，离证据较远，举证难度大，对其举证责任不能过于苛求。只要求其有初步的证明证据即可，实行“举证责任倒置”，反对者要举证证明企业之间不存在人格混同或不法行为，各企业严格维持自身的独立性，否则法院将适用实质合并原则进行关联破产。

四、结语

建立关联企业实质破产规则已成实践之需。虽然本文对关联企业实质合并破产规则进行了理性的思辨和论证，对司法实践进行了梳理和总结，并在此基础上提出了建立关联企业实质合并破产的制度设计建议。但本文由于受资料和实践所限，并未就跨国集团如何实行实质破产进行探讨，限于篇幅也未对关联企业实质合并破产在司法实践中遇到的所有热点问题进行探讨。该规则的科学建构还需要不断探索，期望通过研究对关联企业实质合并破产的实践提供借鉴和参考。

共同犯罪案件分案审理的实践检视与进路规范

——基于被告人权利保障视角的考察

王旭东　宋喜萍　赵　悦*

摘　要： 共同犯罪案件分案审理程序是刑事诉讼的一项重要内容，但现行法律及司法解释对其所作规定过于原则，难以满足分案审理的实践需求。本文以被告人权利保障为考察视角，首先，明确了分案审理这一程序设置的实然价值即保障被告人的时间利益、降低被告人被不当重刑和无辜定罪风险、救济被告人敌对防御情形。其次，结合当前司法状况，对分案审理程序在具体适用中存在的分案范围模糊、决定主体不明、行政色彩浓厚、诉讼权利受限等突出问题及原因进行了梳理与分析。最后，在对分案审理程序适用价值及实践现状予以厘清的基础上，围绕三个方面即构建以权利保障为导向的分案规则、以审判为中心的启动程序、以效力为准则的证据审查机制，进一步探索分案审理的规范化、科学化实现路径。

关键词： 共同犯罪；分案审理；权利救济；以审判为中心

共同犯罪案件由于在犯罪主体、行为、对象、结果等方面具有高度的关联性，办案机关通常并案侦查、起诉和审判。然而，实践中共同犯罪案件往往较为复杂，尤其是扫黑除恶专项斗争开展以来，涉黑恶等有组织犯罪被告

* 王旭东，安徽省芜湖市中级人民法院民二庭副庭长、法学硕士，研究方向为刑法学。宋喜萍，安徽省芜湖市人民检察院检察官、法学硕士，研究方向为民商法学。赵悦，安徽省芜湖市中级人民法院刑一庭法官助理、法学硕士，研究方向为刑法学。

人动辄达数十人甚至上百人，犯罪事实众多且相互交织，案件审理时限较长，并案审理于部分被告人而言，时间利益难以保障，且会衍生部分诉讼权利被侵夺的风险，于此情形下，区分具体情形选择适用分案审理，实有必要。我国关于共同犯罪分案审理的制度规范历经了从无到有，从特别办案规定到一般性司法解释的演变进路，[①]为分案审理的司法实践提供了逐步完善的法治依循。但遗憾的是，由于相关规定过于原则，对规范目的、分案范围、被告人权利保障等缺乏具体细致的制度设计，难以满足当前分案审理的实践需求，主动分案少、分案随意性大、被告人参与程序及权利保障缺位等问题越发凸显。鉴于此，本文试图通过实证考察、逻辑分析等论证方法，以被告人权利保障为视角，对共同犯罪案件分案审理程序适用与进路规范展开研究。

一、共同犯罪案件分案审理的实然价值

并案审理的重要价值在于促进诉讼经济，但在某些情形下，不仅无法实现该价值，还可能损害被告人的诉讼及实体权利，在此背景下，作为并案审理程序必要补充的分案审理程序，有其适用意义。以被告人权利保障为考察视角，分案审理的内在价值主要体现在以下几个方面。

（一）保障被告人的时间利益

较之分案审理，并案审理因无须多次开庭、举证、通知证人出庭作证等，一般更利于诉讼经济，但于被告人而言，时间利益的保障可能恰恰相反。

例1：甲与乙共同参与一起入室盗窃案，盗窃人民币5000元，但乙除了实施这一起犯罪外，还单独实施了多起盗窃以及一起抢劫杀人，乙拒不认罪，且抢劫犯罪因证据瑕疵被多次退回补充侦查。

---

① 关于共同犯罪分案审理的规定，此前零散见于“两高一部”相关的刑事案件办案规定、指导意见或会议纪要，2021年《最高人民法院关于适用〈中华人民共和国刑事诉讼法〉的解释》第220条作了一般性规定，《反有组织犯罪法》第32条也对可以分案处理的具体情形予以了规定。

例2：A、B、C三人受黑社会性质组织成员邀集参与一起寻衅滋事犯罪，后该黑社会性质组织被公安机关侦破，涉案人员三十余人，涉及违法犯罪事实四十余起，虽然未将A、B、C作为组织成员起诉，但因该三人参与的犯罪系该组织犯罪事实，故同案起诉、审判。

可以看出，例1中的甲与例2中的A、B、C在共同犯罪中犯罪情节较轻，如分案审理可快速审结，但因与其他被告人同案受审，不得不被动全程参与全案侦查、起诉和审判，接受可能产生的退回补充侦查、庭审质证、辩论繁杂、羁押期限延长等不利诉讼后果，尤其是人数众多的涉黑案件，部分被告人只参与实施一起犯罪，却仍需参与冗长庞杂的庭审，“为此需要耗费大量的时间精力和财力，由此带来的程序和精神负担可以远远超过刑罚本身对其的惩罚”①。此外，分案审理可有效降低“被二审率”②，避免因其他同案犯上诉延长服判被告人不确定的诉讼状态，甚至可能被发回重审而再承受一次审判的压力，且因判决未生效其也无法得到减刑或假释，对自愿认罪服判并期望早日获得减刑、假释的被告人来说，无休止的“被上诉”，显然是不公的。通过对笔者所在城市两级法院2018年以来涉黑及常见关联案件的实证考察，可以管窥不作区分的并案审理可能导致的侵害被告人时间利益的危害后果（见表1）。

表1　W市涉黑及常见关联犯罪案件审理情况对比

犯罪类型	审理期限	上诉率	缓刑适用率	平均刑期
涉黑犯罪	129天	72%	11.5%	7年4个月
涉黑中聚众斗殴	129天	72%	11.5%	3年3个月
普通聚众斗殴	31天	27.8%	33.7%	2年5个月
涉黑中寻衅滋事	129天	72%	11.5%	2年4个月
普通寻衅滋事	27天	28.7%	56.3%	2年1个月
涉黑中敲诈勒索	129天	72%	11.5%	2年6个月
普通敲诈勒索	23天	25%	55.9%	2年2个月

① ［美］马尔科姆·M.菲利：《程序即是惩罚：基层刑事法院的案件处理》，魏晓娜译，中国政法大学出版社2014年版，第27页。

② 马贵翔、柴晓宇：《共同犯罪审判程序论》，载《甘肃社会科学》2012年第6期。

（二）降低被告人被不当重刑和无辜定罪风险

“法律的要点是如此微妙且不确定，以至于情感的最轻微触碰都足以使天平偏向一端或另一端。”[①]分案审理虽然是微观的法律问题，但不仅影响被告人程序权利的救济与保障，对实体上定罪量刑的影响也不容忽视。

一般而言，相较于一人单独接受审判，和罪行严重的共犯同案受审，更易被科处较重刑罚。一方面，因受其他共犯严重犯罪事实的影响，审判人员可能陷入先入为主的偏见，潜移默化地对犯罪情节较轻的被告人科处较单独受审时更重的刑罚，或者对缓刑的适用抱以更为严苛的态度，使原本可能被宣告缓刑的被告人丧失了提前解除羁押的机会。另一方面，司法实践中经常出现的情况是，审判人员因陷入对众多被告人及其犯罪事实、证据审查的繁杂工作当中，而忽视了对羁押期限已经超过可能科处刑期的被告人的强制措施变更工作，考虑到办案效果以及国家赔偿等问题，而不得不科处与被告人羁押期限相当的刑期，从而变相加重了被告人的刑罚。结合表1所示，聚众斗殴、寻衅滋事、敲诈勒索犯罪，摄入涉黑犯罪后，与单独的同类犯罪相比，无论是平均刑期还是缓刑适用率，都显示出对被告人过于苛刻的一面。

被告人被指控数罪相较于数罪被分别单独指控，更易使审判人员产生微妙的偏见，内心会不自觉地推定被告人不是无辜的。[②]同样，一人单独接受审判与多人共同接受审判相比，后者也更难被认定为无罪，尤其是有人民陪审员参与的案件，基于朴素的是非观，更易形成“近墨者黑”“一丘之貉”的心理观感，即使在证据尚有瑕疵的情况下，也易被无辜牵连定罪。笔者以无罪为关键词，在中国裁判文书网上检索出东部J省、中部A省、西部G省三省的再审案件206份，并筛选出最终作出无罪判决的文书40份，其中单人无罪判决33份，二人及以上部分被告人无罪判决7份，且被告人数均未超过三人，在一定程度上反映出被告人被认定无罪的可能性与同案受审的人数成反比，多名被告人同

---

① ［意］皮罗·克拉马德雷：《程序与民主》，翟小波、刘刚译，高等教育出版社2005年版，第54页。

② 胡佳：《刑事案件分案审理问题研究》，载《时代法学》2021年第5期。

案受审被认定无罪的可能性要远小于单一被告人受审。此外，被告人数与犯罪事实越多，案件的证据也会越繁杂，审理难度也会呈几何倍数增加，相较于审判人员对单一被告人单一犯罪事实的精细研判，对多个甚至数十个被告人及犯罪事实的梳理分析可能就难以做到全面深入，错误定罪的风险也随之加大。

（三）救济被告人敌对防御情形

共同犯罪案件中，共犯之间往往因存在利益冲突，而采取相互排斥的辩护策略，尤其是被告人利害关系相反时，可能会相互嫁祸以转嫁责任，此种情形下，共犯之间的辩护即具有不可调和性和排他性，处于敌对状态。如甲、乙被指控共同抢劫，甲辩称乙叫其一起去抢劫，但自己拒绝了，并指证乙实施了抢劫杀人，乙则辩称案发当天两人一起寻找作案对象，后自己突然有事先离开了，并指证甲实施了抢劫行为。在并案审理情形下，庭审中两被告人必然相互推诿、攀诬，陷入敌对防御的窘迫处境。检察机关基于其"法定之控诉弹劾地位"[①]，应承担所指控被告人犯罪事实的证明责任，但敌对防御情形下，"审判更多的是被告人之间的对抗而不是被告人和人民的对抗，这就会造成人们经常袖手旁观并且目睹被告人为毁灭彼此而战斗"[②]，对被告人防御显然不公平。

然而，对于何谓被告人敌对防御情形，当前各国刑事诉讼法并无明文规定，对此的理解学界形成了一些共识，认为被告人的辩护相互排斥，互相通过指证其他被告人有罪来辩解自己无罪，对重大利益产生非此即彼的影响，此即属于敌对防御情形。[③]共犯之间若只是存在敌意，如对自己在共同犯罪中的行为、作用与加重后果的因果关系等内容的辩解相互矛盾，但并不否认共同犯罪事实，或者仅对证人是否传唤及方式、证据效力等程序性事项的意见相互对立排斥，则不宜认为存在敌对防御，应并案审理，通过被告人供述与辩解之间的分歧来进一步查清案件事实。

---

① 蔡杰、刘磊:《论共同被告证据法上之地位》，载《法学评论》2006年第2期。

② [美]伟恩·R.拉费弗等:《美国刑事诉讼法》，卞建林、沙丽金等译，中国政法大学出版社2003年版，第905页。

③ 杨杰辉:《共同犯罪案件的分案审理研究》，载《现代法学》2022年第1期。

二、共同犯罪案件分案审理的实践检视

由于我国现行法律及司法解释关于分案审理程序的规定过于原则，对实践指导作用有限，致使司法实践中存在一些亟须匡正的突出问题。

（一）分案范围模糊：司法的随意性较为明显

2021年实施的《最高人民法院关于适用〈中华人民共和国刑事诉讼法〉的解释》（以下简称《2021刑诉法解释》）第220条第1款对分案审理范围虽有所涉及，但并未明确分案的具体标准和情形，仅原则性规定："……被告人人数众多、案情复杂，……分案审理更有利于保障庭审质量和效率的，可以分案审理……"《反有组织犯罪法》第32条仅对"同案处理可能导致其本人或者近亲属有人身危险"这一种情形规定了可以分案审理。司法实践中，部分案件分案审理系基于未成年人犯罪刑事政策、被告人暂时无法到案受审等不得不分案审理的客观理由，但更多的则是较为随意，仅在判决书中简单表述"因案情需要，本院决定对……案分案审理"，[①]体现出法院对是否分案审理并无统一的判定标准，而是视案件情况和审理需要，也基本不会考量被告人关于分案审理的诉求。（见表2）

表2　司法实践分案审理相关情形

分案事由	相关文书
被告人脱逃、未到案、患病、疫情等原因无法到庭	甘肃省正宁县人民法院（2019）甘1025刑初95号一审刑事判决书
被告人人数众多	山西省阳城县人民法院（2021）晋0522刑初358号一审刑事判决书
被告人为未成年人	江苏省苏州市姑苏区人民法院（2019）苏0508刑初53号一审刑事判决书

① 甘肃省嘉峪关市城区人民法院（2017）甘0271刑初1-1号一审刑事判决书。

续表

分案事由	相关文书
被告人认罪认罚，且其身体状况不适宜临时羁押	江苏省泰州市高港区人民法院（2019）苏1203刑初153号一审刑事裁定书
其他事由	甘肃省嘉峪关市城区人民法院（2017）甘0271刑初1-1号一审刑事判决书

相较于人民法院，检察机关对分案审理的处理则显得更为随意和任性，实践中不乏由于部分被告人未到案或尚未侦查结束等客观原因，会将已到案或已侦查结束的被告人移送起诉的情况，这是出于对已到案被告人合法权利保障的考量，无可厚非。但也存在一种情况，即出于案件绩效的考核或者分化瓦解被告人以达到胜诉的目的，检察机关会利用公诉的权力选择性地对本应同案起诉的被告人作分案起诉，甚至毫不避讳地于同一天提起公诉，①而人民法院一般对此仿若未见，随案就审，甚至在被告人对此提出异议的情况下，仍以“共同犯罪的案件分案审理，并不违反法律规定”的机械理由为检察机关的此种行为背书，②这也映射出了司法机关分案处理的随意性，并由此可能向社会公众传达出法检机关“心照不宣”“有意为之”的不良信号，需要引起警惕。

（二）决定主体不明：分案的审判属性缺失

分案审理作为审理方式的重要表现形式，关涉公正与效率的价值体现，属于审判权的核心领域。③《2021刑诉法解释》第220条虽然赋予了法院对分案审理的审查决定权，但实践中的情况恰恰相反，笔者对东部J省、中部A省、西部G省三省2019年至2021年分案审理的案件进行了梳理，发现由法院主动

---

① 江苏省苏州市吴中区人民法院（2021）苏0506刑初70号、81号一审刑事判决书，聂某某与毕某某为同案被告人，判决书显示为同一天作为两个案件分别提起公诉，但对为何分案起诉未作任何说明。安徽省萧县人民法院（2021）皖1322刑初324号、334号一审刑事判决书也是此种情形。

② 安徽省青阳县人民法院（2014）青刑初字第00141号一审刑事判决书。

③ 杨杰辉：《共同犯罪案件的分案审理研究》，载《现代法学》2022年第1期。

决定分案审理的案件寥寥无几，基本上系检察机关分案起诉，法院随案就审。在分案审理的决定问题上，法院基本处于被动接受状态，分案的决定权实际上由检察机关行使，显然有违《2021刑诉法解释》规定之精神。

表3 部分省份2019—2021年刑事案件分案审理情况（单位：件）

省 份	一审案件数	另案处理	已判决	法院分案审理
J省	144656	12818	2552	29
A省	86189	4304	1152	13
G省	29687	1111	346	1

备注：实践中，如系法院主动分案审理的案件，一般均在文书中予以表述，而在文书公诉机关指控事实部分标注另案处理或已判决的，一般均系公诉机关分案起诉的案件。此外，近年来上网文书明显减少，该数据仅是中国裁判文书网上显示的数据，不完全反映客观情况。

法院不仅在分案审理决定权的行使上持被动甚至放弃态度，在分案审理的审查方面，亦持漠视放任态度，程序上缺乏分案审查的环节设计。[①]立案时对检察机关起诉书中载明的“另案处理”情形不作任何形式审查，甚至出现前述法院对检察机关无理由的同一天一案两诉熟视无睹的情形，在审理阶段对检察机关为什么分案起诉、另案起诉案件处理情况等也不进行实质审查，对被告人及辩护人的异议申请亦简单驳回，法院的这种放任态度无形中为检察机关基于谋求胜诉、规避风险或分化瓦解同案犯的目的而故意一案数诉提供了便利，而这毋庸置疑会对被告人诉讼及实体权利产生危害。

（三）行政色彩浓厚：被告人参与程序缺位

诉讼程序与行政程序的区别在于，诉讼程序系诉讼主体平等参与，充分发表各方意见，由裁判主体居中裁判，而非单方面作出决定。[②]分案审理程序对被告人诉讼及实体权利具有重大影响，应在充分听取控辩双方意见的基础

① 胡佳：《刑事案件分案审理问题研究》，载《时代法学》2021年第5期。

② 许身健：《共同犯罪分案审理问题研究》，载《国家检察官学院学报》2022年第1期。

上，审慎决定是否分案审理。从域外经验看，司法机关都十分注重保障被告人在分案审理程序上的申请权、异议权等，使被告人实质参与到分案审理程序中。美国联邦最高法院判例曾指出："如果两个被告人被不当合并，即错误合并，甚至在规则允许的范围内正常合并的情况下，被告人都可以根据不利影响的理由申请分离。"[①]《德国刑事诉讼法典》第4条规定："法院可以在审判程序开始后依检察院、被告人的申请或者依职权以裁定将互有关联的刑事案件分离或合并。"[②]

然而，我国《2021刑诉法解释》第220条第1款规定的目的则在于保障庭审质量和效率，而非被告人的权利，其既未赋予被告人申请分案审理的权利，也未约束人民法院必须听取控辩双方意见，且分案审理一般以决定方式作出，一经作出即发生法律效力，被告人无法通过上诉予以救济。[③]司法实践中，被告人对公诉机关的分案起诉以及法院的分案审理决定完全处于被动接受地位，只能在法庭审理环节对分案审理提出异议，但一般均被法院以"并不违反法律规定""程序并无不当"等空泛的理由予以驳回，体现出浓厚的行政色彩，被告人参与分案审理程序的期望，无法得到法律规定的认可和司法机关的支持。

（四）诉讼权利受限：对质权与防御权救济不足

1.对质权难以得到实质保障

对质有利于揭穿谎言、发现矛盾，是查明案件事实的一种重要且有效的方法，"在所有的刑事诉讼中，被告人应当享有……与不利于他的证人对质的权利"[④]。然而，我国刑事诉讼法及司法解释虽规定了质证权，但对被告人是否有权要求对质对象到庭接受对质、对质对象是否必须到庭接受对质以及不出庭接受对质的证据效力及法律后果等对质权的核心内容均未作出明确规定，这些规

---

① ［美］约书亚·德雷斯勒、艾伦·C.迈克尔斯：《美国刑事诉讼法精度》（第二卷·刑事审判），魏晓娜译，北京大学出版社2009年版，第136页。

② 《德国刑事诉讼法典》第4条，李昌珂译，中国政法大学出版社1995年版，第1页。

③ 宋英辉、甄贞：《刑事诉讼法学》，中国人民大学出版社2019年版，第360页。

④ 美国联邦宪法第六修正案。

范的缺失表明，我国对于对质权制度的设立抱持一种疑虑、保守的态度。[①]

相较于普通的证人证言，共同犯罪中，被告人的供述不仅涉及其本人，还会影响其他共犯的定罪量刑，而共犯由于亲历犯罪经过，其供述证据价值较高。因同为涉案人员，与案件有直接利害关系，基于人趋利避害的本能，不可避免地会出现委责他人甚至栽赃陷害等情形，并由此加大其他共犯被不当定罪量刑的风险。因此，通过当庭对质，缕析共犯供述的真实性尤为必要，实践中，当共犯供述不利于被告人时，被告人一般也表现出与其对质的强烈意愿。

并案审理中，由于同案受审，被告人的辩护人可以对其他同案被告人发问，法庭对被告人当庭供述相互矛盾之处自然会选择进一步讯问予以判断，必要时法庭也会组织被告人当庭对质，故不影响被告人对质权的实现。但分案审理中，被告人的对质权却受到了极大的限制甚至被剥夺，虽然《2021刑诉法解释》第220条第1款规定了分案审理不得影响当事人质证权等诉讼权利的行使，但通过对共犯供述笔录的书面质证所实现的质证权，不能等同于与共犯对质，该规定的宣示意义大于实际意义。第269条规定了可以传唤分案审理的共同犯罪被告人到庭对质，但建立在法庭认为有必要这一前提之上，实际上赋予了法庭对被告人能否行使对质权的自由裁量权，而实践中囿于共犯羁押地点、庭审效果等各方面原因，法庭往往不愿意传唤共犯到庭接受质证，从而极大限制甚至剥夺了被告人对质权的行使。

2. 前案裁判防御权救济乏力

共同犯罪案件分案审理后可能会出于社会效果、舆论宣传等原因，对分案审理的两个或多个案件同时宣判，但实践中由于分案后审理难度的不同更多的是先后宣判，甚至在后案还未开庭审理的情况下前案即已宣判，尤其是在部分被告人未到案先行移送起诉的情况下，已到案被告人必然会先行审结生效，这就产生前案生效裁判认定事实及证据对后案是否具有拘束力的问题，即后案被告人对前案生效裁判能否防御以及如何防御。

共同犯罪分案审理的情况下，前案裁判中认定的事实和证据必然涉及全

① 郭烁：《对抗秘密取证：对质权属性及范围重塑》，载《现代法学》2020年第1期。

案犯罪事实、各被告人犯罪地位及作用以及各共犯具体参与犯罪事实的认定，如承认前案裁判的拘束力，则会导致后案被告人需面对在接受审判前其犯罪事实及犯罪情节已经被基本确定的尴尬处境，尤其是在前案被告人认罪认罚的情况下，其可能为了最大限度获取从轻处罚待遇，对自己不确定的后案被告人的犯罪事实予以确认，甚至污蔑、攀咬后案被告人，使后案被告人处于极其不利的防御境地。

关于该问题，刑事诉讼法及司法解释未作明确规定，但《人民检察院刑事诉讼规则》第401条的规定免除了检察机关对前案裁判确认事实的证明责任，司法实践中，共同犯罪案件分案审理时，后案法官也往往奉行“拿来主义”，基本照搬前案裁判认定的事实，甚至连主从犯、组织成员地位、作用等的认定也“照猫画虎”，[①]实则承认了前案裁判的既判力。人民检察院办案规则的认可及人民法院的默认，为检察机关分化瓦解被告人，获取胜诉最大利益提供了便利，对于案情复杂、人数众多的共同犯罪案件或有组织犯罪案件，在部分被告人认罪认罚的情况下，为减轻自己的举证责任，检察机关可能会对该部分被告人先行分案起诉，以获取对部分或者主要犯罪事实的认定，进而在后续对不认罪认罚被告人的审理中主张对该部分犯罪事实直接予以认定，加之前文论述的被告人的对质权受限，其防御显得无从下手，极易受前案共犯不实指控的无端牵连而获罪或增加罪责，一定程度上免除或减轻了控诉方的举证责任，导致前案裁判既判力扩张。[②]

三、共同犯罪案件分案审理的应然路径

鉴于分案审理程序适用存在前述问题与不足，探索分案审理的规范化、科学化构建路径具有重要的现实意义，笔者为此尝试从以下几个方面提出相

---

① 徐娟等:《扩张与限缩：刑事判决既判力的范围厘定——以共同犯罪分案审理前案对后案的影响为视角》，载《深化司法改革与行政审判实践研究》(上)，人民法院出版社2017年版，第806页。

② 龙宗智:《有组织犯罪案件分案审理问题研究》，载《法学研究》2021年第3期。

应建议。

（一）分案类型化：构建以权利保障为导向的分案规则

梳理关于共同犯罪分案审理类型的域外规定，可以看出其着眼点均在于保护被告人的相关权利，而非以案件的审理难度或法院的审判便利为主要考量，如“被告遭受不利益”①“对被告人的辩护产生不公或混乱”②等类似的表述均凸显了以被告人权利保障为导向的分案原则，反观我国刑事诉讼法律、司法解释规定以及司法实践，分案更多考虑的是司法机关的司法便利，被告人权利保障沦为附带性甚至宣示性的参考要素，对此应正本清源。

刑事诉讼法规定的被告人权利有很多，但并非每一种权利都涉及需要分案审理的情形，即使是与分案审理密切相关的诉讼权利，也并非必须通过分案审理予以保障，而是要以达到为保护被告人的重要利益确有必要为前提。

一方面，需要保护的必须是重要利益而非一般利益，主要包括以下几种情形：（1）部分同案犯因脱逃、疾病、下落不明等原因，致使案件审理期限无法预判，不分案审理可能严重影响其他同案犯的时间利益；（2）被告人人数众多、案件复杂，审理期限可能较长，对其中部分犯罪事实简单、证据充分、情节较轻、居于从犯地位的被告人，尤其是尚处于羁押状态的此类被告人，并案审理可能严重影响该部分被告人的时间利益，甚至可能导致被不当重刑；（3）被告人拒绝辩护后，没有辩护人为其辩护，直接宣布休庭可能影响其他被告人的时间利益，继续审理又无法保障被告人的辩护权；（4）被告人始终辩称未参与共同犯罪，在案证据存在矛盾之处，将之与其他同案犯并案审理，可能会使其陷入因审判人员的偏见或其他被告人的非理性指证而增加被无辜定罪的风险；（5）被告人之间就关涉定罪量刑、主从犯认定等核心事实的供述存在利害相反关系，在案其他证据难以否定其中一方的供述，致

① 《美国联邦刑事诉讼规则》第14条。参见《美国联邦刑事诉讼规则和证据规则》，卞建林译，中国政法大学出版社1998年版，第61页。

② John Sprack, Emmins on Giminal Procedure, Blackstone Press Limited, 1995, pp.224–228，转引自许身健：《共同犯罪分案审理问题研究》，载《国家检察官学院学报》2022年第1期。

使被告人之间产生敌对防御的情形；（6）被告人揭发了同案犯尤其是主犯、犯罪组织首要分子的重要犯罪事实，并案审理可能导致其本人或近亲属有人身危险。

另一方面，必须达到有必要的程度，即非通过分案审理不足以避免对被告人重大利益不利的情形，如可以在并案审理中通过当庭对质、补充相关证据等方式弥补被告人权利保障之不足，则无须启动分案审理程序。至于是否有必要的判断权，基于分案审理的审判属性，则应赋予审判人员，而非仅仅依据被告人或辩护人的申请及基于其自身利益考量的判断，否则会导致分案审理程序的滥用及无序。当然，审判人员在考量是否有必要时，需结合全案事实、证据及被告人或辩护人的申请，把握“不应使被告人处于较合并审理更不利之地位”[①]的基本准则，同时兼顾公诉机关的意见，而非单方的行政裁决式的决定。

此外，在分案审理的实际操作中，需注意几种特殊情形，一是对认罪认罚的被告人审慎适用分案审理程序。[②]虽然对认罪认罚的被告人分案审理有利于快速审结，保障其时间利益，但该部分被告人为争取最大限度的从宽处罚，可能作出对其他共犯的不实供述，此种情形下分案审理会使不认罪认罚的被告人处于难以有效抗辩、极有可能被动接受前案不利裁判后果的尴尬处境，损害其合法权利。当然，若对认罪认罚被告人分案审理不妨碍对案件事实的调查，不损害其他被告人的合法权利，可以分案审理。如甲与乙共同实施了一起犯罪，甲另外单独实施了两起重大、复杂的犯罪，甲与乙就共同实施的犯罪供述一致，但甲否认另外两起其单独实施的犯罪，此种情形下基于保障时间利益的考量，对认罪认罚的乙可以分案审理。二是对有组织犯罪中的组织者、领导者、积极参加者以及重大、恶性犯罪的参与者，一般也不宜分案审理。基于有组织犯罪的特殊性，其中的组织者、领导者、积极参加者往往主导或参与了组织的全部犯罪，掌握组织的特征及成立、发展过程，若对其作分案处理，可能会造成对组织特征及总体犯罪事实认定的碎片化，不利于

① 蔡杰、刘磊：《论共同被告证据法上之地位》，载《法学评论》2006年第2期。

② 汪海燕：《共同犯罪案件认罪认罚从宽程序问题研究》，载《法学》2021年第8期。

犯罪事实的全面认定及组织成员地位、作用及定罪量刑的精准衡量。

（二）决定透明化：构建以审判为中心的启动程序

分案审理的范围再明确，在具体实践中也需要决定主体对个案的具体情形予以审查，决定是否适用分案审理程序。作为审判权核心内容的审理方式的一种，分案审理的决定程序应以审判权为中心，从下述几个方面予以规范。

1.重塑分案的审判属性

虽然《2021刑诉法解释》赋予了法院对分案审理的审查决定权，但基于诉审分离原则，检察机关掌握审查起诉权，在分案处理上天然处于主动地位，司法实践中分案审理决定程序的现状仍未得到改观，因检察机关分案起诉权的非理性扩张及法院的司法惰性，分案审理的审判属性不仅未得到增强，反而有弱化的趋势，亟须重塑分案审理的审判属性，笔者建议，应自上而下以内部指导意见的形式建立检察机关分案起诉案件必要性审查制度。

一是立案阶段的形式审查。检察机关移送起诉立案时，如系分案起诉案件，应主动提交关于分案起诉的书面说明材料，详细说明分案起诉的原因、另案处理被告人的基本情况，目前处于何种状态如脱逃、未到案、正在侦查、患有疾病等，立案人员应对起诉书进行初步审查，如有标注另案处理的被告人而未提交说明材料或提交材料不符合要求的，不予立案。

二是送达阶段的权利告知。审判人员收到案件进行初步审查后，对被告人未到案、脱逃等客观原因外的分案起诉，在向被告人及辩护人送达起诉书副本时，随附送达另案起诉告知书及检察机关提交的另案起诉说明材料，告知其检察机关已对共犯另案起诉，并赋予其提起异议的权利。

三是庭审前的实质审查。开庭审理前，审判人员对检察机关的分案起诉事由，综合考量全案事实、证据、被告人权利保护、被告人及辩护人的异议等事项，如未达到为保护被告人的重要利益而有必要的程度，又不是因脱逃、未到案等客观原因而分案的，函告检察机关将分案起诉的另案一并起诉，然后并案审理，如另案已诉至法院，内部协调并案审理。

综合以上，通过运用审判权对检察机关分案起诉案件进行全方位审查，可以倒逼检察机关规范分案起诉，杜绝因质效考核、实现胜诉等非理性目的人为一案数诉。

2.规范启动方式与时间

关于分案审理程序的启动方式是决定还是裁定，刑事诉讼法及司法解释并未作出明确规定，司法实践中更多的是以刑事决定书的形式启动，但也有以刑事裁定书的形式处理分案问题的案例，[①]两者虽均为刑事法律文书，但性质及法律后果却有明显区别。根据刑事诉讼法第227条之规定，只有对一审判决、裁定，被告人才有权提起上诉，并不含括决定书，即如果以决定书的形式启动分案审理程序，则被告人只能向作出决定的法院申请复议，无法通过向上级法院提起上诉的形式获得救济，实际上严重限制了被告人的救济途径。对此，笔者认为应以裁定书的形式启动分案审理程序，法院作出分案审理裁定后，应及时送达，如被告人认为分案审理可能损害其合法权益，可向上级法院提出上诉，由上级法院对分案审理的必要性进行审查。当然，针对分案审理裁定的二审程序应有别于普通的二审程序，审理期限以不超过一个月甚至更短为宜。为兼顾案件审理效率，被告人上诉不影响一审法院根据分案审理的裁定继续审理，但应等待二审处理结果后方能宣判，如二审法院撤销一审法院的分案审理裁定，则需恢复并案审理程序重新审理。

根据刑事诉讼法及司法解释的相关规定，庭审结束前被告人及辩护人均可以就程序性事项提出异议，合议庭也可以就程序性问题作出决定，分案审理系程序性问题，故在庭审结束前均可以启动分案审理程序。一般而言，可分为两个阶段：一是开庭审理前，审判组织经审查认为符合分案审理条件的，或者被告人提出分案审理申请的，可通过召开庭前会议的形式，在听取控辩双方意见的基础上，裁定分案审理或驳回被告人的分案审理申请。二是在开庭审理过程中，通过庭审调查，发现确需分案审理的新情况，可暂停审理程序，待裁定分案审理后重新开庭审理。

---

① 江苏省泰州市高港区人民法院（2019）苏1203刑初153号；上海市普陀区人民法院（2017）沪0107刑初870号刑事裁定书。

3.保障被告人的参与权

作为刑事诉讼的重要参与者，赋予被告人及辩护人对刑事诉讼重要环节分案审理程序的参与权是应有之义，保障被告人的参与权有利于进一步厘清案件事实，全面审查分案审理的条件，避免因不当分案损害被告人的合法权益。被告人的参与权主要体现在申请权及异议权。

一是提出分案审理申请的权利。在开庭审理前，被告人及辩护人均可以书面形式申请分案审理，法院受理分案审理申请后，应进行认真审查，并作出予以分案或驳回申请的裁定。在庭审过程中，被告人及辩护人也可以根据庭审调查中出现的新情况，认为并案审理不利于保护其合法权利，并当庭提出分案审理申请，此种情形下审判组织应暂时休庭进行合议。如认为应当分案，则宣布休庭，分案审理后重新开庭审理；如认为不符合分案审理条件，则当庭裁定驳回申请，继续审理。需要说明的是，分案审理申请权不得无限制任意行使，如已提出申请并被驳回，经二审审查亦予维持的，在后续的案件审理程序中，不得以相同理由再次提出申请。此外，分案审理申请需基于必须通过分案审理才能保护自身重要利益的正当理由，原则上只能申请对自身或与其在共同犯罪中联系紧密、存在利害相反关系的被告人分案审理，在多被告人尤其是有组织犯罪案件中，不得滥用申请权申请对与自身关联不紧密、无利害冲突的被告人分案审理。

二是就分案审理提出异议的权利。对同案其他被告人提出的分案审理申请，被告人如认为该申请不符合分案审理的条件，且损害自身合法权益的，可向法院提出异议。对法院作出的分案审理裁定有异议的，可以通过在法定期限内提起上诉的形式行使异议权。

（三）救济实质化：构建以效力为准则的证据审查机制

1.充分保障被告人合理的对质要求

“对质是被告重要的防御权利……请求对质，不但是被告之权利，而且只要在调查原则的范围之内，也是法院的义务。”[①]分案审理情形下，受限于各种

① 林钰雄：《刑事诉讼法》（上），元照出版有限公司2006年版，第153页。

客观因素及法院裁量权的不当行使，被告人的对质权严重受限甚至形同虚设。为保障对质权的有效行使，预防因共犯的不实供述导致的案件失真，在此从以下几方面提出被告人对质权保障机制的完善进路。

一是限制法院否决性裁量权的行使。有观点认为，在共犯的供述不利于被告人的情形下，法院必须保障被告人对质权的实现，否则该共犯的供述因证明力欠缺不得予以采信。[①]但该观点完全否认了法院作为审判机关对对质这一程序性事项的审查权和主持引导作用，而将其完全交由被告人行使，无论被告人的对质要求是否合理均无条件支持，这不仅无限放大了被告人的对质权，扰乱了正常的审判秩序，而且更易引发各种案外因素影响下另案处理的共犯随意改变供述的风险，笔者对此实难认同。笔者认为，被告人有权申请另案处理的共犯到庭对质，但需经过法院的必要性审查，只有在确有必要通知另案处理的共犯到庭对质的情形下，才能支持被告人的对质要求，这也符合《2021刑诉法解释》第269条规定的精神。但该条规定对何种情形属于"确有必要"未予进一步明确，实践中可能会出现另一种极端，即法院滥用该条规定赋予的审查权随意否决被告人的对质申请，侵害被告人的对质权，因此需进一步细化有必要对质的情形，以限制法院否决性裁量权的行使。如可进一步明确符合以下几个情形之一的，则必须通知另案处理的共犯到庭对质：（1）在案其他证据不足以认定被告人有罪，另案处理的共犯的供述对被告人是否构罪具有重大影响；（2）另案处理的共犯的供述前后不一致，发生了不利于被告人的重大改变；（3）对共同犯罪中主从犯的认定可能产生重大影响；（4）对有组织犯罪中相关组织成员的地位、作用及核心犯罪事实等的认定可能产生重大影响的。

二是赋予被告人分案卷宗材料的查阅权。一般而言，距离案发时间越近，被告人供述真实的可能性越高，后期供述的改变尤其是对其他共犯不利的改变，应当成为评判其供述真实性的重要考量因素，[②]在被告人认罪认罚情形下尤其需

---

① 杨杰辉：《共同犯罪案件的分案审理研究》，载《现代法学》2022年第1期。

② 王晓华：《共犯陈述的信用基础及规则构建》，载《中外法学》2021年第3期。

要考察其改变供述的动机及合理性。司法实践中，并案审理的被告人可以查看同案被告人的全部讯问笔录，但分案审理情形下，被告人却无法查看，作为证据展现出来为被告人所知晓的，一般均是不利于其的共犯供述，被告人无从知晓共犯供述前后有无变化并作出相应的质证应对，法院也难以评估其可信性。在另案处理的共犯认罪认罚的情况下，被告人也无法查看认罪认罚相关材料，甚至根本不知晓共犯认罪认罚情况，难以评估认罪认罚对共犯供述的影响。因此，在被告人提出申请的情况下，应准予其查阅分案审理的案件卷宗材料。

三是明确对质情形下的证据适用规则。另案处理的共犯出庭对质及另案中的供述，是定性为证人证言还是同案犯供述，理论界存在不同理解及适用，司法实践中的认定虽也有不同，但更多的是作为证人证言予以认定。笔者认为，刑事诉讼法规定的“被告人供述与辩解”这一证据种类，并未限定为同案被告人，共同犯罪的被告人本质上应属于同一追究对象，不能仅因审理方式的不同即改变其诉讼参与身份及权利义务，①应从实体关系上判断共犯的被告人身份，将另案处理的共犯出庭对质陈述内容认定为同案犯供述，避免造成证据形式和规则适用上的混乱。此外，在另案处理的共犯出庭对质的情形下，应赋予被告人广泛问询权，包括对共犯供述内容以及供述动机的问询。司法实践中，被告人对共犯供述的动机及认罪认罚情况进行询问时，共犯及辩护人往往会以与案件事实无关予以反对，且通常会得到法院的支持。但是，证言的可信性与作证动机紧密相关，不允许被告人问询证人的作证动机构成对对质权的侵犯，这一规则同样适用于与共犯对质的情形。共犯作出对其他被告人不利的供述，可能基于减轻或免除自身责任、获得从宽处罚等多种动机，而只有通过被告人对供述动机及认罪认罚情况的广泛对质问询，才有可能揭示共犯作出不利于其他被告人供述的内在动因，进而帮助法院分析判断共犯供述的可信性。

2.有效防范前案既判力的非理性扩张

对共同犯罪案件分案审理后形成的前后案件，除非出现相反证据足以推

---

① 龙宗智:《有组织犯罪案件分案审理问题研究》，载《法学研究》2021年第3期。

翻前案生效裁判认定的事实，否则不论是《人民检察院刑事诉讼规则》第401条之规定还是人民法院的审判惯例，对前案裁判的拘束力一般均予以确认。但是，通过分案审理，以先行裁判认定之事实拘束后案的做法不符合分案审理的规范目的，一方面，可能导致后案审判人员只能依照前案裁判确认的事实、证据予以认定，会剥夺其独立裁判权，有违依法独立行使审判权的诉讼原则；另一方面，会使后案被告人陷入其无法参与前案审理程序，但却必须接受前案裁判结果的逻辑怪圈，剥夺了其参与审判及为自己辩护的权利。[①]虽然《最高人民法院关于民事诉讼证据的若干规定》第10条赋予了民事生效裁判的既判力，但也仅限于基本事实，且民事诉讼为双方当事人之间的对抗，两者均实质参与诉讼，通过举证、辩论等充分行使了诉讼权利，据此认定的基本事实拘束双方后续案件具有相对充分的论理依据。但共同犯罪案件并非各共犯之间的对抗，在分案审理情形下，部分共犯参与程序的缺失可能导致对共同犯罪事实认定的影响，而且刑事裁判关涉人身自由、生命的限制与剥夺，无论如何慎重对待都不为过。因此，无论是出于保障被告人权利的考虑，还是对依法独立行使审判权原则的尊重，都不应确认前案裁判的既判力。

当然，对前案裁判的既判力不予确认，不当然等同于对前案裁判影响力的完全否定，这既不利于裁判的一致性，也不具有实践基础。基于各共犯之间在时空、行为、对象、危害后果、意思联络等方面的关联，前案裁判的参考价值应予以确认，后案法官审判时，在坚持依法独立审判原则，实质推进举证、质证及辩论的基础上，可以参考前案裁判认定的事实、证据以及裁判理由等。[②]但是，在参考前案裁判时，需要注意两个问题：一是前案裁判价值需根据具体情况区别对待。如果前案实行的是实质化审判，经过了全面的证据展示、充分的法庭辩论，在此基础上形成的裁判质量则相对较高，对后案裁判具有较大的参考价值；反之，如仅是通过简易程序、认罪认罚程序等审

① 龙宗智:《刑民交叉案件中的事实认定与证据使用》，载《法学研究》2018年第6期。

② 王亚新、陈晓彤:《前案裁判对后诉的影响——〈民诉法解释〉第93条和第247条解析》，载《华东政法大学学报》2015年第6期。

理，对举证、质证、辩论等诉讼环节予以了简化，则对其参考价值应慎重对待。二是前案的参考价值无须涵括前案所有事实。“与历史学家或心理学家采用相同的方式去发现全部事实并不是法院的任务——刑事法院只需确定作出公正判决所必要的事实即可。”[①] 只有对后案事实认定有重要影响的事实才有参考价值，且在参考时需尽量客观、节制，避免对后案裁判产生不利预断。

四、结语

“法学关心的不仅是明确性和法的安定性，还致力于在细节上逐步落实更多的正义。”[②] 分案审理的程序选择是关涉被告人权利保障的理念衡平问题，对此，不仅需要确立一般适用原则，更需要从程序设计着手，进一步提高精密程度，减少正义“死角”，丰富内涵外延，以深度契合“以人民为中心”的法治思想，使其成为被告人权利保障的利矛坚盾。

---

① ［德］托马斯·魏根特：《德国刑事诉讼程序》，岳礼玲、温小洁译，中国政法大学出版社2004年版，第14页。

② ［德］卡尔·拉伦茨：《法学方法论》，黄家镇译，商务印书馆2020年版，第253页。

从“失语”到“发声”：论类案检索结果融入裁判说理的规范进路

——以382份裁判文书为实证样本

沙娟娟*

摘　要：类案检索结果在裁判说理中的运用作为类案裁判的重要环节，是关系类案检索目的的实现的关键。通过对2020年7月31日以来中国裁判文书网收录的382件“本院认为”部分涉及类案检索的文书进行分析，让我们窥见了司法实务中类案检索结果对于裁判结果的影响路径和其在裁判文书中难以“发声”的实然样态。类案检索机制最终要回归审判实务，本文立足类案检索结果融入裁判说理呈现的问题，从主客观方面追根溯源找出相关制约因素，并在分析明确类案检索结果所要服务的价值目标基础上，设计出“三点五步走”的融贯式融入规则，以构造类案检索结果融入裁判文书说理示范说理程序和搭建完善类案参照裁判说理体系化工程的配套保障机制，从而规范进路。

关键词：类案检索；结果适用；参照说理

引　言

类案检索的最终目的，是要通过类案检索形成“同案同判”或“类案类判”，而类案检索结果的适用作为类案检索活动的重要环节，是实现类案检索

---

*　沙娟娟，安徽省芜湖市繁昌区人民法院法官助理。

目的的关键。经检索后得到的类案只有合理有效地适用到司法裁判中实现其成果转化，才能发挥其示范效应促进类案检索功能价值的实现，迈向“看得见的正义”。最高人民法院《关于统一法律适用加强类案检索的指导意见（试行）》（以下简称《指导意见》）于2020年7月31日正式施行，作为我国首个全国性适用的类案检索机制专门规则指引文件，其中对规范和完善类案检索工作及其运用作出了明确规定，此后关于类案检索机制的理论实务研究迈向新阶段。本文经梳理后发现，相较于类案检索机制、信息平台架构、智能推送系统建设以及相关识别技术等多元研究领域争鸣的火热，关乎审判的某些基础性实务问题探讨却遇冷，其中类案裁判如何说理问题最为显著，也即类案检索结果如何合理、有效、规范地融入裁判文书中以说得清的方式体现，在当下研究界鲜有涉及。基于此，本文立足于类案检索结果适用于司法裁判说理的实证考察，结合数据和逻辑分析等论证方法，探寻构建类案检索结果融入裁判说理的具体规则以规范其进路，另辟蹊径为类案检索机制运行赋能以真正发挥其效用。

一、检视：裁判文书中类案检索结果司法适用实然样态

旨在洞察司法实务中类案检索结果司法裁判的影响轨迹和观察其融入裁判说理的实然样态，本文在中国裁判文书网平台，以“类案检索”和“类案+检索”为关键词，以2020年7月31日至2021年12月31日为时间跨度进行案件搜索，共显示约6641条检索结果（见图1）。聚焦判决主文“本院认为”部分，以上述关键词对搜索结果进一步筛选，最终获得有效案件数382件。[①]

---

① 因中国裁判文书网只能显示前600篇文书，本文经关键词搜索后叠加去除重复案例得到筛选文书数目，以筛选数目为基数再进行之后的筛选。

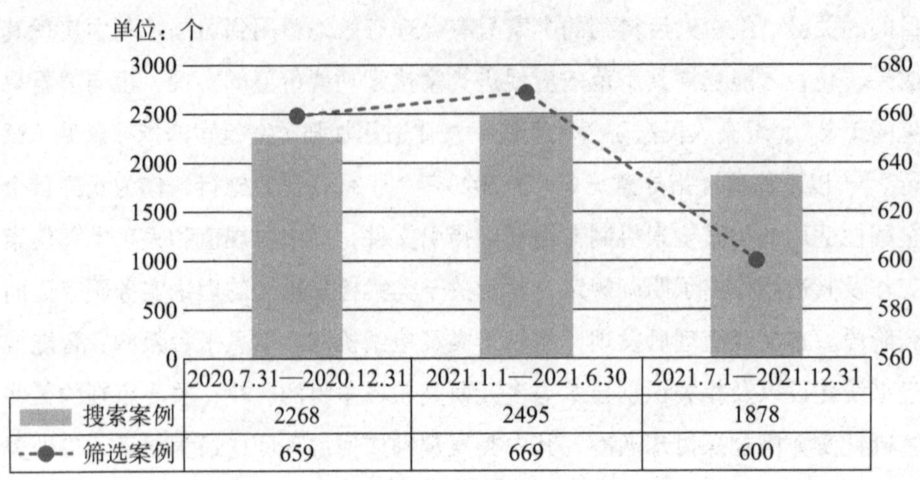

	2020.7.31—2020.12.31	2021.1.1—2021.6.30	2021.7.1—2021.12.31
搜索案例	2268	2495	1878
筛选案例	659	669	600

图1　类案检索结果融入裁判文书数量情况

（一）总体观察：类案检索结果裁判适用的实践混沌

1.检索主体：结果适用以“被动型”为主

根据类案检索主体进行统计，法官自行检索并主动在裁判文书中写明适用情况的文书共计26篇，诉讼参与人自行检索提交类案材料的文书共计359篇。[①]这两种情况本文概括为“主动适用型”和“被动适用型”。统计结果直观反映了司法裁判中法官主动进行类案检索的情形很少，不足诉讼参与人提交类案情形的九分之一。当然，此种情形的背后不排除法官办案过程中没有进行类案检索，或者隐形参照的情况，即裁判者进行了主动检索但在裁判文书中回避自身检索案件进行参照的情形。[②]

2.检索目的：开展类案检索主体动因各异

（1）裁判者维度：辅助决策助力文书撰写

对样本中“主动适用型”的裁判文书进行总结梳理，不难发现对于法官而

---

① 因其中部分判决书记录了当事人提交类案材料后法官也自行进行了检索的情况，故此处存在重复计数。

② 郭叶、孙妹：《最高人民法院指导性案例2020年度司法应用报告》，载《中国应用法学》2021年第5期。

言，其检索类案的主要目的就是辅助裁判决策和助力文书撰写，且样本呈现出司法实践中“关联案件检索”和“他案检索”系法官主动适用类案检索的两类主要情形。前者通常作为维持最低限度同案同判的最低要求，以待决案件与类案之间至少存在一方相同的当事人主体为一般特征；后者则是法官为审判待决案件，检索在事实认定、案件争点、法律适用等层面具有相似性的类案作为裁判指引。无论哪种情形，法官主动适用类案检索都可以缩短其认知、理解和判断的过程，通过提取生效案例中的裁判规则处理待决案件以提高裁判法律论证的权威性，进而提升裁判结论的可预测性和确定性，同时也可借鉴参考优秀类案文书的释法说理方式雕琢自身裁判文书，从而创作精品判词。

（2）当事人维度：直接或间接的利益驱动

样本根据审级归类，在一审、二审、再审等裁判文书中，诉讼参与人提出类案检索请求的目的主要为两种：一是请求法院类案类判（占比约64%）；二是以一审或者一审与二审法院未参考类案、未进行类案检索或者遵守《指导意见》等规定作为自己不服判决的理由（占比约36%）。但显然，当事人提供的类案检索结果明显带有利己的偏向性，归根结底是希望法庭援用或参照其提供的案例裁判规则达到胜诉目的。

3. 呈现方式：各主体展示类案检索结果方式趋向固定

于裁判者而言，聚焦于26篇裁判文书中法官主动公开类案检索结果的方式，主要分为两种：一是在裁判理由中附带说明，二是在正文后单独附列说明。但两种说明方式均存在详略之别，对类案检索情况进行较为详细分析并写明作出最终参考或不参考的裁判文书仅有8篇，后者也仅有3份文书附加了简要的类案检索报告或类案裁判文书全文，或者仅附有类案案号。于案件当事人而言，其通常是将检索到的类案裁判文书作为证据或者观点佐证材料提交法庭，以强化与充实诉讼理由、辩驳他方诉求及观点从而说服法官采纳己方主张增加胜诉概率。

（二）特征勾勒：类案检索结果裁判说理的粗疏局面

1. 说理纵览：适用回应总体消极被动

观察适用类案检索结果情形，上文所提在搜索到的6641件案件中，“本院认为”部分法官对类案参照情况说明的仅有382件，即实务中裁判时规避、忽略类案检索结果适用情况的案件数量高达6259件。

综合考虑本文论证目的，笔者还对确定的同时段内推入中国裁判文书网的所有案件判决书进行了搜索，显示数量为27837901件。换言之，类案检索不论是“主动适用”还是“被动适用”，将检索结果融入裁判说理的案件数占同时期案件总量不足五万分之一（见图2）。归结以上数据，司法实践中法官裁判适用类案检索结果呈现主观消极被动的情况异常明显，检索结果运用与检索规定实践之间存在巨大落差。

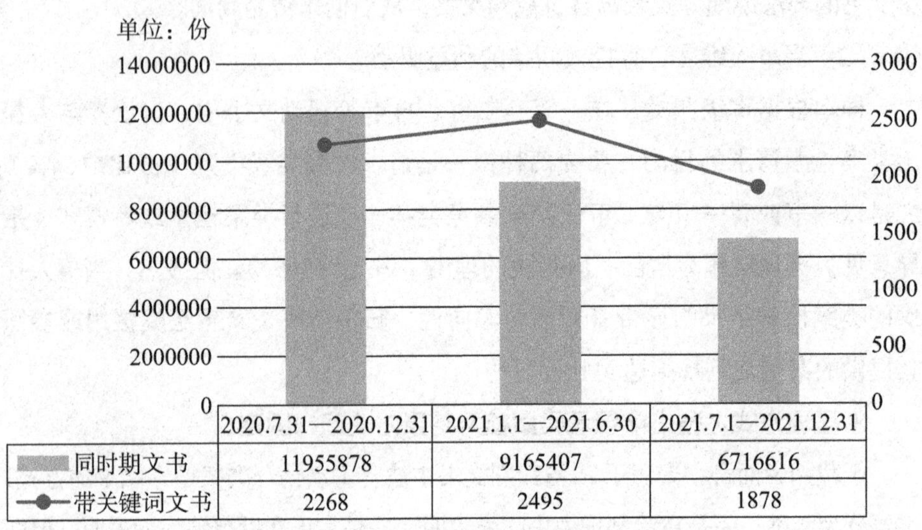

	2020.7.31—2020.12.31	2021.1.1—2021.6.30	2021.7.1—2021.12.31
同时期文书	11955878	9165407	6716616
带关键词文书	2268	2495	1878

图2　类案说理案件数与同时期案件总量情况

2.说理表征：论证说理普遍草率、敷衍

（1）“主动适用型”：粗疏论证、生硬表述

除去法官隐性参照的情形，在余下少量法官主动公开其适用类案检索结果的案例中，对适用过程进行详细论证的文书屈指可数。部分文书以“类案检索”一笔带过，部分文书在表述上以案件经过类案检索并简单附列出类案案号，部分文书以案件经过类案检索但附检索地域范围说明作为其进行了类案检索的交代（见表1）。所用表达方式均简单粗略且生硬，这种如同“浮云

遮眼”“雾里看花”的说理操作，不仅将上级法院对法官类案检索适用的监督检验架空，亦使当事人对类案参考正当性的困惑和质疑增加。

表1　法官主动适用类案检索情况下裁判说理特征

案件号	具体表述	援引依据	共同特征
（2020）宁03民终628号	“根据《合同法》第110条规定即类案检索的结果，有违约行为的一方当事人请求解除合同……”	未援引类案检索依据	仅表述案件已经过类案检索
（2021）皖0121民初1112号	经类案查询到合肥市中级人民法院（2017）皖01民终1419号民事判决书、（2019）皖01民终8590号民事判决书。结合本案……	《最高人民法院关于统一法律适用加强类案检索的指导意见（试行）》第4项	表述为案件经过类案检索，并列出案件号
（2021）京01民终2658号	对于该问题，法律没有特别明确规定，在理论界及司法实践中，亦存在不同的观点。北京市不同法院也存在不同的认识	未援引类案检索依据	表述为案件经过类案检索，且显示检索地域范围

（2）“被动适用型”：适用背离、回应不足

仍是结合上文适用类案检索结果的情形，在有回应的382个案件中，属于当事人提供类案检索结果情形的案件数量高达359件，但与该主体提出类案裁判抗辩案件的数量相比，裁判主文中对当事人类案参照回应的数量仅占其14%。显然，司法实务中背离适用当事人提交的类案检索材料是裁判者的普遍做法，且在是否采纳当事人类案检索结果的案件中，是否适用说理回应描述缺乏细致论述，难寻法官类案判断过程等心证展开。此外，即使根据规定庭审时法官可以释明类案问题，但结合多个法院二审文书“未检索/参考类案”的记载情况，对于类案问题法官庭审时往往也呈现回避态度（见表2）。

表2 法官适用当事人提供类案检索材料说理特征

<table>
<tr><th>案件号</th><th>具体表述</th><th>援引依据</th><th>共同特征</th></tr>
<tr><td>(2020)川0704民初1885号</td><td>“本案中，原告提交的类案检索报告中的裁判规则与本案具有一致性，本院予以采纳……”</td><td>未援引类案检索依据</td><td rowspan="3">肯定当事人所提交的类案检索结果与待决案件的相似性，但忽略了相似性判断以及具体裁判观点的提取和应用过程</td></tr>
<tr><td>(2020)粤02民终1917号</td><td>“上诉人提交的在中国裁判文书网中搜索的(2015)丰民初字第00292号指导案例与本案属于类案，该案判决由被告承担事故全部责任……”</td><td>《最高人民法院关于统一法律适用加强类案检索的指导意见(试行)》第10条</td></tr>
<tr><td>(2021)川0704民初87号</td><td>“被告在庭审中提交类案检索报告，证实(2019)川0106民初1478号、(2019)川01民终11580号、(2019)川民申5981号民事判决书所述案情与本案相似……”</td><td>未援引类案检索依据</td></tr>
</table>

(三)瓶颈呈现：类案检索结果融入裁判说理不足的负面效应

类案检索问题正逐渐成为诉讼参与人判断司法裁判是否公正的重要标准，应当正视当前类案检索结果在裁判文书中难以“发声”的实然样态。裁判说理中对类案检索结果缺乏合理有效的披露和说理不仅会使当事人对裁判结果产生质疑影响控辨双方服判息诉，也会让类案检索机制成为背离当事人和多方监督的“暗箱操作”，不利于统一法律适用目的的实现，最终侵蚀司法权威。

二、追问：类案检索结果难以融入裁判说理的成因透视

综合上文分析，类案检索结果融入裁判文书之过程存在诸多问题。在对其说理之规则确立和保障优化前，首先对产生当前实践问题的原因进行定位确有必要。

（一）客观制约：规则供给侧的“樊篱”

1.缺指引：表达规则的空白导致说理的规范性不强

当前最高人民法院《指导意见》第7条和第10条有涉及类案检索结果运用的程序规定和说理规则，但第7条只是确定了类案检索报告用于法院内部监督管理的程序，第10条也仅模糊规定了诉讼参与人提交类案的裁判说理规则，涉及法官的类案检索结果是否需要释明、释明方式以及具体回应当事人类案参照诉求的表达方式，却并无法律文件确定的规范标准指引可供参考。诸如上海、江苏、湖南等地方法院制定了有关类案强制检索报告的样式、模板或实施意见等细化操作规则，但关于类案检索结果融入裁判说理的具体范式均未提及。

2.无共识：类比推理的开放导致说理的稳定性不敷

类比推理相较于遵循闭合逻辑的“三段论”演绎式推理，属于开放式逻辑，是需要通过参照与目标案件相似的另案裁判方法寻找解决目标案件的一种法律方法。该种推理方法的有效性一般依赖于三点，即如何选择可作识别的基点、如何选择案件事实的比较点和如何判断比较点的重要程序，以上三点均依赖于推理者对于实质正义的理解，以使用者良好的实质性判断为基础。但成文法国家法官审判没有“遵循先例”原则的传统，自然缺乏类比推理运用的惯性和技艺，加上审判主体的审判能力和经验、生活阅历以及知识储备迥异等原因，会对类案的识别、纠纷案件的性质认定、案例遵循等产生不同理解。类比推理的开发性难达共识，极易使裁量标准不统一、裁判结果不稳定。

3.低杠杆：参照规则的局限导致说理的充分性不足

类案检索结果是参照性结果，类案检索结果的效力体现为参照价值。一般而言，“参照性”以“相似性”为前提。根据图3所示，《指导意见》第4条的规定实际明示了需要根据案件管辖区域、层级等方面对检索到的类案进行分类逐层适用。但是，如何对“参照性”进行甄选的细节性指引规范尚没有明确，并且司法实务中当事人以胜诉为目的所提交的案例通常带有利己性，若案例之间关键事实存在细微变化，法官难以决断此类问题是否对审判结果产生实质影响，类案检索结果的全面有效性也无法保证，裁判说理的充分性自然也无法达到。

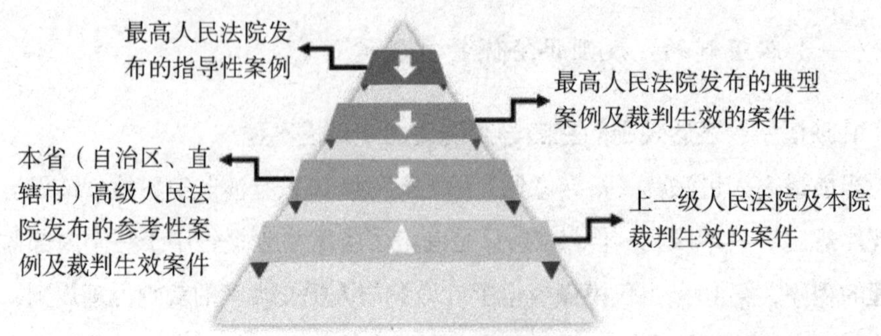

图3 案例层级与指导效力

4.轻过滤：排除规则的泛化导致说理的针对性不够

类案检索平台拥有海量的裁判文书，必然存在案例质量良莠不齐的问题，其中混杂的错误案例、过时案例以及冲突案例等，均干扰着法官的裁判思路。同时，类案检索结果运用到裁判说理中，也需要法官根据个案背景、关键事实、法律争点等进行比较和区分，但是由于案例逆向排除规则的空泛，增加了法官对排除不予参考案例做出针对性回应的难度。

5.弱扶持：保障规则的失位导致说理的积极性不高

回归类案检索机制本身，其属于强制推行适用，尚缺乏相应的保障机制和激励措施扶持运用。首先，基于类案检索机制尚处于初期推广试行的阶段，法官因主客观因素产生类案识别、适用等方面的错误在所难免，因此类案裁判被改判或者被撤销的风险性大大增加；其次，法官若选择不予参照类案进行裁判，必然面对复杂烦琐的报告程序和解释说明义务，这种裁判义务的侧重强调又导致审判负担加重。权利与义务的一致性同样适用于审判工作，出于类案裁判制度的空白、冗杂的责任制度加上案件终身制的多重因素考量，若缺乏合理有效的激励和保障机制，法官对待类案裁判说理的积极性难言乐观。

（二）主体局限：适用主体方的“掣肘”

1.时间成本：结案压力无法兼顾裁判的质与效

我国法院长久存在“案多人少”的矛盾，基层法院更甚。[①]在当前司法

① 周斌、蔡长春:《着力破解三大改革难题提升执法司法公信力》，载《法制日报》2019年7月23日，第1版。

责任制改革背景下，审判效率作为评价审判质效的一项核心指标，令法官面对结案任务更有前所未有的紧迫感。从类案到类判因缺乏既定的规则，法官仍需依靠自身经验和能力进行适用，实为日常审判负担外附加新的工作任务。故此，以精简说理提高裁判之效率自然成为多数法官首要之选。

2.技能差距：能力制约难应对说理技术的挑战

"法官做出裁判，是一个心证不断发展的过程。"[①]法官参考前例裁判规则的论证阶段如图4所示，一般为：先判断其所参考的案例与待决案件是类案，再进一步论证类案的论理内容能够合理支撑待决案件所欲得出之结论。[②]我国属于成文法国家，长期坚持职权主义的审理模式令法官习惯于逻辑三段论的演绎式推理思维，当面对需要将类比推理和演绎推理相结合方能实现类案检索结果融入裁判说理的转化时，明显感到力有不逮。加上缺少逻辑训练与现实规则的指引，即使多数法官认同参考前例对自身审判工作的裨益性，但要求其以规范化文字呈现类案检索结果嵌入裁判说理之论证过程，很难不产生说理动力不足问题。

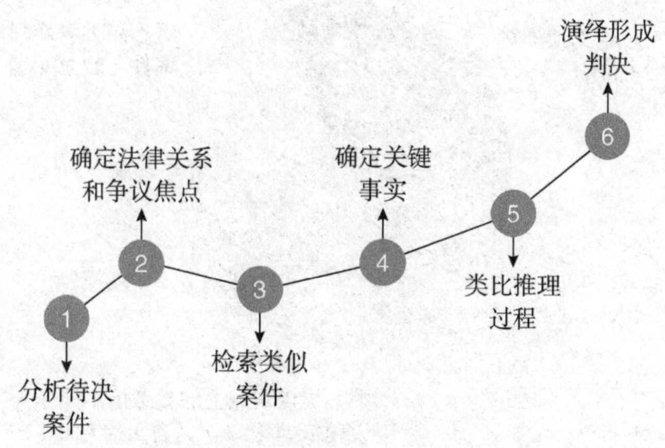

图4 类案检索嵌入法官心证过程

① 毕玉谦：《论庭审过程中法官的心证公开》，载《法律适用》2017年第7期。

② 孙海波：《指导性案例的隐性适用及其矫正》，载《环球法律评论》2018年第2期。

3.职业风险：隐性回避处理更符合考核的需要

受传统文化中“中庸之道”思想以及司法公开背景下生效裁判文书审核、文书公开上网等考核机制的影响，实践中很多法官养成了保守主义倾向的裁判说理习惯。上文提到，当前没有任何法律文件要求法官将自己类案检索的情况必须在裁判中予以说明，结合传统说理作风再加上发回重审或改判、掩饰不规范检索行为等其他趋利避害因素考量，法官通常会选择以内化或者转化方式隐性参照类案检索结果或者简单粗放式回应，从而保证裁判文书说理的“四平八稳”。

4.态度迥异：结果选择适用更易植入个人偏好

类案裁判过程需要渗透法官个人的司法认知和评价，具有个人价值取向性，且类案检索结果是否需要适用于裁判说理，对此问题法官也存在多元化观念。在一项调查中，关于类案运用的实践价值以及类案在说理环节是否运用问题，受访法官（含法官助理）持有态度比例差距悬殊（见图5和图6）。

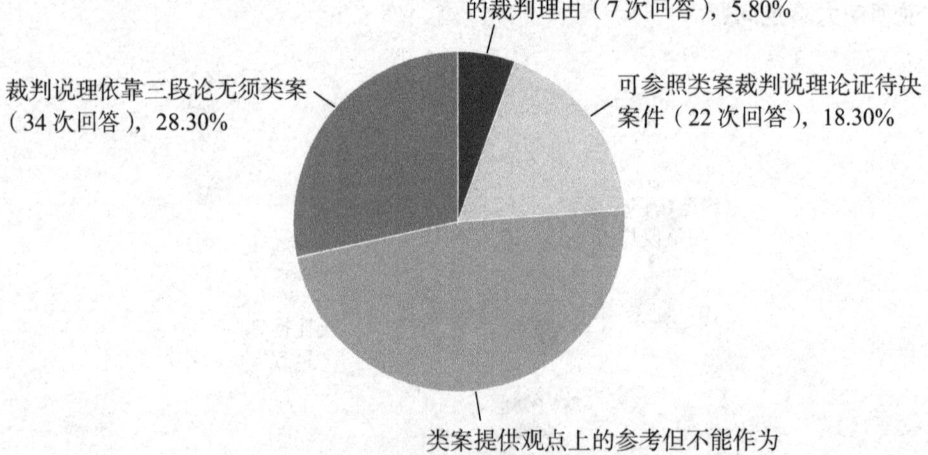

图5 关于类案运用价值的不同认识①

① 基于以某市中级法院120名法官（含法官助理）为对象的问卷调查以及与其中24名的访谈记录的数据汇总分析。孙盈、赵桐、祝兴栋：《类案在司法推理中的规范化运用研究》，载刘贵祥主编：《审判体系和审判能力现代化与行政法律适用问题研究》（上），人民法院出版社2021年版，第669页。

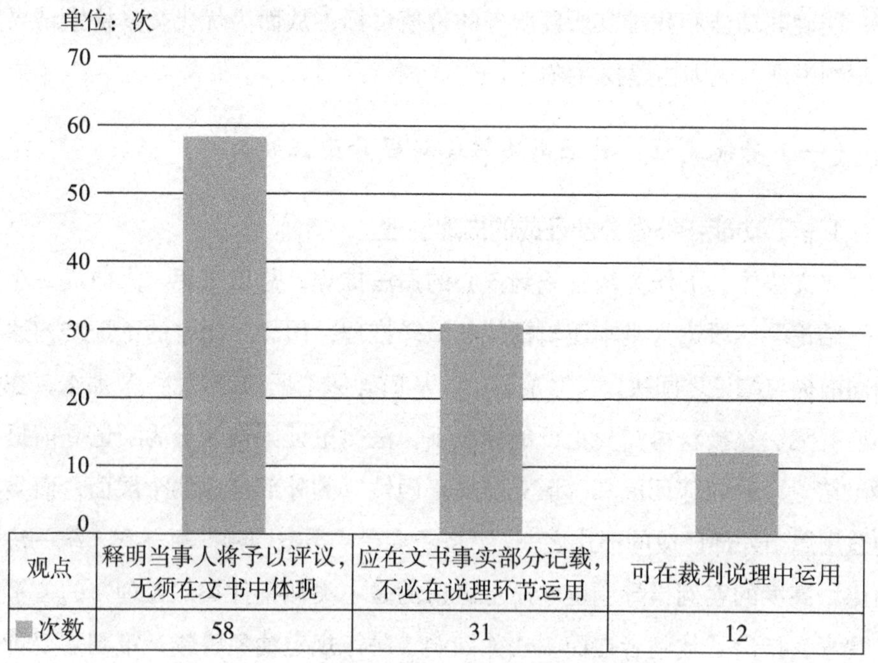

观点	释明当事人将予以评议，无须在文书中体现	应在文书事实部分记载，不必在说理环节运用	可在裁判说理中运用
次数	58	31	12

图6　关于类案说理运用的不同观点[①]

（三）小结

综上，各种主、客观因素相互交织造成类案检索结果融入裁判文书说理的道路梗阻，形成司法实践中法官倾向于不愿说、不会说、不敢说的“失语”困局。

三、思辨：类案检索结果融入裁判说理的必要性证成

相较于其他法学方法论，类案裁判也拥有自身的理论基础和价值理念。类案检索结果在裁判说理中的运用作为类案裁判的重要环节，必须从本源入

① 基于以某市中级法院120名法官（含法官助理）为对象的问卷调查以及与其中24名的访谈记录的数据汇总分析。孙盈、赵桐、祝兴栋：《类案在司法推理中的规范化运用研究》，载刘贵祥主编：《审判体系和审判能力现代化与行政法律适用问题研究》（上），人民法院出版社2021年版，第13页。

手，明确其功能和找准其所要服务的价值目标，从而为优化类案检索结果融入裁判说理的规则构建找寻终极定位。

(一)功能定位：补强司法推理与提升论证效力

1.核心功能：补强外部证成的推理说理

成文法体制下作为法官裁判核心的司法推理，是以采用“大前提—小前提—结论”三段论为基本逻辑框架的演绎推理，用相对闭合的论证结构达到稳固前提与结论之间决定关系的目的，从而确保论证的有效性。①那么，在大小前提无法直接获得需要论证的情况下，法律论证则被区分为“证立前提推导出结论”的内部证成和“证立前提正确性”的外部证成两个层面，而类案的适用属于外部证成的形式之一。②基于实现“类案同判”目标和“统一法律适用”高度的案例指导制度本质上透射的是“类似案件类似处理”的公平正义观念，指出了裁判者在面临法律漏洞、法律规定抽象模糊、审判需要价值衡量等情形下，可以采用援引类案论证法律发现过程的逻辑推理方法，以较为开放的论证依据先助力完成外部证成，再运用演绎推理内部证成推导出正确、妥当的结论。

2.延伸功能：发挥双重性论证说理效力

我国制定法体系下案例的规范属性以及案例运用的机理，决定了各种案例的裁判规则(即便是指导性案例的裁判要点)都是在成文法限定范围内对制定法法条及其意旨的理解、阐释、确认并运用。③故此，作为案例的类案虽不具有法律效力，但在司法推理中却仍有论证效力，即可以作为后案裁判说理的依据。根据我国案例指导制度和类案检索制度的规定，类案在裁判说理中的论证效力主要为“说服”和“约束”双重效力。先案裁判理由能够作为后案司法推理支持论据，即为“说服”性效力；待决案件欲偏离先案时附加

---

① 焦宝乾:《内部证成与外部证成的区分》，载《浙江学刊》2009年第4期，第143页。

② [德]罗伯特·阿列克西:《法律论证理论》，舒国滢译，商务印书馆2019年版，第270页。

③ 顾培东、李振贤:《当前我国判例运用若干问题的思考》，载《四川大学学报(哲学社会科学版)》2020年第2期。

于裁判者的特别论证义务，则为“约束”性效力。并且，两种论证效力皆与其所属类案的权威性成正比，类案权威性高则说服力强，若偏离适用则约束性亦强，相应偏离难度加大。[①]关于类案的权威性认定标准详见前文图3，集中反映在《指导意见》第4条中，考量生效裁判的法院层级和类案自身共识程度双重因素，即上级法院裁判权威大于下级法院，经过筛选讨论达成共识的指导案例、典型案例以及参考性案例等类案权威大于普通案例。

（二）价值归位：助力统一法律适用的应然运用

1.规范法官自由裁量权之要求

“自由裁量权像一把双刃剑，不加严格限制会损害法治的尊严。”[②]本质上作为一种权力的法官自由裁量权，必须避免被扩张和滥用以维护法治本身，故其行使必须建立在符合目的正当性、手段必要性和限制妥当性的操作基准之上。《类案检索意见》将我国类案检索定位为成文法体系下的具体制度，是肯定类案在规范法官自由裁量权和发挥上述价值等方面的作用。[③]我国类案检索机制建立于“权责失衡、监督不足和案多人少”三大矛盾突出的司法责任制改革背景下，相较于其他工作机制有其自身独特的优越性：首先，其相较于法院内部审判监督赋予了诉讼当事人更多的参与空间，为实现审判监督提供新的手段；其次，运用类案检索与发布司法解释相比，前者可以较快地以提供生效判决的“证据性”支撑形式打开裁判者裁判思路和指导裁判结果，帮助明晰裁判尺度。最后，也即法官在裁判说理中释明融入类案检索的情况，实际拓宽了约束法官司法任性的内外监督渠道，为案件监督评价提供更为直接、具体的依据，可以作为规制法官滥用自由裁量权手段的重要补充。

2.促进裁判者心证公开之要求

裁判说理中法官的心证公开属于心证形成的事后公开，不仅要求向当事

---

① 雷磊：《法律论证中的权威与正确性——兼论我国指导性案例的效力》，载《法律科学》2014年第2期。

② 贾伟杰：《对自由裁量权的思考》，载何家寿主编：《法学前沿：武汉法学文集2007年卷》，武汉大学出版社2008年版，第234页。

③ 刘树德、孙海波：《类案检索实用指南》，北京大学出版社2021年版，第11页。

人及公众展示审理过程和裁判结果，更重要的是公开影响裁判结果形成的实质内容。有学者在论及运用指导性案例时指出应当在裁判说理部分如实展示案例适用的全部过程。经最高人民法院筛选发布的具有突出正确性和权威性的指导性案例尚需对外公开，类判裁判运用其他位阶较低的案例补充说理依据就更有全面、如实公开的规范必要性，这也与诚信裁判理论中认为裁判文书说理应当全面且如实展示判决据以形成的理由的要求相符合。[①]类案检索结果若被法官引入裁判流程并产生裁判的实质影响，应当将判断与取舍的论证过程以一定方式纳入裁判说理，促使当事人及公众充分了解类案检索结果在裁判中的作用发挥机理。实际上，类案强制检索报告机制对于主要“四种情形”要求法官充分说理论证类案检索及参考问题但未要求将之对外公开，容易强化审判中内外说理的差别化现象，有悖于审判实质公开理念。

3.提升司法裁判说服力之要求

“如果法官在审理过程完成后，仅仅作出一个命令式的判决结果，没有合理地对案件的证据与事实进行分析论证，对适用法律进行必要的法理推演的话，当事人往往不会对判决结果信服，从而导致对整个审判程序的怀疑。”[②]现代司法需要兼顾司法本身的正当性和面向受众的可接受性，裁判文书作为法院定分止争结果的重要载体，也是法官与当事人及社会公众沟通的有效名片，是一个对话交流和说服的过程。[③]于裁判者而言，类案检索结果融入裁判文书辅助说理，展现的是自己汲取前人的审判经验、法律思维和审判思路后形成内心确信的过程，对于涉及案件的争议焦点、事实认定以及法律适用等核心问题，以类案检索结果进一步强化说理依据，可以提高裁判结论的公众沟通力，令人产生裁判“诚不欺我”的信服心理；于当事人而言，也可了解审判者对于其类案参照的判断和评价回应，迎合其合理裁判的朴素

① 孙海波:《重新发现“同案”：构建案件相似性的判断标准》，载《中国法学》2020年第6期。

② 万毅、林喜芬:《从“无理”的判决到判决书说理——判决书说理制度的正当性分析》，载《法学论坛》2004年第5期。

③ 于晓青:《法官的法理认同及裁判说理》，载《法学》2012年第8期。

信赖预期。

四、进路：类案检索结果融入裁判说理的规则构建

裁判文书是法院审判工作的“终端产品”，是全部诉讼活动的重要载体。[①]对于类案检索结果，一定的判断和评价应是裁判文书本身功能和价值回归的要求，且在裁判说理中对其进行回应与公开也是促进类案检索机制运行日臻完善的重要途径。

（一）示范说理程序构造：设计“三点五步走”融贯式融入规则

1.切入点：找准“三类”启动情形

（1）强制检索结果的“强制”说明。《指导意见》第2条所规定的应当强制检索的“四类案件”具体情形归结起来就是具有一定审理难度的疑难案件（见图7）。将该四类案件的类案检索结果融入裁判说理，应是司法体制综合配套改革对加强疑难案件释法说理要求的应有之义，且最具有可行性。首先，该情形下融入说理能够依托类案检索报告和内部讨论说明等规定程序的条理化记录，帮助法官“就地取材”，经过梳理后作为裁判说理的参考从而强化说理依据、减轻论证负担，消解说理的畏难情绪和提高说理效率。其次，该情形下的参照说理更有保障性。因经过内部集体讨论和监督，关于类案的识别、参考和裁判规则确定等关键问题上，法官类案检索程序中个体化认知的错误和瑕疵已经过有效修正，可令法官打消对于类案检索结果不当运用和由此产生错误说理的疑虑。最后，该情形下的强制说明义务也可以避免裁判者内外说理的差别化现象，贯彻审判实质公开理念。

---

① 李冬青：《司法公信力目标下司法透明度建设的方向探索》，载《广西社会科学》2018年第12期。

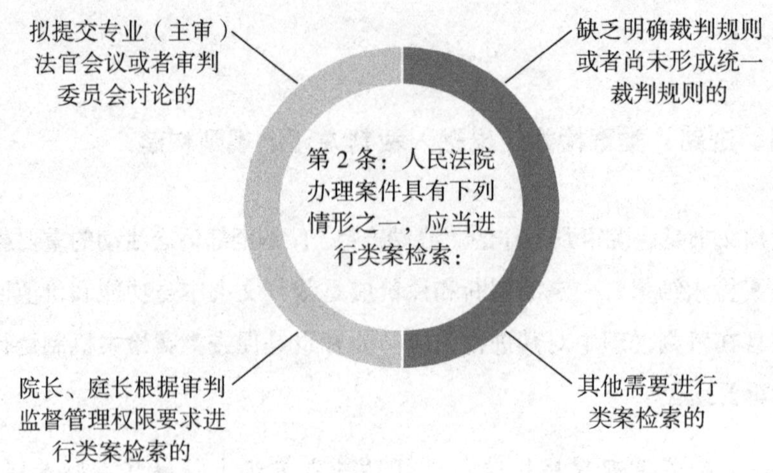

图7 《指导意见》规定的强制检索四类情形

(2)当事人类案参照诉求的应然回应。多元主体在诉讼程序中进行动态交互性活动，而文书中裁判说理则实为“当事人诉辩主张—法官回应”的交互性对话平台。如前所述，出于司法实践的实际考量，《指导意见》第10条仅针对诉讼参与人提交的指导性案例对法官提出了强制性回应的义务，对于该类型以外的其他案例赋予法官选择“在庭审中释明”或者“说理中回应”两种灵活处理的权力，但类案检索结果融入裁判说理的粗疏样态已经显示出这种灵活性规定会导致法官回应不足的弊端，甚至割裂当事人需求直接产生其对司法裁判公正性的质疑。本文认为，应当在《指导意见》第10条的基础上将法官对诉讼参与人类案参照诉求回应规则进一步细化，如庭审释明应当在庭审笔录中详细记载，由合议庭评议决定是否在裁判文书中予以回应，若无须回应则在评议内容上记录在案，该部分的细化具体规则可以交由各高院或者中院根据地方审判工作实际具体制定。

(3)裁判者的主观能动把握。在我国法治体系日趋完善的背景下，直接依据制定法作出裁判还是多数案件的审判样态，将没有强制检索报告义务的类案检索活动作为附加于法官的裁判义务必然不具有可行性。因此，对于法官自己主动进行的非强制性类案检索，可根据案件裁判的实际需求自行决定是否在裁判文书中写明。当然，在最高人民法院大力推进类案检索制度的背景下，该类启动情形是充实法官裁判说理和保障裁判者主动接受监督的重要方式，各法院应持鼓励态度，纳入本院考评激励机制。

2. 支撑点：明确三大实质要素

“发挥案例指导或参考作用的关键，是正确表达、妥善运用类案裁判规则。”[①]类案检索结果融入裁判说理主要聚焦于文书中法律适用即裁判推理的部分，应以运用结果的三大实质性要素为重点。

（1）“类案识别”要素。世上不存在两个完全相同的案件，但两个案件间总会找到关联点。《指导意见》第1条明确将“基本事实、争议焦点、法律适用问题”正向圈定为类案的比对点，比较符合常规裁判要点的理论逻辑。但需要指出的是，根据传统审判规律和技术规则，法官在进行类案比对时的要素式比对方法是上述三个比对点的具体细化，更有利于发现个案差异。法官将演绎式三段论中的小前提细化为若干个类型化要素，再与大前提所涵盖的类型化要素比对，比对的过程实际上也是寻找比较点的过程，会使类案识别更具针对性。类案识别复杂，即使在客观比对标准指引之下也会有不同要素区别和限制，因此需要法官类案参考时在裁判说理中充分说明自身类案识别考量因素。

（2）“参照性判断”要素。类案确定后，法官需要对类案进行“优胜劣汰”，即对类案裁判规则对待决案件有无指引作用进行判断并说明的过程。一方面，对于确定参照参考的类案，法官应注意解释参照的内容以及参照适用的原因。另一方面，由于类案检索平台建设智能化不足的缺陷以及当事人提交类案的倾向性制约，类案质量良莠不齐，比如裁判规则错误、过时等情形的类案就不具有参考价值，对于这种案例，法官可以偏离类案裁判，但也应注意解释说明理由。总之，类案的“参照性判断”因素是法官类案检索结果适用的思维过程展现，该层面的说理程度可以体现其对待案件全面衡量的态度。

（3）“裁判规则”要素。裁判规则逻辑上由争议焦点和法律解决方案组

---

① 张琪：《论案例裁判规则的表达与运用》，载《现代法学》2020年第5期。

成，是确认类案的关键以及作出类案裁判的指引。[①]法官对确定参考的类案，若是自带“裁判要点”或“裁判要旨”的指导性案例、公报案例等，则可以直接参考指引；若是其他案例则需法官归纳其具体裁判规则作为类案检索结果运用的实质性总结。“裁判规则”是案件审理裁判的精华，将该要素融入类案参照的裁判说理中能够明晰类案参考结果，进一步辅助解释裁判结论。

3.着力点：设计“五步走”融贯式融入规则

现有制度框架下类案检索结果融入裁判说理的范式指引规定虽空缺，但结合类案检索特征与传统裁判说理步骤，本文用结构化方式展现类案检索运行轨迹，可以分解为图8的五个步骤：

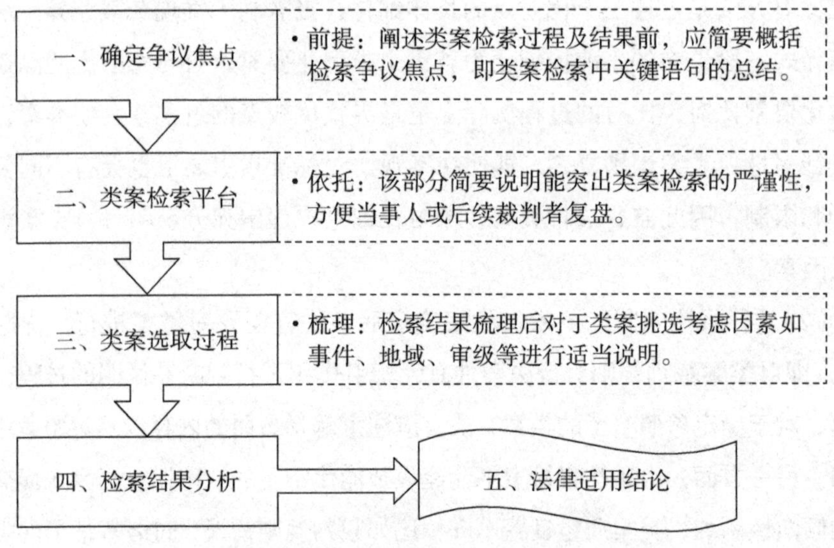

图8 类案检索结果融入文书“五步走”融贯式规则

在检索结果分析和法律适用结论阶段，需融入上文提到的三大实质性要素，力求真实展示类案检索和裁判观点参照适用的情况，重点结合个案特征分析说明类案观点的考量与选择过程。

① 张琪:《论案例裁判规则的表达与运用》，载《现代法学》2020年第5期，第20页。

4.落脚点：调整类案参照裁判文书框架结构

裁判文书样式是支撑裁判说理内容的“骨骼”，我国裁判文书服务于裁判者“三段论”演绎推理，其样式组成要素基本固定。在标题、正文和落款三大组成部分中，主要用于陈述当事人身份信息、案件由来、事实查明和裁判推理的正文部分是其核心内容，也是法官释法说理、公开自由心证和回应当事人的重要“阵地”。因类案裁判是需要类比推理与演绎推理有序往返的过程，该部分的论证内容主要是放置在“本文认为”裁判推理的部分，本文认为可以借鉴普通裁判文书的模板，在该部分案件争点讨论时，增加类案与待决案件争议焦点、关键事实比对的论证内容以及决定是否参照的心证形成过程。这是案例论证的核心内容，也是区别于传统裁判文书框架的特殊所在，可以固化后供法官在实践中参照套用，有利于在类案裁判说理完善的结果与过程之间形成长效作用机制（见表3）。

表3　类案参照裁判文书框架结构

普通裁判文书框架结构	类案参照裁判文书框架结构
标题 正文—首部：诉讼参加人基本情况 案件由来 审理经过 事实：当事人诉请、事实和理由 人民法院认定的证据及事实 理由：根据认定的案件事实和法律依据，对当事人诉请是否成立分析评述，阐明理由 案件争点—法官针对争点提出法律意见—正面论证自己法律意见—对当事人法律意见回应 裁判依据：裁判依据的实体法和程序法条文 裁判主文：明确、具体、完整的处理决定	标题 正文—首部：诉讼参加人基本情况 案件由来 审理经过 事实：当事人诉请、事实和理由 人民法院认定的证据及事实 理由：根据认定的案件事实和法律依据，对当事人诉请是否成立分析评述，阐明理由 案件争点—类案与本案争点比较—类案与本案关键性事实比较—决定是否参照 裁判依据：裁判依据的实体法和程序法条文 裁判主文：明确、具体、完整的处理决定

（二）搭建配套保障机制：完善类案参照裁判说理体系化工程

法律的生命力在于实施，案例的生命力在于运用。参照类案的裁判说理是一项体系化工程，需要综合施策。

1.补强堵漏：完善类案检索结果转化制度

（1）完善检索结果适用指引规则。裁判尺度控制是要使裁判成为一种公共判断，而非法官个人偏好。[①]类案裁判说理是类案检索与裁判尺度统一的落实环节，应当明确检索结果参照援引说理的规范模式，对于相关的类比、参照、排除等说理规则仍需在实践中进一步统一和完善，需要宏观层面提供制度化的解决路径。

（2）搭建激励保障机制。实践证明仅依靠“裁判者自觉”将类案检索结果融入裁判说理通常会导致其被束之高阁，故搭建相应专业化转型激励机制确有必要。首先，法官业务能力和审判质效的考察内容可以将类案裁判说理情况纳入，审管部门评查案件也可将其列为考核指标，特别是依照规定应当启动类案检索程序的案件以及回应当事人类案参照情况的案件，可以将说理中处理和回应方式作为重点考核内容，纳入法官业绩档案；其次，可逐步推动将类案检索的裁判说理情况纳入裁判文书质量评查范围，精品文书评选也可将其作为加分项，另外通过定期收集、整理类案裁判说理优秀典型文书并汇集成册等措施，以点带面、从线到片辐射带动裁判者形成规范、严谨和充分的类案裁判说理风格。

（3）完善监督问责倒逼机制。对于类案强制检索结果说理和回应当事人类案参照诉求是裁判者履行类案同判职责的必然要求，针对当前回避说理及回应不足的情况应逐步建立相关的监督问责机制以倒逼裁判主体切实履行说理和回应之责任。例如，要求负有审判监督管理职责的院庭长对承办人及合议庭“四类案件”检索落实情况和类案参照诉求回应情况进行监督，并且将上述情况纳入案件质量考评内容，作为法官业绩考核的直接依据，若因上述

---

① 陈景辉:《同案同判：法律义务还是道德要求》，载《中国法学》2013年第3期。

情况造成案件错案、发改等情形应当追究相应的审判责任。

2.定向培养：训练法例兼顾裁判说理方式

对于类案裁判说理的把控能力需建立在大量审判活动的“刻意练习”经验之上，裁判者需要从思维层面训练法例兼顾的裁判说理方式。首先在观念上，法官应充分认知类案检索结果对于裁判说理的辅助价值及其在说理、回应时的引述和评价对于提高裁判可接受性的重要性；其次在行动上，当裁判需要以检索到的类案裁判规则作为依据时，法官说理需要灵活地从单纯的演绎式思维切换至类比推理和演绎推理相结合的推理思维，并在平时审判时刻意练习养成“判决参例”的固定说理习惯，不断提高类案裁判的精准性和正确性。法院也应当定期组织此种专业素质的培训，使得此种裁判说理方式稳步铺开。

3.综合评价：构建类案参照说理评价标准

传统裁判文书说理满足形式推理及普遍经验的最低限度要求也就达到了充分说理的要求，[①]但基于“说服自己、取信他人、可供复制、克制恣意与专擅”[②]的类案检索情况融入裁判文书之目的，其说理评价标准相较于传统裁判说理应当有所区别：首先，要素是否齐全。应重点检验是否遗漏上文提到的三大实质要素。其次，说理是否充分。相较于传统裁判说理，类案裁判因包含不同裁判观点的梳理和裁判规则的提取，过程必然更加复杂，其在法律推理和法律论证阶段的说理“充分”必然标准也随之提升，需要着重描绘三大实质要素以满足和保证论证与结论的一致性。

五、结语

将类案检索结果融入裁判说理，以其作为“论据”充实裁判说理的“厚

---

① 孙海龙：《“充分说理”如何得以实现——以行政裁判文书说理为考察对象》，载《法律适用》2018年第21期。

② 王泽鉴：《法律思维与民法实例：请求权基础理论体系》，中国政法大学出版社2001年版，第301页。

度”，应是实现类案检索机制设立目标价值向实然效果转化的关键，也是该机制落地实施应当注意到的细节问题。在积极开发利用案例资源探索的新阶段，显然还需要更翔实的实证分析，明晰类案检索结果融入裁判文书说理规则的建构，以推动类案检索机制向更成熟和更有效的方向发展，期待本文能够提供相关参考。

域外司法文书

美国西雅图第一学区高中入学名额种族分配案

高 雅*

域外司法文书（原文）

Parents Involved In Community Schools v. Seattle School Disctrict No.1①

Petitioner: Parents Involved In Community School

Respondent: Seattle School District No.1 et al.

Location: Seattle School District

Docket No. 05-908

Dicided By Roberts Court

Lower Court: United Stated Court of Appeals for the Ninth Circuit

Citation: 551 US 701（2007）

Granted: Jun 5, 2006

Argued: DEC 4, 2006

Decided: Jun 28, 2007

Advocates:

Paul D. Clement argued the cause for Petitioner

Harry J.F. Korell argued the cause for Petitioner

* 高雅，安徽师范大学教育科学学院2022级教育政策与法学专业博士研究生，研究方向为教育政策与法学。

① Parents Involved in Community Schools v. Seattle School District No. 1. (n.d.). Oyez. Retrieved January 15, 2023, from https://www.oyez.org/cases/2006/05-908.

Michael F. Madden argued the cause for Respondents

Facts of the case

The Seattle School District allowed students to apply to any high school in the District. Since certain schools often became oversubscribed when too many students chose them as their first choice, the District used a system of tiebreakers to decide which students would be admitted to the popular schools. The second most important tiebreaker was a racial factor intended to maintain racial diversity. If the racial demographics of any school's student body deviated by more than a predetermined number of percentage points from those of Seattle's total student population (approximately 40% white and 60% non-white), the racial tiebreaker went into effect. At a particular school either whites or non-whites could be favored for admission depending on which race would bring the racial balance closer to the goal.

A non-profit group, Parents Involved in Community Schools (Parents), sued the District, arguing that the racial tiebreaker violated the Equal Protection Clause of the Fourteenth Amendment as well as the Civil Rights Act of 1964 and Washington state law. A federal District Court dismissed the suit, upholding the tiebreaker. On appeal, a three-judge panel the U.S. Court of Appeals for the Ninth Circuit reversed.

Under the Supreme Court's precedents on racial classification in higher education, *Grutter v. Bollinger and Gratz v. Bollinger*, race-based classifications must be directed toward a "compelling government interest" and must be "narrowly tailored" to that interest. Applying these precedents to K-12 education, the Circuit Court found that the tiebreaker scheme was not narrowly tailored. The District then petitioned for an "en banc" ruling by a panel of 11 Ninth Circuit judges. The en banc panel came to the opposite conclusion and upheld the tiebreaker. The majority ruled that the District had a compelling interest in maintaining racial diversity. Applying a test from *Grutter*, the Circuit Court also ruled that the tiebreaker plan was narrowly tailored, because 1) the District did not employ quotas, 2) the District had considered race-neutral alternatives, 3) the plan caused no undue harm to races, and 4) the plan had an ending point.

Questions

1) Do the decisions in *Grutter v.* Bollinger and *Gratz v. Bollinger* apply to public high school students?

2) Is racial diversity a compelling interest that can justify the use of race in selecting students for admission to public high schools?

3) Does a school district that normally permits a student to attend the high school of her choice violate the Equal Protection Clause by denying the student admission to her chosen school because of her race in an effort to achieve a desired racial balance?

Conclusion

5–4 Decision For Parents Involved In Community Schools

Majority Opinion By John G. Roberts, Jr.

Vote Yes: Roberts, Scalia, Kennedy, Thomas, Alito.

Vote No: Stevens, Souter, Ginsburg, Breyer.

By a 5–4 vote, the Court applied a "strict scrutiny" framework and found the District's racial tiebreaker plan unconstitutional under the Equal Protection Clause of the Fourteenth Amendment. Chief Justice John Roberts wrote in the plurality opinion that "The way to stop discrimination on the basis of race is to stop discriminating on the basis of race." The Court acknowledged that it had previously held that racial diversity can be a compelling government interest in university admissions, but it ruled that "[t] he present cases are not governed by *Grutter*." Unlike the cases pertaining to higher education, the District's plan involved no individualized consideration of students, and it employed a very limited notion of diversity ("white" and “non-white”）. The District’s goal of preventing racial imbalance did not meet the Court’s standards for a constitutionally legitimate use of race: “Racial balancing is not transformed from ‘patently unconstitutional’ ‘ to a compelling state interest simply by relabeling it ’ ‘racial diversity.’ ” The plans also lacked the narrow tailoring that is necessary for race-conscious programs. The Court held that the District’s tiebreaker plan was actually targeted toward demographic goals and not toward any demonstrable educational benefit from racial diversity. The District also failed to show that its objectives could not have been met with non-race-conscious means. In a separate opinion concurring in the judgment, Justice Kennedy agreed that the District’s use of race was unconstitutional but stressed that public schools may sometimes consider race to ensure equal educational opportunity.

域外司法文书（翻译）

美国西雅图第一学区高中入学名额种族分配案

一、基本信息

国别/地区：美国

案件类别：违宪案件

案件名称：美国西雅图第一学区高中入学种族分配违宪案

判决时间：2007年6月28日

文书编号：551 US 701（2007）

审判法院：美国第九巡回上诉法院

审议问题：高中是否有权利根据人种分配入学名额?

二、基本事实

西雅图学区允许学生申请该学区的任何一所高中。由于有太多的学生选择某些学校作为首选，这些学校往往会人满为患，学区便采用了一种决胜局制度来决定哪些学生将被热门学校录取。这是维持种族多样性的种族因素。如果任何一所学校学生群体的种族人口统计数据与西雅图学生总数（大约40%是白人，60%是非白人）的差距超过预定的百分比，种族决胜局就会生效。在一所特定的学校，白人或非白人都可能被录取，这取决于哪个种族能使种族平衡更接近目标。

一家名为“家长参与社区学校”（Parents Involved in Community Schools）的非营利组织起诉学区政府，认为这种种族决定局制度违反了美国宪法第十四修正案的平等保护条款，以及1964年的民权法案和华盛顿州法律。联邦地区法院驳回了该诉讼，维持了决胜局制度。在上诉中，由三名法官组成的美国第九巡回上诉法院推翻了原判。

根据最高法院关于高等教育种族分类的判例——格鲁特诉博林杰案（Grutter v. Bollinger）和格拉茨诉博林杰案（Gratz v. Bollinger），基于种族的分类必须以“令人信服的政府利益”为导向，并且必须“狭义地适应”这一利益。巡回法院将这些先例应用于K–12教育，发现决胜局方案并非狭义地量身定制。该地区随后请求由第九巡回上诉法院的11名法官组成的陪审团作出“全体”裁决。全体委员会得出了相反的结论，支持决胜局。多数法官裁定，特区在维护种族多样性方面有着令人信服的利益。巡回法院应用了Grutter的检验标准，还裁定打破平局的计划是狭义的，因为（1）（西雅图）学区没有采用配额，（2）（西雅图）学区考虑了种族中立的替代方案，（3）该计划没有对种族造成不当伤害，（4）该计划有一个终点。

三、问题

（1）格鲁特诉博林杰案和格拉茨诉博林杰案的判决是否适用于公立高中学生？

（2）种族多样性是一种令人信服的利益，可以证明在公立高中录取学生时使用种族因素是合理的吗？

（3）一个学区为了达到理想的种族平衡而以种族为由拒绝学生进入她所选择的学校，这是否违反了平等保护条款?

四、结论

5–4：家长参与社区学校的判决（终审判决）

（以下）多数派意见由小约翰·G.罗伯茨撰写

投赞成票：罗伯茨、斯卡利亚、肯尼迪、托马斯、阿利托。

投反对票：史蒂文斯、苏特、金斯伯格、布雷耶。

最高法院以5票赞成、4票反对的结果，实施了“严格审查”框架，并根据《第十四条修正案》的平等保护条款，裁定特区的种族决胜局计划违宪。首席大法官约翰·罗伯茨（John Roberts）在多数票意见书中写道：“停止基于种族的歧视的方法就是停止基于种族的歧视。”最高法院承认，它以前认为，种族多样性可能是政府在大学招生中令人信服的利益，但它裁定，“目前的案件不受Grutter的管辖”。与和高等教育有关的案例不同，（西雅图）学区的计划没有对学生进行个性化的考虑，而且它采用了非常有限的多样性概念（“白人”和“非白人”）。（西雅图）学区防止种族不平衡的目标没有达到法院对宪法上合法使用种族的标准：“仅仅通过重新贴上‘种族多样性’的标签，种族平衡不会从‘明显违宪’转变为令人信服的国家利益。这些计划也缺乏种族意识项目所必需的精准定义。”法院认为，（西雅图）学区的打破平局的计划实际上是针对人口目标，而不是针对种族多样性带来的任何可证明的教育效益。（西雅图）学区也未能表明，它的目标不可能以非种族意识的手段来实现。在另一份与判决一致的意见中，肯尼迪大法官同意特区使用种族是违宪的，但强调公立学校有时可以考虑种族问题以确保平等的教育机会。

严重欺诈办公室主任诉航空服务有限公司案

李泓霏*

案号：U20201913

南华克刑事法院

2020年10月30日

主审法官：贾斯蒂斯·梅女爵

日期：2020年10月30日

分析：以2013年《犯罪与法院法》为准

审理日期：2020年10月21日与30日

代理人：

御用大律师克里斯潘·艾利特（Crispin Aylett）与拉切纳·高卡尼夫人（Ms. Rachna Gokani）（由严重欺诈办公室①委托）代表申请方。

御用大律师阿利森·波普尔（Alison Pople）[由安睿顺德伦（Eversheds Sutherland）（国际）律师事务所委托]代表应诉方。

批准法官

贾斯蒂斯·梅女爵

介绍

2020年10月21日星期三，我于私下听取了有关严重欺诈办公室主任与航

---

* 李泓霏，北京师范大学法学院2022级刑法学硕士研究生，研究方向为刑法学。

① Serious Fraud Office, SFO.——译者注

空服务有限公司[①]签订的暂缓起诉协议（Deferred Prosecution Agreement, DPA）申请初步批准的事项。在听证会结束后，我指出此项暂缓起诉协议，在很大程度上可能有利于司法公正，其拟定的条款是公平、合理且合比例的。今天，在公开审理中，我做出了最后声明与法庭令。

根据暂缓起诉协议，航空服务公司应通过英国统一基金（Consolidated Fund）向严重欺诈办公室支付共2229685.76英镑，其中包含990971.45英镑的返还利润与1238714.31英镑的罚金。同时，依据暂缓起诉协议条款，航空服务公司需为严重欺诈办公室的支出，支付750000英镑。

本次暂缓起诉协议的主体犯罪内容，乃一位代理人于2011年至2013年间，为确保航空服务公司签订有价值的合同而进行的三次贿赂行为。彼时，尽管2010年《反腐败法案》刚颁行不久，但无论是在培训员工相关知识方面，还是在引入识别、抵制腐败事件的流程方面，航空服务公司所做的努力都微乎其微。这一状况与航空服务公司的应对失误，导致了其触犯2010年《反腐败法案》第7条所规定的"商业组织预防贿赂失职罪"，以三项罪状被起诉。

2015年，在展开国际调查后，航空服务公司掌握了自身的犯罪行为，并因此向严重欺诈办公室做自我报告。严重欺诈办公室在进行后续调查并与航空服务公司谈判后，提出了一份条款有待法庭批准的暂缓起诉协议提案。

法律框架

对暂缓起诉协议的目的及其所在的法律体系，在英格兰和威尔士高等法院女王法庭庭长[②]，维多利亚·夏普女爵士最近的裁判，严重欺诈办公室诉空中巴士SE［2020］一案[③]，判决书的第6至10段中有全面叙述。我饱含敬意地接受夏普女爵对相关法律原则的阐述与分析。这也使我可以在本次判决中，仅对这一流程进行简短解释。

① Airline Services Limited, ASL。以下简称航空服务公司。——译者注

② 原文PQBD，为President of the King's Bench Division of the High Court of Justice in England and Wales之缩写。——译者注

③ Director of the Serious Fraud Office v. Airbus SE［2020］WLUK 435.

《犯罪与法院法》(2013年法案)第45条与附件17为法人团体提供了一种可以通过与指定公诉人(可以是英国检察长[①]或严重欺诈办公室，根据违反的罪名而有别)达成协议，进而根据协商之条款，免予被以特定罪名起诉的机制。暂缓起诉协议的需要法庭批准方可生效。而法庭批准此协议的条件是，当庭必须确信暂缓起诉协议是符合司法公正的，且协议的条款是公平、合理且合比例的。

获批暂缓起诉协议的流程包含两个阶段。第一个阶段，根据2013年法案附件17第7段之规定，必须申请宣布暂缓起诉协议是极有可能符合司法公正，且其提出的条款是公平、合理且合比例的。初步听证将于私下进行，且其中任何宣布都将于私下做出：见2013年法案附件17第7(4)段。

如果获得了初步批准，则流程的第二阶段便是，在法庭上进行公开审理，以保证法院做出必要的宣布及批准的理由：见2013年法案附件17第8(6)段。

虽然2013年法案附件17第7(4)段规定，第一阶段中，决策的理由必须于私下做出，但在批准暂缓起诉协议的实践中，已形成将该理由保留到最后的听证阶段，并由公开审判陈述全部理由的做法。我在本案中遵循了这一实践做法；本判决将一次陈述我做出(1)上周私下的初步宣布；以及(2)最终宣布及现在批准该协议的理由。

本案中暂缓起诉协议的申请

在上周的私下听证中，我分别从代表严重欺诈办公室的克里斯潘·艾利特御用大律师与代表航空服务公司的阿利森·波普尔御用大律师处，收到了内容详尽的书面文件，并听取了他们的详细意见。在综合考虑我所掌握的材料，听取各方口头意见后，我就双方的申请事项作出了决定，即认定根据提议条款达成的暂缓起诉协议是极有可能符合司法公正的，且协议条款是公平、合理且合比例的。我将得出初步结论的理由保留至今日，于最终庭审上公布。

---

① 原文DPP，为The Director of Public Prosecutions，负责在全球多个刑事司法管辖区起诉刑事犯罪的办公室或官员。该名称主要用于现在或曾经是英联邦成员国的司法管辖区。——译者注

严重欺诈办公室主任现在申请法院，依据2013年法案附件17第8段之规定，做出最终宣布，即承认她[①]所提出的，与航空服务公司最终达成的暂缓不起诉协议，是符合司法公正的，且其条款是公平、合理且合比例的。至今，仍未发生任何改变我先前临时观点的事由。因此，今天我对上述申请事项予以批准，并做出宣布。

事实

本案事实已在暂缓起诉协议的附件“事实陈述”部分中详细罗列。这些事实构成了本案暂缓起诉协议的主体内容，即三项指控罪状。接下来，我首先总结本案要点。

在“事实陈述”部分，以及本裁判文书中，某些姓名将以匿名的方式呈现。这样做的原因有二：首先，为了确保日后指控的公正性；其次，因为本案包含有关未曾作为谈判方与严重欺诈办公室协商之人的事实断言，而这些人并未出席任何一场听证，并无任何就其职责的特征与描述发表自身意见的机会。必要之时，我将对上述姓名与身份进行了解，以确保当我决定是否做出被申请的宣布时，得以充分衡量航空服务公司责任的范围，正确评估其有责性。

航空服务公司

航空服务公司是一家创设于1984年的英国公司。随着时间的推移，其业务范围扩展至为航空公司提供包括制造、改造航空器内部配件在内的诸多服务。航空服务公司的总部和车间，在全部重要时期均设于曼彻斯特的怀森肖（Wythenshaw），其员工则在英国诸多不同的机场中工作。无论何时，公司都有近1000名员工。在其巅峰时期，包括航空服务公司在内的联合集团的年营业额近60兆英镑。

2004年，航空服务控股有限公司（Airline Services Holdings Ltd, ASHL）

① 指莉莎·奥索夫斯基（Lisa Osofsky）。——译者注

对航空服务公司进行了管理层收购。2012年，航空服务和零部件集团有限公司（Airline Services and Components Group Limited, ASCGL）在第三方为其提供资金援助，且第三方成为重要股东的情况下，收购了航空服务控股有限公司，因此航空服务公司也被（间接）收购。

2018年间，航空服务公司出售完毕其内饰和搬运业务部门。目前，航空服务公司是一个非贸易实体。我被告知，一旦暂缓起诉协议得以实施并终止后，航空服务公司将被清盘。

销售团队和代理商的使用

从2011年到2014年早期，航空服务公司的销售团队分布于三个地理区域：第一个在英国的团队负责向印度、斯里兰卡和印度尼西亚的航空公司销售；第二个在德国的团队负责向德国和土耳其销售；第三个在奥地利的个人，负责向欧洲其他剩余区域与中东销售。每个销售员有权获得参照其实现的总销售额计算的佣金。

为了保障招揽航空公司的生意，大多数航空服务公司的销售人员会使用代理人。航空服务公司与代理人签订了许多协议，这些代理人被认为与个别的航空公司有着更好的关系。上述协议中，具体说明了代理人依据其签订的合同金额，可以获得的佣金比例。

航空服务公司与其销售人员，以及航空服务公司与代理人签订的佣金协议是基于合同价格而非合同利润率的事实，导致了一个明显的风险，即销售人员可能会让公司签订更有利于他们自己，以及更有利于代理人的合同，而较少地考虑公司的利益。

与汉莎公司的合同以及代理人1的使用

2011年10月7日，航空服务公司与一位代理人（代理人1）签订了一份协议，根据该协议，对于基于代理人1的努力而为航空服务公司赢得的任何生意，航空公司部将支付其所签订的合同价格的10%（后来降低至5%）作为佣金。代理人1为航空服务公司赢得的合同多数来自德国汉莎航空公司及其子公司德国汉莎技术公司（二者并称为汉莎公司）。代理人1与航空服务公司在德国的高级雇员有着密切合作。

在代表航空服务公司行动的同时，代理人1也被汉莎公司聘为产品能力中心客舱内饰和机上娱乐部门的顾问项目经理。一位汉莎公司的高级雇员为代理人1分配工作，并为其提供指导。代理汉莎公司时，代理人1负责汉莎公司空中客车340和波音747机队内部的改进项目工作。代理人1的职责包括：在汉莎公司向潜在投标方发送招标书（招标文件邀请书）之前处理招标书，评估投标文件，并就收到的投标为决策委员会提建议。

航空服务公司是数个就此工作向汉莎公司提交投标书的公司之一。在其他竞争公司与航空服务公司进行投标竞争之时，代理人1可能便已知晓竞争公司所提交的商业敏感信息。因此在适当的时候，航空服务公司赢下了汉莎公司的空中客车340和波音747航空器的合同。

2011年10月14日、2011年11月28日，航空服务公司与汉莎公司签订了总体协议的一般条款。根据这些框架协议，航空服务公司与汉莎公司就特定项目签订了四项补充协议。航空服务公司就这四项补充协议中的三项向代理人1支付了项款。在根据这些补充协议开展工作的过程中，航空服务公司从汉莎公司处得到了进一步的工作，因此合同的价值也有所提升。

签订三项补充协议所获得的总价值为7387227英镑，航空服务公司依此向代理人1支付了报酬。航空服务公司所获得的总利润为990971.45英镑。

这三项补充协议以及代理人1在其中发挥的作用，均使得航空服务公司被指控触犯2010年《反腐败法案》第7条所规定的预防贿赂失职罪。以下是每一项简要的细节。

第一项补充协议——罪状1

第一项补充协议被指控触犯起诉书中的罪状1。

2011年4月12日，航空服务公司受邀参加汉莎公司的招标过程，该招标针对座椅修改，以适应空中客车340机队的全新空中娱乐系统。在此招标过程中，代理人1向航空服务公司提供了机密信息，从而使航空服务公司提高了初始报价，代理人1在该过程中辅助航空服务公司，并帮助其赢得了合同。有关代理人1为航空服务公司提供帮助的具体细节，记载于事实陈述部分。当代理人1表面上为汉莎公司工作并代表其行动时，在航空服务公司内部，他却被称为“我们的人”“帮助我们（在幕后）”。

补充协议1于2011年11月签订。包括基于补充协议1的后续进一步工作在内，这份合同对航空服务公司而言价值2785246.67英镑，其累计为航空服务公司带来122021.81英镑净利润。

第三项补充协议——罪状2

第三项补充协议是罪状2的主体。

2011年9月14日，经代理人1推荐，汉莎公司邀请航空服务公司提交一份为汉莎公司的区域机队提供品牌面板的提案。在2011年10月5日的一场会议中，代理人1正式被授权代表汉莎公司，讨论本项目中涉及汉莎公司的有关事项。两天后，2011年10月7日，代理人1与航空服务公司签订了代理协议。此后，代理人1在补充协议3的期间内，为航空服务公司做“幕后工作”（原文如此），包括为航空服务公司提供机密信息和建议航空服务公司提高其合同价格（有悖于汉莎公司的利益）。

补充协议3于2012年3月28日签订，对航空服务公司而言价值588113.31英镑，为其带来共245008.51英镑净利润。

第四项补充协议——罪状3

第四项补充协议被指控触犯起诉书中最后的罪状，即罪状3。

2012年1月17日，代理人1告知航空服务公司，汉莎公司将就其波音747机队的座椅改造进行招标。2012年2月6日，代理人1为航空服务公司提供了一份竞争投标方的名单。2012年2月8日，代理人1前往航空服务公司德国办公室；此后的邮件显示，在此行期间，代理人1为航空服务公司提供了来自汉莎公司的机密信息，并提出帮助航空服务公司竞标。如以前一样，代理人1发给航空服务公司的邮件来自他的私人邮箱地址。2012年2月28日，汉莎公司邀请航空服务公司投标；此后代理人1协助了此次竞标，包括前往航空服务公司位于曼彻斯特的总部，并为航空服务公司提供了一份汉莎公司与竞标对手往来通信的拷贝文件。

就这样，代理人1以牺牲其他竞争者利益为代价，辅助航空服务公司竞标。他持续在航空服务公司向汉莎公司的各项投标中为航空服务公司提供帮助，并保证航空服务公司随时掌握汉莎公司决策过程的最新进展。在日期为2012年8月8日的一封邮件中，代理人1提到“为你们提供机密信息让我的工作陷入危险之中（原文如此）”。

在2012年8月23日发送的一封邮件中，代理人1告知航空服务公司，一个竞标者刚刚提交了一个重大的价格折扣，此后，航空服务公司通过备件信贷进一步降价。2012年9月3日，汉莎公司确认航空服务公司最终获得合同，作为对航空服务公司修改定价之邮件的直接回应。

补充协议4于2012年10月2日签订；如其他协议一样，代理人1继续通过其私人邮箱地址，帮助航空服务公司履行合同。补充协议4价值3336987.72英镑，为航空服务公司共带来622837英镑总利润。

航空服务公司的反腐败程序

在2011年至2013年的有关期间内，航空服务公司的合规程序严重不足。2010年12月，航空服务公司外聘了法律顾问，以评估其是否符合即将实施的2010年《反腐败法案》。评估结果显示，使用较少数量的海外代理人给航空服务公司带来较高的腐败风险。为解决此风险，顾问们提出了许多建议。

为了帮助航空服务公司实施上述建议，顾问们为航空服务公司提供了许多核对清单及其他文件，尤其包括一份航空服务公司内部使用的“反腐败政策和指导方针”文件草案。

2011年6月27日，外部顾问为航空服务公司高级经理和区域销售经理举办了一场有关2010年《反腐败法案》的培训。培训内容涉及“反腐败政策和指导方针”草案。然而2011年9月，航空服务公司的一位高级执行官告知外部顾问，航空服务公司将采纳“另一个方案”。外部顾问为航空服务公司就遵循《反腐败法案》而提供的工作就此结束。

继2011年6月举行的那一场培训会议后，直到2014年1月，航空服务公司从未试图向员工传达其“反腐败政策和指导方针”，它也从未尝试落实外部法律顾问提出的任何其他建议。可知，自2010年《反腐败法案》开始实施的2011年7月1日至2015年年初，航空服务公司从未就预防腐败采取任何适当、足够的措施。

内部调查

来自航空服务公司内部的担忧，促使公司在2014年委托外部事务律师去调查涉及另一个代理人与另一个航空公司（代理人X、航空公司Y）的一系列与本案无关的合同。尽管这些事务律师的报告减轻了航空服务公司原本对于代理人X的担忧，但此过程也意外地使代理人1在德国的所作所为为人所知。就此，航空服务公司再次委托外部事务律师进行调查。

调查结果促使航空服务公司于2015年7月30日首次向严重欺诈办公室做出自我披露。严重欺诈办公室此后利用航空服务公司自愿提供的及通过严重欺诈办公室强制力所获得的材料，展开了自己的调查。

2015年12月16日，严重欺诈办公室主任授权开展了一项刑事调查。

航空服务公司持续向严重欺诈办公室提供书面材料。严重欺诈办公室对航空服务公司的前董事会、高级管理层的成员，以及相关雇员进行了询问。在严重欺诈办公室的要求下，德国法律实施专家询问了汉莎公司的高级雇员，该雇员负责管理、监督航空服务公司与汉莎公司有关采购的合同的投标过程。

我被告知严重欺诈办公室对航空服务公司在2011年至2015年间与诸多不同航空公司，以及横跨诸多法域的商务往来，进行了广泛深入的调查。作为其广泛调查的一部分，严重欺诈办公室再次核验了航空服务公司与代理人X以及航空公司Y的关系。我了解到严重欺诈办公室得出的结论与航空服务公司外部顾问彼时所得出的调查结论截然不同；然而，严重欺诈办公室在此方面的调查并未产生，诸如符合《暂缓起诉协议实施准则》1.2（i）条规定的任何一项测试的充足证据。严重欺诈办公室认为，就上述商业活动展开进一步调查是不符合公共利益的。就代理人1行为的指控已然充分说明了航空服务公司的全部罪行。

在2014年和2015年的首次内部调查后不久，航空服务公司的高级管理人员在相关时间离开了董事会和公司。正如我上文所述，在2018年出售其搬运和内饰业务后，航空服务公司暂停了贸易行为。事实上航空服务公司目前已处于休眠状态，仅剩一个由主要投资人支撑着的空壳，以保证严重欺诈办公室展开调查，并完成暂缓起诉协议。

司法利益

在陈述完毕起诉书中的诸项对应的简要事实，以及航空服务公司自我调查与自我报告的经过后，我将转向考量司法的利益。

根据2013年法案附件17的第7段(1)(a)(初步听证)和第8段(1)(a)(最终听证)之规定，法庭所要考虑的首要问题便是，严重欺诈办公室主任与航空服务公司达成暂缓起诉协议是否符合司法利益的要求。检察长与严重欺诈办公室主任所需遵循的《暂缓起诉协议实施准则》("DPA准则")中提出了一些普遍原则，以指导判断某案件中的暂缓起诉协议是否具有正当性：见附件17的第6段(1)。《暂缓起诉协议实施准则》第2段的2.81与2.82中，分别列出了支持起诉与反对起诉的公共利益因素。2010年《反腐败法案》中涉及的罪名也参考了《反腐败法案指南》，见《暂缓起诉协议实施准则》第2.10段。

《刑事诉讼法》11.3(3)(i)要求每一份暂缓起诉协议的申请都要列出该申请为何有可能符合司法利益的要求。御用大律师艾利特先生首先提请注意以下支持起诉的因素:

(i)代理人1因其了解汉莎公司的内部运作而被聘用。

(ii)代理人1在汉莎公司内部负有职务，即评估技术方案，并向决策委员会提建议。简而言之，他能够直接影响决定最终获得汉莎公司生意的投标方。

(iii)彼时的航空服务公司高级管理层主导了一种对员工及代理人的贿赂行为视而不见的不正之风。虽然高级管理层曾寻求指导意见，且已然被给予改进建议，但直到2015年1月，其一直未能实施任何有效的合规项目，而那是本应实现的。

（iv）这给其他竞标方和汉莎公司造成了严重的经济损失。

（v）基础的腐败行为横跨诸法域。

正如艾利特先生上述所指出的那样，鉴于这些因素，在缺乏强有力的公共利益抵消因素的情况下，应当对航空服务公司提起诉讼。

然而，他也提出了一些强有力的论证暂缓起诉协议的正确性并反对立即起诉的因素：

（a）航空服务公司及时向严重欺诈办公室提请报告了其罪行，并立即对外部顾问为核验汉莎公司/代理人1的商业行为而发现的问题进行了自我报告。

（b）在随后展开调查的全过程中，航空服务公司积极配合严重欺诈办公室，如为严重欺诈办公室对航空服务公司员工的询问提供便利，并及时、全面地提供调查所需的资料（可能涉及法律特权的除外）。

（c）航空服务公司本质上区别于实施犯罪行为的公司，二者董事会构成不同（见上文［46］段）。

（d）犯罪行为发生于2011年至2013年间，并非最近发生。

（e）除了上文提及的，在涉及代理人X和航空公司Y的商业行为的问题中，严重欺诈办公室的评估意见与航空服务公司一方的外部顾问不同，严重欺诈办公室已决定不再针对该嫌疑展开进一步调查（见上文［45］段），航空服务公司过去再无类似的，或者说再无任何犯罪或监管疏忽行为。

（f）航空服务公司立即采取措施，以确认其（当时微不足道的）合规程序的缺陷。

（g）其贿赂行为并未涉及任何公务人员，也并未对市场或政府造成严重干扰，或使其丧失公信力。

（h）在起诉书中的三项罪名所涉及的合同中，就其利润率而言，航空服务公司并未获得非常显著的收益（相比于其他已实施暂缓起诉协议案件的总获利而言）。

（i）实际上，现在的航空服务公司已暂停活动。自从其核心业务被分割并售出后（见上文［46］段），航空服务公司便已暂停运作。目前其董事会决定暂不关闭航空服务公司(在此情况下,它可能会选择关闭),而是保留公司,以确保解决有关航空服务公司过去犯罪行为的问题。

平衡艾利特先生上述所确认的因素后,我确信起诉是不符合公共利益的。航空服务公司的犯罪行为非常严重,且持续了一段时间,并在三项不同的协议中重复进行。这些无疑是加重因素。但是,航空服务公司在那时却尽其所能,不负众望地展开了自我调查,并揭露了自己的犯罪行为:它进行了及时的自我报告,并及时与严重欺诈办公室进行了充分合作。考虑到创造暂缓起诉协议的核心目标是"激励"对公司不当行为的披露与自我报告:见空中巴士案第[68]段,参考严重欺诈办公室诉沙克拉德案[①]和严重欺诈办公室诉劳斯莱斯案[②],航空服务公司的上述行为便是一个需要纳入考量的重要因素。

我还考虑到,犯罪行为均是在过去发生的,而现今已无再犯可能性。犯罪行为实施时在职的高级管理层已离开公司多时,且航空服务公司的主营业务均已被分别售出。所剩的公司框架正由主要投资者支撑保留,其目的仅是达成并履行暂缓起诉协议规定的义务。在考虑公共利益之时,后一点原因在我看来特别有说服力;我注意到检察官的《公司指控指南》(参考《暂缓起诉协议实施准则》第2.10段)中提到了一个反对起诉的附加因素:

"h.该公司正处于停业清理程序之中"

航空服务公司至今仍未进行停业清理的唯一原因便在于,它意图达成暂缓起诉协议,并依条款应数支付其应付款项。一旦上述行为达成,航空服务公司便将进行停业清理。

正是基于上述原因,我依据2013年法案附件17第7段的规定,得出了我在上周的私下听证中所持的观点,也因此在今天得出,应当根据2013年法案附件17第8段(1)(a)做出宣布的结论。

---

① SFO v Sarclad [2016] 7 WLUK 211.

② SFO v Rolls Royce [2017] 1 WLUK 189.

公平、合理且合比例

接下来我将讨论2013年法案附件17第7段（1）(b)（初步听证）和第8段（1）(b)（最终听证）之法律规定，即拟定的条款是否公平、合理且合比例。

2013年法案附件17第5段列出了应该与可能囊括于暂缓起诉协议的条款。《刑事诉讼法》第11.3段（f）和（g）(i）及（ii）要求，在暂缓起诉协议的申请书中对拟定的条款予以描述，说明其是如何与《暂缓起诉协议实施准则》及相应的《量刑指南》相符的，并阐明这些条款是怎样体现公平、合理且合比例的。

本判决书附随了一份条款已经由我批准的暂缓起诉协议副本。已并无必要详细列出条款。我将通过考虑条款是否符合以下一般标题，以说明其是如何符合公平、合理且合比例的要求：

- 持续时间
- 合作
- 利润的追缴
- 经济惩罚

持续时间

2013年法案附件17第5段（2）规定，一份暂缓起诉协议明确到期日，到规定日期后，暂缓起诉协议将停止生效（若其尚未因违反规定而被终止）。在本案的暂缓起诉协议中，航空服务公司将被授予至少一年的时间。作为一个非贸易实体，航空服务公司不会从长期的分期付款中受益；航空服务公司需要在7天内支付清暂缓起诉协议所要求的款项，且无法获得期限的延长。

对于任一暂未完成的调查，严重欺诈办公室确信，它已从航空服务公司处掌握全部所需的信息和材料，以便对个人进行所有持续性的调查（无论是在本区域，还是任何管辖区域）。艾利特先生告诉我，如果有必要的话，1年的时间足以为航空服务公司完成任何未完成的调查提供充足的时间。同时，考虑到它已是非贸易实体，使航空服务公司因上述限制性目的保持活跃将会产生成本。在此情况下，严重欺诈办公室认为将条款规定为1年以上是不合比例的。

正如上文所述之原因，我确信1年的时间是公平、合理且合比例的。

合作

《暂缓起诉协议实施准则》第7.7段（iii）规定，暂缓起诉协议中包含为未来之合作提供便利的条款。鉴于航空服务公司掌握大量明显真实有效，且与公共利益相符的，可能与起诉个体有关的材料，它应辅助任何针对本案个体犯罪嫌疑行为的调查及起诉。根据暂缓起诉协议之规定，在一年的期间内，航空服务公司同意在自己及严重欺诈办公室调查其内部业务行为之时，保管并/或控制所收集到的材料。航空服务公司还同意尽其所能，获取任何其未掌控的，而被其内部业务（已于2018年2月售出）的收购者所掌握的材料。

依据暂缓起诉协议，航空服务公司承诺，其提供合理协助的对象不限于本辖区内的执法机构，还包括海外的执法机构。

追缴

2013年法案附件17第5段（3）（d）中指出，暂缓起诉协议应包含利润追缴条款，也可见于《暂缓起诉协议实施准则》第7.9段。

暂缓起诉协议的B部分中，规定了航空服务公司所应上缴的990971.45英镑利润。此数据所代表的是，航空服务公司从与汉莎公司签订的三份协议中累计获得的总利润，这已作为主体罪状载于起诉书之中。我得知，上述的数据已分别经航空服务公司委托的独立法务会计师及严重欺诈办公室聘用的一位会计师核验。航空服务公司和严重欺诈办公室均同意上述总利润数值。

我确信暂缓起诉协议中规定的利润追缴条款及所达成的数额，是公平、合理且合比例的。

经济惩罚

2013年法案附件17第5段（3）（a）指出，暂缓起诉协议应规定经济惩罚的支付事项；《暂缓起诉协议实施准则》第7.8段中也提及了本惩罚。附件17

第5段（4）中提到：

“任何经济处罚的金额……必须大致相当于（该公司）在认罪后，法院在定罪时，将对其处以的罚金。”

在确定任何罚金之时，法院应考虑犯罪人的经济状况：见《刑事诉讼法》VII Q4之规定及《企业罪犯量刑指南》中基本原则之规定。严重欺诈办公室全面检查了航空服务公司的银行账户，并从公司获取了最新数据。在此过程中，航空服务公司最大的股东确认，它愿意协助航空服务公司，确保其拥有足够资金，足以依照暂缓起诉协议支付应付款项。

经济处罚的数额必须参照量刑委员会的《企业犯罪量刑指南》进行评估。该指南在步骤三评估罪责与损害中，提出了以下针对贿赂犯罪所应考虑的因素。损害的数额“通常应为获得、保留或寻求的合同净利润总额”。在通常情况下，此数额与追缴的数额是一致的，本案中也是如此。

此外，损害的数值会受反映罪责程度的乘数之影响。本案中，航空服务公司的罪责落入数值最高的A区间中（犯罪行为持续了一段时间，有对恶行故意放任的不正之风）。指南在步骤四中规定，参照大量已确定的加重或减轻因素，对起始值在300%的范围内向上或向下进行调整。艾利特先生告诉我，经评估，本案的减轻因素（公司先前未被定罪或监管执法，及时进行了自我报告，展开了广泛的合作，罪行发生于原管理层的监管之下）大于加重因素，最终决定以250%作为乘数。根据指南步骤五的“后退”条款，现已无进行进一步调整的必要，因此合比例的经济惩罚数额为2477428英镑，但须有减免。

由于经济惩罚应与认罪答辩后对定罪处罚的罚金相类似，因而有必要对上述数值适用减免。通常而言，认罪答辩可以换来最高三分之一，或曰33%的减免。然而，以往达成暂缓起诉协议的案件已确认，更大的减免可能也是合比例的，莱维森法官在沙克拉德案中给出了如下原因，见第［69］段：

“此外，鉴于认罪行为远早于被告在庭前被指控后可进行第一次合理答辩机会，可以增加减免作为额外的减轻。在此类情况下，50%的减免可能是适当的，尤其是考虑到可以激励其他人在面对犯罪行为时更好地行动……”

艾利特先生指出，本案中，除提早报告、接受指控罪行外，航空服务公司展现出了极高程度的合作，包括发表了一份有关放弃航空服务公司对汉莎公司协议的自行调查权及对先前有关代理人X、航空公司Y调查的法律特权的弃权声明(限制性的)。艾利特先生还提请我注意指南步骤九中的规定，注意考量本案中犯罪行为总数并不唯一。

综合考虑上述因素，可以认为将经济惩罚的数值界定为1238714.31英镑，以满足惩罚与遏制的双重目标。

成本

影响暂缓起诉协议经济条款的最后因素是严重欺诈办公室的费用。2013年法案附件17第5段(3)(g)提到，暂缓起诉协议条款应包含对检方"有关指控罪状或暂缓起诉协议"之合理花费的支付。本案中，暂缓起诉协议的条款要求航空服务公司为严重欺诈办公室的花费支付750000英镑。艾利特先生告诉我，这是对严重欺诈办公室针对起诉书所含的三项"指控罪状"，所展开的广泛调查之花费的最佳估算；还考虑到了航空服务公司的经济状况。

我确信暂缓起诉协议条款所要求的以下款项——退缴990971.45英镑，经济惩罚1238714.31英镑，以及填补成本的750000英镑——是公平、合理且合比例的。

补偿

暂缓起诉协议中未对补偿之款项进行规定。根据2000年《刑事法庭权力法》第130条之规定，法庭应在某些特别案件中考虑做出补偿令，并在无需要求补偿的情况下给出理由。《企业罪犯量刑指南》特别提到了上述第130条，并提到了考虑补偿与诸如构成暂缓起诉协议的相关罪行的必要性。

严重欺诈办公室在考虑补偿条款时，鉴于以下因素，认为本案的协议不应包括补偿条款：

(1)严重欺诈办公室无法对任何决定采取暂缓起诉协议的刑事犯罪行为进行可量化的损失评估。以下案例可以支持在无可量化损失时，无须补偿条款的观点：英国女王诉本·斯塔皮尔顿案的11段[1]；英国女王诉薇薇安案[2]。

（2）无证据表明航空服务公司所提供的产品或服务是有瑕疵的/不被需要的，因此无理由根据价值提出法律索赔。

（3）现已无法认定在汉莎公司的业务中，哪方竞标者可能成功取代航空服务公司。

（4）若任何个人或公司认为他/它们在暂缓起诉协议的案件中，因贿赂行为遭受了损失，其可以通过民事诉请解决，见英国女王诉肯尼斯·多诺万案[3]。

我确信，因上述原因已充分说明暂缓起诉协议不应包括补偿条款的原因。

结论

相对而言，暂缓起诉协议实施的仍然较少，本案将是2013年法案通过以来的第9个被批准的暂缓起诉协议。目前达成的暂缓起诉协议要求，航空服务公司退缴其从贿赂行为赢得的业务中所获取的全部利润，并支付一笔巨额的经济惩罚。该处罚，包括减免在内，传达了两项重要信息：其一，企业犯罪除被征收一笔巨额经济惩罚外，还需返还其不当获得的利润；其二，对处罚50%的减免，则向发现罪行后进行自我报告与合作的企业传达了重要的正向激励。

根据附件17第8段（1），我宣布，本案的暂缓起诉协议与司法的利益相符，其条款是公平、合理且合比例的。我同意根据2010年《反腐败法案》第7条，对航空服务公司起诉的3项罪名。我注意到，根据2013年法案附件17第2段（2），上述起诉事由将自动暂缓。现在开始应对航空服务公司强制执行暂缓起诉协议的条款，否则可根据附件17第9段（1）提出重新起诉之申请。

我希望本判决书中记录我对全体律师的崇高谢意——代表严重欺诈办公室的御用大律师克里斯潘·艾利特先生及高卡尼夫人，代表航空服务公司的

---

① R v. Ben Stapylton [2012] EWCA Crim 728 at [11] .

② R v. Vivian 68 Cr App R 53.

③ R v. Kenneth Donovan (1981) 3 Cr App R (S) 192.

御用大律师波普尔夫人——对他们在本案的全部听证中对事实与法律问题给予的帮助予以感谢。现在，本案暂缓起诉协议、事实陈述及载有最终宣布所需理由的本判决书将予以公布。

青年法学园地

程序性行为不可诉的边界

——王某德诉乐山市人力资源和社会保障局工伤认定案评析

丁略涛*

摘　要：程序性行为原则上不会对相对人的权利义务产生实际影响，因此行政诉讼采取了“原则上不可诉”的态度，但可能因产生实体法上的效果而突破不可诉的边界，不能再适用《最高人民法院关于适用〈中华人民共和国行政诉讼法〉的解释》(以下简称《行政诉讼法解释》)第1条将其排除在法院的大门之外。判断程序性行为是否可诉，可通过“产生实际影响”与“具有终局性”两重标准判断，但这未在源头上解决问题。对《行政诉讼法解释》第1条第2款第6项新增但书规定，是一种可能避免产生此类争议的办法。

关键词：行政诉讼；受案范围；程序性行为；可诉性

引　言

受案范围一直是行政诉讼制度的焦点问题，《行政诉讼法》及其司法解释通过明确肯定与否定列举的方式，对行政诉讼的受案范围作了规定。程序性行为“原则上不可诉”，符合司法尊重行政的原则，保障了行政的效率和效果。但某些情况下，程序性行为突破了不可诉的边界，对相对人权利义务产生实际影响。若将这一类情形简单地以“程序性”为由排除在受案范围之外，

---

*　丁略涛，浙江大学光华法学院2020级宪法学与行政法学博士研究生，研究方向为宪法学与行政法学。

可能会导致相对人求助无门。准确理解程序性行为不可诉的边界，在适当的时候提供救济机会，方有助于行政争议的实质性化解。

一、基本案情与裁判理由

王明德诉乐山市人力资源和社会保障局工伤认定一案，源于四川省乐山市市中区人民法院（2013）乐中行初字第36号行政一审判决书。经最高人民法院审判委员会讨论，于2016年9月19日作为69号指导案例，在第14批指导性案例中发布。①

（一）基本案情

原告之子因交通事故死亡。由于死亡原因无法查实，峨眉山市公安局交警大队依《道路交通事故处理程序规定》第50条规定，作出《道路交通事故证明》。第三人四川嘉某资产管理集团有限公司峨眉山分公司就该事件向被告乐山市人力资源和社会保障局申请工伤认定，并同时提交《道路交通事故证明》等证据。被告以公安机关交通管理部门尚未作出交通事故认定书为由，作出《工伤认定时限中止通知书》。其后，原告向被告提交《恢复工伤认定申请书》，要求恢复工伤认定。因被告未恢复工伤认定程序，原告遂提起行政诉讼，请求判决撤销被告作出的《工伤认定时限中止通知书》。

（二）裁判理由

法院认为，被告作出《工伤认定时限中止通知书》属程序性行政行为，若该行为不涉及终局性问题，对相对人的权利义务没有实际影响的，属于不成熟的行政行为，不具有可诉性，相对人提起行政诉讼的，不属于受案范围。但若程序性行政行为具有终局性，对相对人权利义务产生实际影响，且无法通过提起针对相关的实体性行政行为的诉讼获得救济的，则属于可诉行政行

① 《最高人民法院关于发布第14批指导性案例的通知》。

为，相对人提起行政诉讼的，属于受案范围。

二、案例评析

（一）程序性行为的性质及其变质

1.程序性行为的性质与不可诉的原因

程序性行为是行政主体在处理行政事务过程中，运用程序职权职责处分行政相对人的程序权利义务，从而间接影响相对人实体权益的公法行为[①]。《行政诉讼法解释》第1条将“行政机关为作出行政行为而实施的准备、论证、研究、层报、咨询等过程性行为”排除在行政诉讼的受案范围之外。这里还区分了两个行为，即“行政机关为作出行政行为”中的“行为”与“实施的准备、论证、研究、层报、咨询等过程性行为”中的“行为”。前者即行政机关作出的实体性行为，而后者即过程性行为，可知，后者是为前者提供支持与服务的。本文要着重讨论的程序性行为即其中的一个重要子集。程序性行为的不可诉性主要由三点决定：

一是此刻的行政行为仍然处于作出的过程之中，尚未形成最终影响相对人权利义务的实体性行为，通常来说，“对公民、法人或者其他组织权利义务没有实际影响，也不需要通过行政诉讼予以救济”[②]；二是因仍处于过程之中，将其列为可诉对象，意味着司法介入了实体行为产生的过程，“将出现司法权代替行政权的效果”[③]，有司法干预行政之嫌；三是即便程序性行为产生了影响相对人权利义务的效果，也可以被最后产生的实体行政行为吸收，通过对该实体行政行为提起诉讼的方式寻求被侵害权益的救济，“将程序性行政行为纳入最终实体行政行为一并进行审查，既符合法律救济效益，也可

---

① 杨科雄:《试论程序性行政行为》，载《法律适用》2010年第8期。

② 章剑生:《现代行政法总论》(第二版)，法律出版社2019年版。

③ 《行政法与行政诉讼法学》编写组:《行政法与行政诉讼法学》(第二版)，高等教育出版社2018年版，第343页。

避免程序性行政行为和最终行政行为两个救济程序并行而可能发生结果不可调和的矛盾”[①]。

因此《行政诉讼法》并未明确将程序性行为列入受案范围，而是将程序违法的救济途径吸收到最终行政行为的救济程序之中。[②]实践中，法院也秉持着程序性行政行为原则上不可诉讼的态度，“对过程性行为合法性的评价，可以通过在对最终的行政决定合法性评价中一并进行”[③]。

2.“程序性行为”还是“程序性行政行为”?

“程序性行政行为”乃本案之首创，这一全新概念不免让人产生疑问，它与行政行为之间存在何种联系？目前对于如何定义“行政行为”，还未达成最低限度的共识，[④]行政行为是否需要产生直接的行政法律效果？若答案是肯定的，“程序性行政行为”这一说法是否本身就包含了行政行为的构成要件，即能够产生直接的法律效果。如此，“程序性行政行为”与“程序性行为”并不等同，前者暗含了产生直接法律效果这一层意思，后者则是指通常意义下仅对相对人权利义务产生间接影响的中间行为，按此理解，“程序性行政行为”的用语本身就蕴含了可诉性的特征。若将“程序性行政行为”与“实体性行政行为”视为“行政行为”的两个子集，很容易让人产生作为下位概念的“程序性行政行为”却不具备上位概念“行政行为”产生直接法律效果构成要件的困惑。

从裁判理由来看，法院认为“程序性行政行为”仍需经过一定标准才能判断是否可诉，原则上仍不可诉，由此推断最高人民法院认为“程序性行政行为”与“程序性行为”这两个概念是等同的，从裁判文书中同时存在“程序性行政行为”与“程序性行为”两种不同的说辞但内涵完全相同这点也可

---

① 焦玉珍、张慧颖:《程序性行政行为不具有可诉性》，载《人民法院报》2017年6月29日，第6版。

② 对于行政行为程序违法，若属于轻微且对原告权利不产生实际影响的，法院判决确认违法但不撤销行政行为；若属违反法定程序的，人民法院判决撤销或者部分撤销，并可以判决被告重新作出行政行为。《行政诉讼法》第70条、第74条。

③ 最高人民法院(2017)最高法行申4409号行政裁定书。

④ 成协中:《行政行为概念生成的价值争论与路径选择》，载《法制与社会发展》2020年第1期。

以佐证。这或是概念使用的随意性，也或是最高人民法院认为行政行为并不需要直接产生法效果。通说认为，行政行为是指行政主体及其工作人员或者行政主体委托的组织或个人实施的产生法律效果的行为。[①]无论如何，最高人民法院这样的称呼有失偏颇，不管是无意中的使用，还是否认行政行为需产生直接法效果，都对“行政行为”的定义造成了扰动。

程序的本质特点既非形式性也非实体性，而是过程性和交涉性，其是恣意的对立物，[②]并不单单是为了保障实体决定的作出，也在于吸收参与人的不满，调动各方的积极性，有着其独立的价值。本案所涉的“程序性行为”，无论其效果如何，都违背了程序的本质，没有发挥程序应有的价值。笔者以为，用“变质”一词可以准确地描述本案中的情形。[③]至此，本文不赞同“程序性行政行为”这一用法，除直接引用外，均以“程序性行为”来称呼通常意义下仅对相对人权利义务产生间接影响的中间行为，以变质来描述本案所涉情形。

3.程序性行为的变质

在某些情况下，程序性行为出现了等同于实体性行为的效果，此时不能再以程序性行为看待，需要刺破面纱，正确看待其本质。信息公开实践中，若因申请内容不明确，而告知申请人进行更改补充，同时没有设定申请人新的权利义务，“属于典型的程序性中间处理行为，不具有最终决定效力”[④]“进一步补充信息后仍然可以申请信息公开”[⑤]；但若要求申请人补充提交材料，附加要求在更改补充之后重新予以申请，或告知申请人逾期不更改补充的视为放弃申请，则对当事人设定了新的权利义务，对权利义务产生实际影响，若

---

① 目前在两本主流教科书中均采用了这一定义，参见姜明安主编：《行政法与行政诉讼法》（第七版），北京大学出版社2019年版，第149页。《行政法与行政诉讼法学》编写组：《行政法与行政诉讼法学》（第二版），高等教育出版社2018年版，第82页。

② 季卫东：《法律程序的意义》，中国法制出版社2005年版，第24页。

③ 根据《现代汉语词典》，“变质”意为人的思想或事物的本质改变，多指向坏的方面变化。本案中程序脱离其本质，没有发挥其应有价值的情形并不是什么积极的变化，同“变质”一词的含义十分接近。

④ 刘行：《行政程序中间行为可诉性标准探讨——结合最高法院第69号指导案例的分析》，载《行政法学研究》2018年第2期。

⑤ 参见广西壮族自治区高级人民法院（2013）桂立行终字第20号行政裁定书。

当事人不履行新的权利义务，“在形式上是中间程序行为，实质上也是一种终局处理决定”[①]，这种情形应当被纳入法院的受案范围，“在有的情况下，尽管行政程序的最后阶段尚未完成，但行政行为已经对公民造成实质性的不利影响的，应当认为这个行政行为已经成熟”[②]。

这里出现了一个判断程序性行为是否可诉的标准，即成熟性标准，基本理由有：避免法院过早地进行裁判，陷入抽象的行政政策争论，法院只能对实在的、现实的问题进行裁判，在需要裁判的问题出现以前，法院不能预测未来可能发生的问题；保护行政机关在最后决定作出之前，以及行政行为对当事人发生具体影响之前，不受法院干涉。[③]《工伤认定时限中止通知书》尽管在表现形式上是一种“告知”，具备典型程序性行为的特征。但必须注意到，其起到的效果已经使得行政程序不可能继续推进，“实质上也是一种终局处理决定”，其潜在意思是唯有对本案事故作出交通事故认定书才能恢复工伤认定程序。事故证明已经是就事故作出的结论，不可能再作出交通事故认定书。[④]《工伤认定时限中止通知书》新设定的权利义务在事实上已无实现的可能性，具备实体性的效果，阻碍相对人请求的实现，类似于拒绝履行职责。

范某冰与马鞍山市人力资源和社会保障局行政确认案，与本案有着相似的案情与裁判理由，[⑤]共同特征在于实体性行为的“作出本身”就关涉相对人的权益，而非实体性行为“作出以后”才影响相对人的权益。这在依申请的行政行为中较多见，相对人向行政机关提出申请、期望行政机关作出肯定其申请的实体性行为，但具有终局性的程序行为导致应当作出的实体性行为没有作出，影响了相对人权益的实现，在效果上类似于实体性的拒绝履行职责。

---

① 刘行:《行政程序中间行为可诉性标准探讨——结合最高法院第69号指导案例的分析》，载《行政法学研究》2018年第2期。

② 蔡小雪主编:《行政审判与行政执法实务指引》，人民法院出版社2009年版，第466页。

③ 王名扬:《美国行政法》（第二版），中国法制出版社2005年版，第637页。

④《道路交通事故处理程序规定》（2008年，现已失效）第50条规定：“道路交通事故成因无法查清的，公安机关交通管理部门应当出具道路交通事故证明，载明道路交通事故发生的时间、地点、当事人情况及调查得到的事实，分别送达当事人。”

⑤ 参见安徽省马鞍山市花山区人民法院（2019）皖0503行初42号行政判决书。

若行政机关作出实体性的拒绝决定，相对人尚可以对此提起行政诉讼；对于起到相同效果的程序性行为，自然不能再以“程序性”为由而将其拒绝在法院大门之外，否则行政机关就有可能故意设置对相对人而言复杂或难以实现的程序要件以逃避作出实体性行为，侵害相对人合法权益。在姜某勇与北京市丰台区南苑乡人民政府信息公开案中，法院认为“原告申请内容明确具体，无须再行补充、更正，南苑乡政府在答复中要求姜某勇继续更改、补充的要求已经对申请人的权利义务产生影响”[①]。可以认为，如果一个程序性行为满足成熟原则，对相对人权益产生实际影响，那么该行为就已经脱离程序本质，变质为一个实体行为，不可诉的原因在变质过程中被排除。

（二）行政诉讼的受案范围与裁判思路

1.变质的程序性行为不应被排除在受案范围之外

行政诉讼不同于其他诉讼的特点即受案范围：并非所有的行政争议，相对人都可以向法院提起行政诉讼。“程序性行为不可诉”这一认知受《行政诉讼法解释》影响非常之大，[②]这也是法院将大多数涉及程序性行为的案件裁定驳回的依据所在。然而孤立机械地适用法条容易导致行政相对人的权益得不到保护，具体到本案，若法院以“《工伤认定时限中止通知书》属程序性行政行为”为由拒绝受理，看似避免陷入“司法介入行政”的争议，实则无助于行政争议的实质性解决。有侵害必有救济，面对程序性行为侵害相对人实际权利义务的这类案件，需要准确理解行政诉讼的受案范围：

其一，以文义解释观之，《行政诉讼法解释》中的“过程性行为”是“为作出行政行为而实施”，本案中的程序性行为不可能再产生后续的“行政行为”，也就是说这并非一个“为作出行政行为而实施”的“过程性行为”。此类行为实际上具有终止行政程序的法效果，“这种具有终止程序的告知行为，

---

① 北京市丰台区人民法院（2013）丰行初字第209号行政判决书。

② 该解释第1条第2款第6项明确将“行政机关为作出行政行为而实施的准备、论证、研究、层报、咨询等过程性行为”排除在受案范围之外。

属于行政诉讼客体"[①]。若将其同《行政诉讼法解释》中的"过程性行为"等价，是对法条的错误理解和适用。

其二，从体系解释来看，《行政诉讼法解释》所规定的十种不纳入受案范围的情形，一方面是因为这些行为对公民、法人或者其他组织权利义务并不产生实际影响，没有诉的必要；另一方面是出于法院尊重行政机关专业性、独立性的考虑，尽量避免出现"司法干预行政"。本案中的情形并不在此列，反而会导致相对人"长期，乃至永久得不到依法救济"，直接影响原告的合法权益。

其三，《行政诉讼法》立法目的是"解决行政争议，保护公民、法人和其他组织的合法权益，监督行政机关依法行使职权"。将具有终结程序效果的程序性行为排除在法院大门之外，行政争议并不会得到解决，相对人的合法权益得不到保护，行政机关也没有受到依法行使职权的监督，有悖于立法目的。"基于行政诉讼的立法目的，对于不确定法律概念的解释，在肯定范围中宜作扩大解释，在排除范围中宜作收缩解释。"[②]

2.另一种裁判思路：不履行法定职责

法律是维护社会公平正义的最后一道防线，只有切实维护相对人合法权益，监督行政机关依法履行职责，方能有助于行政争议的实质性解决。本案中的情形对相对人合法权益产生不再是"不产生实际影响"，因此不能被简单排除。"作为行政诉讼受案范围的行政主体的行为，则不仅包含行政行为，而且包含相应的行政不作为"[③]，这类行为在效果上等同于拒绝履行职责，应当以"不作为"进行实体审理。

在吴某与舒城县人力资源和社会保障局劳动和社会保障行政管理劳动社会保障一案中，法院认为此案"系当事人诉行政机关行政不作为案件，依法应当针对上诉人吴某诉被上诉人舒城县人力资源和社会保障局不履行工伤认定职责的诉讼理由是否成立进行审查，需要作出实体审理，被上诉人发出的

① 章剑生:《现代行政法总论》(第二版)，法律出版社2019年版，第406页。
② 章剑生:《现代行政法总论》(第二版)，法律出版社2019年版，第407页。
③ 姜明安主编:《行政法与行政诉讼法》(第七版)，北京大学出版社2019年版，第416页。

《工伤认定申请材料补正通知书》与其是否履行了法定职责不是同一概念，一审裁定以该‘补正通知’系程序性行为没有可诉性为由裁定驳回上诉人起诉不符合法律规定”[1]，在后来的判决中，法院认为“被告审查认为原告没有提供交警部门出具的交通事故责任认定书，未受理原告申请的行为，属于消极不作为”[2]，由此作出责令被告在法定期限内依法履行工伤认定法定职责的判决。

可以看到，吴某案与本案有着相似的案情但裁判思路截然不同，前者是当事人直接提起履行职责之诉，行政机关以“程序性”为由进行抗辩，后者是对程序性行为提出撤销之诉，再一并提起要求继续履行职责的诉讼请求。有学者指出，“当事人习惯于提起撤销诉讼，法官也常常自觉不自觉地以撤销诉讼为模板来衡量诉的适当性和诉讼理由的可得性，但是，按照诉讼类型化的意蕴，提起履行职责之诉更符合行政审判实质要旨，不仅有利于为相对人权利保护提供具体方式，而且有利于法院选择最适宜的救济方式和裁判方式”。[3]此类问题的根源在于原本只是推进行政程序的过程性行为具备了终结程序的效果，而实定法相关规定却对过程性行为可诉性作了一般性的排除，二者之间的张力导致法院无从下手，只得对本案所涉及的过程性行为作可诉性判断，以表达此类过程性行为与被排除在受案范围之外的过程性行为之间的不等同，表明对《行政诉讼法解释》第1条第2款第6项的不适用以示对现行法秩序的尊重。

（三）司法救济之标准与反思

1.程序性行为的司法救济之介入应由两重标准组成

对于法院如何判断该程序性行为是否可诉，主要有两种观点。一种观点认为需同时满足具有终局性、产生实际影响、穷尽救济三个标准，本案中法院用尽了关于论述可诉的各种标准。这些标准与美国司法审查的要素具有很多类似之处。基于相关规定，美国联邦法院常常会因为行政行为不具最终

① 安徽省舒城县人民法院（2018）皖1523行初33号行政裁定书。

② 安徽省舒城县人民法院（2018）皖1523行初3号行政判决书。

③ 刘行：《行政程序中间行为可诉性标准探讨——结合最高法院第69号指导案例的分析》，载《行政法学研究》2018年第2期。

性、不具有成熟性或者原告没有穷尽可得的行政救济而拒绝审查。[①]“这里每项原则都涉及时机选择的问题，如果审查申请中提出的争议可在一定时间和程序状态下接受司法审查，那么该申请中提出的时机和程序状态是否是合理的？……并且合宪性的考量在很多情况下加剧了这种综合性的复杂程度。”[②]“穷尽救济”在本案中表现为，除非出现新的事实或者法定理由，否则公安机关交通管理部门不会就本案涉及的交通事故作出结论，“对于原告而言，已无其他通过实体性行政行为诉讼获得救济的途径”，由此认为，“具有终局性”与“产生实际影响”构成成熟性要素，与“无法通过提起针对相关的实体性行政行为的诉讼获得救济”共同构成是否属于受案范围的标准。[③]

另一种观点认为构成“产生实际影响”已经满足起诉条件。“如果该程序行为导致争议推进成为不可能，而且也看不到中间阻却性的程序性行为有可预期的消除的可能的时候，则这样的程序性行为，实质上对权利义务产生了实际影响，自然就具有了可诉性。”裁判理由中的“且”字句不完全是条件的并列句，更具有强调的意味，因此“不能据此认为程序性行为可诉性的标准，必须符合权利义务实际影响且无法通过提起针对相关的实体性行政行为的诉讼获得救济双重标准”。本案看似对程序性行为的可诉性确定了不一样的受案标准，但改变的只是形式和文字表述，实质上“万变不离其宗”，坚持的仍然是产生实际影响这一核心标准。[④]

本文认为，“无法通过提起针对相关的实体性行政行为的诉讼获得救济”这一表述是对“终局性”标准的一种强调论述，就是指该程序性行为是具有终局性的，两者是等价的。美国法上关于提起诉讼时间的两个原则之一的“穷

---

① 胡敏洁:《程序性行政行为》，载章剑生、胡敏洁、查云飞主编:《行政法判例百选》，法律出版社2020年版，第156页。

② [美]理查德·J.皮尔斯:《行政法》，苏苗罕译，中国人民大学出版社2016年版，第1217页。

③ 胡敏洁:《程序性行政行为》，载章剑生、胡敏洁、查云飞主编:《行政法判例百选》，法律出版社2020年版，第155页。

④ 刘行:《行政程序中间行为可诉性标准探讨——结合最高法院第69号指导案例的分析》，载《行政法学研究》2018年第2期。

尽救济”中的“救济”是指行政救济，[1]而非司法救济。若认为须“穷尽行政救济”，复议或申诉、信访或许可以达到救济的目的，但此类情形并非法律所规定的复议前置的情形之一，自由选择救济途径是法律所规定的权利[2]，相对人应能够自由选择提起行政诉讼。若视之为“对相关的实体性行政行为的诉讼获得救济”，则又与“终局性”存在重合之处：既然程序性行为具备“终局性”，那就不可能再产生后续“实体性行政行为”，因为行政程序已经处于事实上的终止，又何来“对相关的实体性行政行为提起诉讼”之说？很显然，具备终局性标准已能够推导出“无法通过提起针对相关的实体性行政行为的诉讼获得救济”，该表述是一种对终局性标准的强调，再将其视作第三个标准是一种错误理解，会使得处理这一类案件时无法把握，人为增设诉讼难度，更不利于对相对人权利义务的保护。

就后者而言，“相对人权利义务有实际影响”确实是非常核心的一个标准，是对程序性行为不可诉的消除要件，在满足这一标准时，已不能以程序性行为不具可诉性为由而将其拒绝，但判断是否能够起诉仍需考虑终局性。对于具有终止程序法效果的程序性行为而言，已无法通过对实体行为提起诉讼的方式得到救济，因为“终局性”已被包含，满足“有实际影响”确实已经能够满足起诉条件。然而，现实中并非只有此类具有终止程序法效果的程序性行为会对相对人权利义务产生影响，也存在产生实际影响但不具终局性的程序性行为，如作出不予听证决定的告知书显然侵害了听证权利，但其会被最终的行政行为所吸收，能够通过对相关实体行为提起诉讼一并审查程序是否合法的方式进行救济，[3]进而失去单独起诉的必要。一项独立的、完整的

---

① 王名扬：《美国行政法》（第二版），中国法制出版社2005年版，第646页。

② 沈福俊：《论“穷尽行政救济原则”在我国之适用——我国提起行政诉讼的前置条件分析》，载《政治与法律》2004年第2期。

③ 《行政诉讼法》第70条规定：“行政行为有下列情形之一的，人民法院判决撤销或者部分撤销，并可以判决被告重新作出行政行为：……（三）违反法定程序的……”；第74条规定：“行政行为有下列情形之一的，人民法院判决确认违法，但不撤销行政行为：……（二）行政行为程序轻微违法，但对原告权利不产生实际影响的……”。

行政行为通常要经过一系列程序性、过程性行为才能最终完成，这些程序性、过程性行为虽然具有一定的法律意义，也会对相对人的权利义务产生一定的影响，但相对于最终的行政行为而言，没有独立的法律价值，它们的法律效果是依附并会被最终的行政行为所吸收。对于这些程序性、过程性行为的合法性审查可以在对最终的行政行为的合法性审查中进行。[①]以终局性作为审查程序行为是否可诉的标准，可以排除那些不具有终局性、能够产生后续实体行为的程序性行为，避免影响行政效率和效果。

至此，笔者认为判断程序性行为是否可诉由两重标准组成，即“产生实际影响”与“终局性”：对权利义务产生实际影响标志着对“程序性行为不可诉”的排除，即当相对人权利义务产生实际影响时，不能再以《行政诉讼法解释》第1条规定内容进行排除；“终局性”标准则构成了单独起诉的必要性。当“不可诉”的要件被排除再加上单独起诉的必要性，程序性行为应当被纳入受案范围，若无终局性标准，该程序性行为将被后续实体行为所吸收而没有单独对程序性行为提起诉讼的必要，相对人应以对相关的实体性行为提起诉讼的方式获得救济。

2.程序性行为不可诉的根源：对《行政诉讼法解释》的修改建议

正如一些批评声音所言，本案确立的可诉性标准仍存在一定瑕疵，很少援引实定法之相关规定，未在现行法秩序下提出程序性行为可诉性标准说理，不够透彻，存在一定模糊性，导致实务中地方法院对具体标准的理解仍然存在不一致，未从根本上解决该类案件的可诉性问题。[②]另外，也有观点认为具有终止程序效果的告知行为本身就属于行政诉讼客体，[③]前文中也论证了这样的行为是一种行政不作为，本案不直接以行政机关不作为进行裁判亦未尝不是一种舍近求远。究其原因，具备终结程序效果的一类过程性行为与《行政诉讼法解释》第1条规定排除在受案范围之外的一类过程性行为之间存在一定张力。

---

① 江苏省南通市中级人民法院（2019）苏06行终677号行政裁定书。

② 李超:《论程序性行政行为的可诉性》，载《东南大学学报（哲学社会科学版）》2019年第21卷增刊。

③ 章剑生:《现代行政法总论》（第二版），法律出版社2019年版，第406页。

对此，笔者认为，可以参照《最高人民法院关于审理行政许可案件若干问题的规定》第3条[①]但书的内容，对《行政诉讼法解释》第1条第2款第6项在一般性规定之外补充但书内容，这在很大程度上能够疏解上述困境。即在《行政诉讼法解释》第1条第2款不属于受案范围的第6项“……等过程性行为”后补充但书内容，增加“但导致现行政程序终止的除外；”由是，将具备终结程序效果的程序性行为纳入受案范围便有了实定法的依据，各级法院可以直接以《行政诉讼法解释》第1条第2款第6项但书部分的内容将此类情形纳入受案范围。

三、余论

虽然终局性、实际影响并非本案首创，但本案在延续既往判例观点的同时，明确提出了“程序性行政行为”的概念。对本案的梳理与评析，可以得到以下几个初步结论：一是原则上程序性行为不会对相对人权利义务产生实际影响，但程序性行为可能会发生变质而产生实体上的效果，同时“程序性行政行为”这一概念用法并不严谨；二是变质的程序性行为不能适用《行政诉讼法解释》第1条，其已突破过程性行为不可诉的边界；三是程序性行为的可诉性由“产生实际影响”与“终局性”两重标准判断，对《行政诉讼法解释》第1条第2款第6项新增但书规定是一种可能避免产生此类纠纷的办法。

---

① 《最高人民法院关于审理行政许可案件若干问题的规定》第3条规定：“公民、法人或者其他组织仅就行政许可过程中的告知补正申请材料、听证等通知行为提起行政诉讼的，人民法院不予受理，但导致许可程序对上述主体事实上终止的除外。”

自动驾驶的刑法问题研究

——以林某钦案为视角

巢凤飞*

摘　要： 随着科技与时代的快速发展，自动驾驶的横空出世为交通犯罪这一传统犯罪领域制造了一片新兴的理论空白。林某钦案揭示了当下自动驾驶案件最常见的两大争议：自动驾驶系统的性质以及案件中的信息披露。自动驾驶系统依靠SAE标准进行分级，本案中的NOP系统属于L3级别的自动驾驶。从自动驾驶系统不能成为刑事责任主体的立场出发，在林某钦案中，主要考虑的应是驾驶人的过失责任、生产商因产品不符合标准的故意责任以及商家超过L3级别功能的虚假宣传责任。就信息披露而言，本文认为数据的保存共享对于犯罪预防与成立都至关重要。本文认为可以从完善产品规范、扩大责任主体、完善配套法律三个方面进行，改善当下刑法规制体系。

关键词： 自动驾驶；交通肇事；刑事责任；刑法规制

前　言

2019年6月，在日内瓦举办的联合国世界车辆法规协调论坛上，中国、美国、欧盟、日本共同提出了《自动驾驶汽车框架文件》。这一文件作为自动驾驶将持续升温的缩影，标志着这一技术将成为汽车制造业的重要发展方向。

---

* 巢凤飞，北京师范大学法学院2022级刑法学硕士研究生，研究方向为刑法学。

然而，尽管自动驾驶象征着更安全、更便利的出行，但它并不能使交通事故彻底消失。在全新的驾驶模式下，驾驶人（乘客）、生产者、程序编写者、数据储存者等都可能为交通事故负责；数字化交通的普及也将使得对大量数据的保存、处理面临挑战。而这一切，都需要法律的规制与回应。综观全球，德国早在2017年就发布了《道路交通法第八修正案》，澄清了包括基本概念、许可条件、责任归属等重要问题。①日本也已经在2019年3月通过了《道路交通法》修正案，对智能网联汽车作出相关规定。我国在5G网络通信和重工业制造领域都处在世界领先水平，欲与传统汽车强国同台竞争、抢占这块潜在市场，同样需要完善的法律体系，极力克服立法的滞后性，全力保障行业发展。

本文拟从林某钦蔚来车祸案这一具体的自动驾驶案件引入，通过分析其中存在的主要争议点，明确自动驾驶在实际运用中可能会遇到的种种问题，如各刑事主体的资格与义务认定，对于车载数据的保存与提取等，进而提出解决方案。

一、林某钦案②的基本案情与争议问题

2021年8月，个人公众号美某好发布一则如下内容的讣告：8月12日14时，创立了意某天下餐饮管理公司、上某若水投资管理公司、美某好品牌管理公司的年轻企业家林某钦，于沈海高速涵江段开启蔚来ES8汽车的NOP领航状态（该种类汽车所自带的自动驾驶功能）后，和一辆紧靠路边缓速行驶、执行作业的养护车辆相撞，当场死亡，年仅31岁。随后，网络上掀起了激烈的讨论和争辩。辩论的焦点主要集中在如下两个问题：

其一，是NOP是否为自动驾驶。NOP系统，即Navigate on Pilot（领航员导航）系统，系蔚来推出的自动辅助驾驶系统。官方介绍，该功能深度融合

---

① 张韬略、蒋瑶瑶：《德国智能汽车立法及〈道路交通法〉修订之评介》，载《德国研究》2017年第3期。

② 参见《31岁企业家驾驶蔚来车祸身亡，行车数据披露》，载微信公众号“中国新闻网”，2021年8月15日。

车载导航、高精地图与NIO Pilot自动辅助驾驶系统，允许车辆在高精地图覆盖的高速公路及城市高架路等路段，按照导航规划的路径自动巡航行驶。蔚来方面坚称，NOP领航状态并非自动驾驶，而仅仅是一种驾驶辅助功能。在蔚来App中，蔚来汽车无人驾驶系统工程部负责人章健勇撰文为NOP系统澄清，文中强调：消费者以及乘客在任何情况下都不能把NOP和自动驾驶画等号。与该公司此前推出的Pilot系统一样，NOP仍然只是具备在驾驶途中进行辅助的功能，且驾驶人要随时做好该系统因为无法满足工作条件而退出的准备。然而在蔚来副总裁沈斐2019年发布的一条微博中，沈斐坐在行驶中的蔚来ES8里，开启着NIO Pilot自动辅助驾驶功能，一边吃东西，一边拿着手机拍照片，宣传着"解放双手"的体验。

其二，事故相关信息的披露。事故发生后，林某钦家属以"蔚来汽车有限公司涉嫌帮助毁灭、伪造证据"为由向莆田市公安局报案。8月16日，蔚来发布声明称，公司的服务人员只是对事故车进行了断电，这是为了确保高速碰撞后的事故车电池安全的必要操作。蔚来方面强调，该作业本身对车载数据不会造成任何改变，更不会导致数据丢失。

二、自动驾驶刑事规制争议问题分析

自动驾驶汽车作为极具科幻未来色彩的交通工具，在大众的想象和期待中一直是集"高效、安全、环保"于一体的高科技产品。但事实是，能保证绝对安全的汽车是不存在的，即使是自动驾驶汽车也同样可能发生交通事故，从而导致个人及社会的法益受到侵害。目前，针对自动驾驶汽车中的刑事规制这一新兴议题，公安部于2021年4月发布的《道路交通安全法（修订建议稿）》第155条有相关规定，但过于模糊化、原则化，且在最终稿删掉了该条。这在一定程度上表明，关于这类问题仍有较大讨论空间。

以本案为例，案例中出现的两个争议点，在数量不算多的自动驾驶车祸中并非个例，有较强的借鉴意义。"NOP系统是否属于自动驾驶"这一争议的最终结果将涉及两个问题的进一步解决，一是事故责任的划分问题，二是宣传的限度问题。而“事故相关信息的披露”问题，是自动驾驶车祸和普通车祸的重要区别，也是解决这类新兴问题的关键所在。

（一）自动驾驶系统的分类与规制

前文提到，本案中的NOP系统是分析案件的关键。不同程度的自动驾驶会导致事故参与者的数量和参与程度的不同，需要结合具体案件，方能准确确定其背后的责任分配。

1.NOP系统属于L3级别的自动驾驶

目前，全球汽车行业公认的有关自动驾驶系统等级的划分标准是国际自动车工程师学会（SAE International，SAE）的SAE标准J3016，该标准将自动驾驶技术分为L0—L5共6个等级，L0级即传统无自动的人类驾驶，而L6级则是完全自动驾驶。一般来说，L1—L3级驾驶员具有行驶控制权，自动驾驶系统主要起辅助作用；在发生紧急情况时，驾驶员具有随时接管车辆的义务，防止危险的发生。L4—L5级驾驶员不具有行驶控制权，主要由自动驾驶系统完成驾驶操作。①

根据蔚来对产品的描述，NOP系统具有自动驶入驶出匝道、自动泊车、紧急制动等辅助功能，能支持一定距离的智能驾驶；但同时，其也对驾驶人提出了在危急时刻接管驾驶的要求。因此，蔚来应是将NOP定位为L3级别的自动驾驶系统。基于以上分级标准，我们对NOP系统进行了自动驾驶程度的判断，从而可以进一步分析以下两类问题。

2.自动驾驶刑事责任主体具有多样性

在常规的交通案件中，刑事责任主体一般较为清晰。交通肇事罪中是违反交通运输管理法规的驾驶人；危险驾驶罪对实施法律规定的犯罪行为的驾驶人，同时也可能对机动车的所有人和管理人进行处罚。但在自动驾驶的语境下，一场交通事故中可能具有刑事责任的不仅仅包括传统意义上的驾驶人。

① 闫玺池、冀瑜：《SAE分级标准视角下的自动驾驶汽车事故责任承担研究》，载《标准科学》2019年第12期。

(1)自动驾驶系统主体化的非必要性

本案例中，在开启NOP系统之后，操纵车辆行驶的就不再是传统的驾驶人，而是该自动驾驶系统。抽象出来，即NOP系统驾驶汽车失误发生了车祸，导致了驾驶人的死亡。因此，有部分学者认为，“智能机器人是人类模拟自身神经网络创造出来的事物，因其具有人类思维、辨认与控制能力以及行为选择权而成为独立主体，进而有可能摆脱设计者、使用者的控制，故智能机器人能够为其在设计和编程范围外实施危害行为承担刑事责任”[①]。但是这种看法只关注了犯罪的社会危害性，而忽略了犯罪的应受惩罚性。自动驾驶系统即便具有智能，也只是一串代码、一个芯片。因此，自动驾驶系统所受到的刑罚只可能是销毁、删除一类数据层面的操作，而这些行为并不可能“改造”犯人，也并不能像针对自然人的自由刑或者针对法人的财产刑那样真的对犯罪人造成损失。将自动驾驶系统或者其他任何人工智能作为刑事责任主体仅仅具有理论上的创新意义，要想真的应对自动驾驶中出现的各种问题并对其进行预防，最终仍需要自然人或者法人来承担刑事责任。

(2)驾驶人/乘客在本案中存在过失

本案例中，NOP系统在蔚来官方说法中可以实现主动变换车道、驶入驶出匝道等，但仍需人工控制。在本案件中，由于死者是驾驶人，不需要考虑驾驶人的责任问题。但是如果受害者为他人，这种驾驶人难以及时控制车辆涉及主观故意的认定问题。

一般来说，驾驶人在高速路上行驶时很难对突发事件进行反应，因此很多事故在刑事责任上往往被认定为意外事件。本案中，从现场车辆损毁情况来看，当时车辆正在高速行驶，如果即将与另一辆正在行驶中的车辆相撞，驾驶员确实很难在事故发生前人工制动车辆。但本案中的另一个关键点是，车辆撞上的是正在缓慢行驶的作业车，因此在制动系统没有失灵的情况下，蔚来车驾驶人有主观上的过失。驾驶人的接管义务如何客观框定？应当实质化地判断驾驶人是否具有回避结果的可能性，即是否能够预见到这种结果发

---

① 刘宪权:《人工智能时代的刑事风险与刑法应对》，载《法商研究》2018年第1期。

展，以及是否能够采取行动来防止这种结果发展。在定罪方面，如果驾驶人是由于醉酒没有及时接手驾驶导致车祸，符合危险驾驶罪的构成要件。但由于危险驾驶罪的罗列性质，开车接电话、疲劳驾驶等难以纳入其中；鉴于其对公共法益的侵害，如果确实造成连环车祸等大型事故，可以考虑以危险方法危害公共安全罪定罪。

但如果事故发生本身是由于自动驾驶系统故障等问题，但驾驶人在事故发生后逃逸，是否承担“因逃逸致人死亡”的刑事责任呢？从逻辑上来看，对被害人造成伤害的并非驾驶人，也就不产生针对驾驶人的救助义务，因此也不存在“逃逸”。但从公平原则出发，对撞人后逃逸的行为完全不予刑事追责似乎有违社会公德，因此此种情况可以通过“不报、谎报安全事故罪”入罪。驾驶人虽然在事故发生时没有直接控制车辆，但此后，不论驾驶人是选择接管驾驶，由自然人操控汽车；还是让系统继续执行自动驾驶任务，驾驶人都具有报告事故的法定义务。①

此外，在未来可能出现的完全自动驾驶中，驾驶人（或者说乘客）不再需要随时掌控汽车，乘客可能负有对设备的检查义务，如果未按照厂商要求进行定期检查则同样需要承担过失甚至间接故意的法律责任。而相关厂商也应当尽可能早、尽可能多样化地提醒乘客，方能在驾驶事故中转嫁风险责任承担。②

（3）生产商在本案中的责任取决于产品是否符合标准

在本案中，关于汽车的辅助驾驶系统是否出现了故障未得到披露，但是如果辅助系统确实有质量问题，生产商很可能面临生产销售伪劣产品罪的处罚，尤其是可能触犯其中的“以不合格产品冒充合格产品”。目前汽车的国家标准大多针对传统汽车设置，针对自动驾驶汽车的专门标准正在逐步完善中。工业和信息化部、国家标准化管理委员会于2023年联合修订发布了《国家车联网产业标准体系建设指南（智能网联汽车）（2023年版）》，在2018年的基

① 付玉明：《自动驾驶汽车事故的刑事归责与教义展开》，载《法学》2020年第9期。

② 袁彬、徐永伟：《“人机共驾”模式下交通肇事罪的适用困境及突围》，载《广西大学学报（哲学社会科学版）》2019年第5期。

础上为自动驾驶汽车的规范化带来了更完善、更全面的框架。指南包含功能安全与预期安全、网络安全与数据安全、人机交互等多个方面的通用规范标准，致力于形成统一、协调的国家车联网产业标准体系架构。

值得注意的是，自动驾驶汽车系统作为一种人工智能，在运转过程中会通过获取行驶中的路况数据等进行自主学习从而进行自我升级。因此，生产商在产品合格售出后还应履行一定的注意义务，保证学习升级之后的算法仍在法律规定的范围内运转。例如在本案中，如果自动驾驶系统是因为之前的驾驶经验从而错误地产生了“汽车失控时可以撞向作业车”这样的程序，则同样属于生产商监管不力。为此，有必要设置专门机构，负责对算法进行实质性审查，比如在使用前对算法进行批准审查以及在使用过程中进行定期审查。这样就可以强化对算法的行政监管，从而保障算法规范运行。[①]同时，如果汽车或者系统出现问题，生产商也负有及时作出回应的义务。发现问题后，应该及时召回修理；在紧急情况下，系统应当具备远程干预或制动的功能。如果在汽车出厂时，产品尚没有以上监管能力，那么也应算作“不合格产品”。

另外，生产商还面临编制程序的伦理问题。尽管自动驾驶系统不宜作为刑事责任的主体，但是编写其程序算法的却是可以被追责的法人或者自然人。“在这个由算法技术构成的智能社会中，想要摆脱个体对技术的过度依赖，人们应自觉发挥价值理性的导向作用，遵循社会共同的道德规范。”[②]即使不考虑自动驾驶程序是否能身临其境般准确判断千钧一发的事故情况，程序编写本身就面临着许多困难的选择与取舍。这种利益的取舍，往往涉及电车难题式的困境，即无论是人数还是各人的年龄、性别、健康状态等，都不能作为判断的绝对标准，很难达到绝对“合理”的结果。[③]不论如何判断，系统的避让行为都可能损害道路交通其他参与者的利益。这一行为并非正处在紧急事故

---

① 孙建丽:《算法自动化决策风险的法律规制研究》，载《法治研究》2019年第4期。

② 陈思:《算法治理：智能社会技术异化的风险及应对》，载《湖北大学学报（哲学社会科学版）》2020年第1期。

③ ［德］弗兰克·彼得·舒斯特:《自动驾驶下生产商的刑事责任》，李倩译，载《苏州大学学报（法学版）》2021年第3期。

之中的乘客做出，是否还能被视为紧急避险行为？紧急避险需要危险正在发生或者迫在眉睫的时间条件，而程序员编写程序时缺乏该时间条件，且并不是程序员的合法权益遭受侵害；但如果不将编写行为视为紧急避险的实行行为，而将事故发生时的制动行为视为实行行为，那么行为人就变成了自动驾驶系统，而在我们前面的论述中这是不能被接受的。因此，将程序员视为乘客或者说汽车购买者的代理人更为恰当，从而将其避险行为归于乘客。

此外，当编写完成投入使用后，有可能发生由于算法不够准确导致的事故。在本案中，假如是算法认定由于按照目前行驶的车速，撞击作业车制动汽车不会造成伤亡，从而导致了驾驶人的死亡，那么算法编写者恐怕需要承担法律责任，具体罪名取决于该编写者的主观方面，可能触犯重大责任事故罪、过失致人死亡罪甚至故意杀人罪等。当然，这样的犯罪认定建立在编写者主观上至少具有重大过失，产生的是法律难以容让的错误的基础上；如果只是常规的技术壁垒所导致的编写不足，不宜认定犯罪。

3. 自动驾驶宣传上可能触犯虚假广告罪

本案中，引起争议的另一个重要方面就是蔚来的宣传问题。在早期的宣传中，该公司声称其汽车可以给消费者带来“解放双手”的驾驶体验，暗示其具有自动驾驶的功能。但在事故发生后，该公司又强调其汽车只是“辅助驾驶”，绝对不能在失去驾驶人掌控的情况下行驶。类似模糊的宣传显然会误导部分消费者，让消费者不清楚到底可以达到何种程度的自动驾驶。①

显然，目前的问题就出在L3级和L4级，也即准自动驾驶和完全自动驾驶之间的区分度上：汽车执行自动驾驶指令时，人的手是否需要始终置于方向盘之上。虽然目前大部分汽车都是L2级或者L3级的辅助驾驶系统，但完全没有针对手不离开方向盘的兜底宣传。这样的夸大宣传并非个例。2021年，两位美国民主党议员致信贸易委员会，称“特斯拉和其首席执行官埃隆·马斯克一再夸大其汽车的性能……让特斯拉驾驶者以及公众暴露于重伤或死亡的风险下”，在此前美国国家公路运输安全管理局（NHTSA）对特斯拉展开的

---

① 赵晨熙：《谁在混淆辅助驾驶和自动驾驶概念》，载《法治日报》2021年8月31日，第7版。

调查中，发现其以全自动驾驶（FSD）的名义出售“高级驾驶辅助功能”，特斯拉因此受到了警告和处罚。部分商家不切实际的虚假宣传导致驾驶人对于自动驾驶系统过于信任，很有可能酿成灾难。这不仅会侵犯消费者的个人权益，还将对公共安全造成威胁。为了防止消费者持续受到误导，需要从刑法上进行规制，以虚假广告罪进行处罚。未达到一定标准的辅助驾驶汽车应绝对禁止使用“自动驾驶”等字眼，并且应当在显眼处提示消费者，避免误解。而将来可能出现的真正自动驾驶汽车，也应该在国家的统一鉴定后，方能依法宣传其“解放双手”的驾驶体验。

（二）车载数据的保存与提取

在包含自动驾驶的未来，会形成一个全新的交通蓝图。在这个未来，现实世界的交通往来与云端的数字化信息密不可分，数据法治也将成为交通法治的重要组成部分。[①]在本案例中，家属和汽车生产商针对事故车辆数据的提取产生了纠纷，这引出了自动驾驶中的另一个重要法律问题，也就是自动驾驶的数据安全问题。

1.数据共享在犯罪预防方面的作用

首先是测试阶段与政府的数据共享问题。2016年，美国宾夕法尼亚匹兹堡市允许Uber（优步）在该市试运行自动驾驶出租车时，要求Uber与市政府分享试运行期间搜集到的数据。但我国于2021年发布的《智能网联汽车道路测试与示范应用管理规范（征求意见稿）》中却并无相关规定。生产商往往以商业机密为由拒绝公开其所生产汽车的行驶数据，但这类数据能够保证政府对自动驾驶汽车测试过程的监管，更大程度上避免商家伪造测试报告。因此，法律应当将其设置为企业应当公开的信息范畴。

2.数据的保存与提取关乎犯罪的成立

其次是事故发生后调查阶段与公安的数据共享问题。比如，在引起广泛关注的高某斌诉特斯拉中国销售商案中，特斯拉公司曾经在调查之初辩解称，

① 郑戈:《数据法治与未来交通——自动驾驶汽车数据治理刍议》，载《中国法律评论》2022年第2期。

无法确定在事故发生时，高某宁所驾驶的特斯拉 Model S汽车的自动驾驶系统是开启的，因此也就无法确定高某宁对特斯拉的过度信赖是导致事故发生的原因。而高某宁是否开启自动驾驶系统的相关数据，都在特斯拉公司的储存空间中。是无法确定，还是不愿确定，耐人寻味。在本案中，蔚来同样对驾驶人最后阶段的背后数据含糊其词。在此类案件中，原告与被告之间存在严重的信息不对称，几乎所有的车辆数据及其修改途径都掌握在车商手中。因此，法律要求车商提供数据是有效、高效执法的必然要求。

三、完善自动驾驶刑法规制的路径思考

上文提到的问题不仅仅涉及理论上的学术研讨，而是已经和大众的生活息息相关，具有较强的现实意义。也正因如此，我们需要加快对刑事规制的完善，通过切实可行的改良路径，帮助产业健康、可持续发展，保障消费群体的切身利益。

（一）在前置法中完善对责任主体的规范

由国家牵头，对自动驾驶汽车进行翔实的规范划分、建立统一的行业规范至关重要。这不仅有助于精准化管理产品质量安全，同样能针对生产商方面划定范围，规范其行为，从源头上预防犯罪，同时，也能够在今后自动驾驶汽车事故后更好地追责。而核心手段之一便是引入相关国家标准、行业标准作为产品准入条件，维护汽车行业秩序。目前，我国汽车行业共有工信部主管的公告管理、市场监督总局主管的强制性产品认证管理、交通部主管的道路运输车辆燃油消耗量达标管理、环保部主管的机动车环保信息公开管理四个准入管理制度。2021年，工信部公开征求对《智能网联汽车生产企业及产品准入管理指南（试行）》（征求意见稿）的意见。其针对智能网联汽车产品的设计、研发、验证、测试等过程提出了要求，但对产品本身要求描述较少，这都需要在今后进一步协同发展。

(二)在刑法中扩大责任主体的范围

法律具有滞后性，自动驾驶的责任划分问题较为复杂，在不动摇法的安定性的前提下，需要更为具体的法律规定全面评估自动驾驶的刑事风险。例如，程序编写者的犯罪行为可能适用重大责任事故罪，尽管重大责任事故罪有关的司法解释将行为主体定义为“工厂、矿山、林场、建筑企业或者其他企业、事业单位的职工”，而一名程序员的工作地点可能和工厂、矿山等相去甚远，但不影响可以套用最后的兜底描述。因此，该条法律不需要做出改动；而另一条法律的修改却有其必要性。在今后的L4级甚至L5级的自动驾驶汽车上，很可能根本没有人类驾驶人。因此对于“危险驾驶罪”和“交通肇事罪”等传统交通犯罪，在“机动车所有人、管理人”后添加上自动驾驶汽车的厂家或者程序编写者等其他责任人，就可以将这两个罪名适用于“未来车祸”。

同时，自动驾驶相关案件需要大量新兴的专业鉴定来判定自动驾驶系统的运行情况，在程序法领域同样需要更多具体的法律规制，以及增加相关的鉴定机构和鉴定人员。

(三)完善配套法律、保证刑法的谦抑性

尽管前文强调了采用刑法规制自动驾驶事故的必要性，但也不可否认刑法的最后性。这要求通过配套法律，以行政手段介入解决一些恶劣程度低的案件，以及为一些问题的发生提前做好防范。自动驾驶作为一个新兴产业，如果缺乏监管，必然会导致乱象丛生；只有与日常监管相配合，刑事规制才不会介入过度，减损市场的活力。

首先是对于消费者权益保护的监管。实际销售中，宣传商不仅大量滥用“自动”“全自动”等词语，甚至为了规避不同等级的自动驾驶之间的区别去使用L2.5、L2.9等作为宣传语。争抢热点、超前宣传正成为行业的通病。这种现象在今天比纯燃油车时代虚标油耗更为普遍。显然，这都是侵犯消费者知情权乃至安全保障权的行为，需要政府的严格监管来保证消费者的权益，严格掌控生产商等的行为边界，建立正向的激励机制。

其次是数据保护方面加强监管。自动驾驶汽车对于云端数据的高度依赖，导致其对保护个人信息和安全生产的兼顾非常困难。在自动驾驶状态下，实现安全驾驶的前提条件之一就是数据冗余，搜集足够多的数据才能及时计算。从技术上讲，判断获取多少数据是“必要的”非常困难。[①]因此，需要考虑从数据搜集上传的渠道以及云平台上数据的储存和输出进行规制。比如，为了调整座椅舒适度获取的乘客体型信息只能储存在专属于这辆车的信息库里且不能被厂商另作他用；汽车行驶过程中自动换道、泊车、行驶等是否精确的信息则可以进入该汽车生产商的公用信息库，从而优化系统；等等。

四、结语

完善自动驾驶的刑事规制，需要多管齐下。针对自动驾驶的常规运行，首先，应通过前置法规范从生产到注册再到上路的全过程，最大程度上规避事故、预防犯罪；其次，通过配套法律，针对性质较轻的违法行为分类处理，保证刑法的谦抑性。在自动驾驶发生交通事故时，首先应当明确自动驾驶系统的类别和性质，之后再根据驾驶人/乘客、生产商、程序编写者等主体的注意义务明确主体责任。同时，为了保证法律对这一犯罪的适应性，还应根据情况扩大刑法中相关犯罪的责任范围，填补法律空白。

目前探讨自动驾驶的刑事责任规则似乎为时尚早，彷佛只能停留在纸上谈兵的程度。但作为人工智能技术最早投入商用的领域之一，自动驾驶汽车已发展至L3级有条件的自动驾驶阶段，且L4级与L5级的完全自动驾驶也已经开始实验，其最终实现并投入使用指日可待。面对法律的滞后性，只有保持前瞻的态度才能契合当下科技发展日新月异的时代背景，促进新兴产业稳步发展，从容应对已近在眼前的未来。

---

① 郑戈：《数据法治与未来交通——自动驾驶汽车数据治理刍议》，载《中国法律评论》2022年第2期。

《案例法学研究》稿约

《案例法学研究》是安徽师范大学案例法学研究中心主办的系列学术出版物，第1辑于2022年在安徽师范大学出版社出版，自第2辑起在中国法制出版社出版，计划每年出版两卷（春季卷、秋季卷）。在此特向法学及相关学科理论研究人员、法律实务工作者及优秀学子约稿，现将有关事宜说明如下：

1.本出版物论文主要以案例法学研究为主题，凡与案例法学相关之法学理论、法学教育的稿件均在征集之列。学术价值是论文录用的唯一标准。

2.本出版物文章主要分法学名家讲坛、传统司法案例、基础理论研究、立法前沿聚焦、典型案例评析、域外判例评析、域外司法文书、法学教育专题、青年法学园地等部分，每卷30万字左右，根据来稿篇幅刊登20篇左右的文章。来稿请注明作者姓名、单位、职称、学位、联系电话、电子邮箱等必要的个人信息。注释请采用Word自动生成的脚注形式，并以必要为限。注释体例请参照已出版论文的注释体例。译文请附原文，并请自行解决版权问题。书评请附所评书籍的详细出版信息。本出版物提倡独立署名，对于多人合署的来稿，需说明论文的具体分工。来稿请以Word电子版发送至邮箱：alfxyj@163.com。限于人力，本编辑部不接受纸质投稿。

3.本出版物每稿必复。除特约稿件外，来稿均由编辑初审后实行专家复审。初审周期一般不超过两周，复审周期一般不超过两个月。

4.该系列出版物已被中国知网（CNKI）电子数据库全文收录，为扩大稿件学术影响力，本编辑部将继续扩大与各数据库的合作。若来稿无特别说明，视为作者同意本出版物以非专有的方式向第三方授予其论文的电子出版权和汇编、复制权利，以及文摘刊物对论文的转载、摘编等权利。

5.来稿一经刊用，出版后即寄送作者图书1册，并从优发放稿酬。同时，本编辑部会将所出版的图书寄送至海内外案例法学主要研究机构与知名学者，并通过“域外司法案例”公众号发布刊载论文，持续扩大刊载论文的学术影响力和论文作者的知名度，并定期邀请作者、译者、编者开展学术交流。

《案例法学研究》编辑部

2024年2月

图书在版编目(CIP)数据

案例法学研究. 2024年. 春季卷 : 总第4辑 / 周振杰主编. -- 北京 : 中国法制出版社, 2024. 7. -- ISBN 978-7-5216-4579-8

Ⅰ. D920.5

中国国家版本馆CIP数据核字第2024LP2048号

策划编辑：赵　宏
责任编辑：王　悦（wangyuefzs@163.com）　　封面设计：杨鑫宇

案例法学研究. 2024年. 春季卷：总第4辑
ANLI FAXUE YANJIU. 2024NIAN. CHUNJIJUAN：ZONG DI 4 JI

主编 / 周振杰
经销 / 新华书店
印刷 / 北京虎彩文化传播有限公司
开本 / 710毫米×1000毫米　16开　　印张 / 22　字数 / 314千
版次 / 2024年7月第1版　　2024年7月第1次印刷

中国法制出版社出版
书号ISBN 978-7-5216-4579-8　　定价：79.00元

北京市西城区西便门西里甲16号西便门办公区
邮政编码：100053　　传真：010-63141600
网址：http://www.zgfzs.com　　**编辑部电话：010-63141831**
市场营销部电话：010-63141612　　**印务部电话：010-63141606**
（如有印装质量问题，请与本社印务部联系。）